J'INTÈGRE
LA FONCTION PUBLIQUE

Cat. A, B et C
2017-2018

ENTRAÎNEMENT INTENSIF AUX TESTS DE LOGIQUE ET PSYCHOTECHNIQUES

700 TESTS DE LOGIQUE

Christelle Boisse

DUNOD

Conception couverture : © Dominik Raboin

Photo : © fotolia-Zinkevych

11 rue Paul Bert, 92240 Malakoff
www.dunod.com

ISBN 978-2-10-076342-9

Table des matières

Nombres et lettres

Séries de nombres

1

Fiche méthode

Cette fiche présente quelques logiques (liste non exhaustive) fréquemment utilisées avec les nombres. Pour résoudre ces suites vous devrez mettre en évidence que :

La (ou les) opération(s) à effectuer entre chaque terme de la suite se répète

Une opération se répète

Ex : (+ **A**) 1 3 5 7 9

1 (+ **2**) 3 (+ **2**) 5 (+ **2**) 7 (+ **2**) 9

Encore appelé suite arithmétique de raison 2 ;

Ex : (– **A**) 9 7 5 3 1

9 (– **2**) 7 (– **2**) 5 (– **2**) 3 (– **2**) 1

Encore appelé suite arithmétique de raison – 2 ;

Ex : (× **A**) 1 2 4 8 16

1 (× **2**) 2 (× **2**) 4 (× **2**) 8 (× **2**) 16

Encore appelé suite géométrique de raison 2 ;

Ex : (/ **A**) 16 8 4 2 1

16 (/ **2**) 8 (/ **2**) 4 (/ **2**) 2 (/ **2**) 1

Encore appelé suite géométrique de raison 1/2.

Deux opérations se répètent

Ex : (+ **A**) ; (+ **B**) 1 3 6 8 11

1 (+ **2**) 3 (+ **3**) 6 (+ **2**) 8 (+ **3**) 11

Ex : (+ **A**) ; (– **B**) .... 1 3 0 2 – 1

1 (+ **2**) 3 (– **3**) 0 (+ **2**) 2 (– **3**) – 1

Ex : (– **A**) ; (× **B**) 10 8 24 22 66

10 (– **2**) 8 (× **3**) 24 (– **2**) 22 (× **3**) 66

Trois opérations se répètent

Ex : (+ **A**) ; (+ **B**) ; (× **C**) 1 2 4 12 13

1 (+ **1**) 2 (+ **2**) 4 (× **3**) 12 (+ **1**) 13 (+ **2**)

Une opération complexe se répète

Ex : (× **A** + **B**) 1 3 11 47

1 (× **2** + **1**) 3 (× **3** + **2**) 11 (× **4** + **3**) 47

Des opérations entre les termes de la série constituent la suite

Ex : 1 2 3 5 8 13... 1 + 2 = 3 2 + 3 = 5 3 + 5 = 8 5 + 8 = 13

A B C D E F..... A + B = C B + C = D C + D = E…

Ex : 2 4 8 32 256 .... 2 × 4 = 8 4 × 8 = 32 8 × 32 = 256

A B C D E .... A × B = C B × C = D C × D = E…

Ex : Carrés du nombre .... Ex : 1 4 9 16 25 36 …

1^2 2^2 3^2 4^2 5^2 6^2 …

Ex : Cubes du nombre .... Ex : 1 8 27 64 125 216 …

1^3 2^3 3^3 4^3 5^3 6^3 …

Les opérations à effectuer entre chaque terme forment une suite logique

Ex : **progression** (+ **1**)* 1 2 4 7 11

1 (+ **1**) 2 (+ **2**) 4(+ **3**) 7 (+ **4**) 11

Ex : **progression (– 2)***	1	9	15	19	21
	1 (+ **8**)	9 (+ **6**)	15 (+ **4**)	19 (+ **2**)	21
Ex : **progression (× 3)***	1	2	5	14	41
	1 (+ **1**)	2 (+ **3**)	5 (+ **9**)	14 (+ **27**)	41
Ex : **progression (/ 2)***	1	33		49	57
	1 (+ **32**)	33 (+ **16**)		49 (+ **8**)	57

*Dans les exemples ci-dessus, l'opération choisie est une addition mais elle pourra être une soustraction, une multiplication ou une division.

Ex : 12 (– **1**) 11 (– **2**) 9 (– **3**) 6 (– **4**) 2 … (l'opération est une soustraction).

Une suite peut en cacher une autre

Ex :	100	24	101	25	102	26	103	27
1re suite :	100		101		102		103	
2e suite :		24		25		26		27

La série présente une symétrie

Ex : A B ᗺ A … 24 58 85 42

Vous pourrez également avoir à déterminer ces différentes logiques avec des nombres présentés dans des carrées, triangles, etc. (*cf.* exercices 8 à 15).

Exercices d'entraînement

Exercice 1

Compléter les séries suivantes :

1.	30	32	34	36	…
2.	77	73	69	65	…
3.	12	36	108	324	…
4.	625	125	25	5	…

5.	45	51	57	63	...
6.	8	16	32	64	...
7.	88	81	74	67	...
8.	1 024	256	64	16	...
9.	12	72	432	2 592	...
10.	108	117	126	135	...

Exercice 2

Compléter les séries suivantes :

1.	2	4	9	11	16	...	...
2.	3	6	5	8	7	...	...
3.	50	49	45	44	40	...	...
4.	107	102	51	46	23	...	...
5.	3	4	16	17	68	...	...
6.	5	10	30	60	180	...	...
7.	238	248	62	72	18	...	...
8.	9	36	18	72	36	...	...
9.	7	5	30	28	168	...	...
10.	5 184	2 592	432	216	36	...	...

Exercice 3

Compléter les séries suivantes :

1.	12	13	16	14	15	18	16	...	...	
2.	5	4	8	11	10	20	23	...	...	
3.	1	6	4	12	17	15	45	...	...	

4. 2 4 7 6 12 15 14 ... ...

5. 2 4 10 7 9 15 12 ... ...

6. 6 9 8 4 7 6 3 ... ...

7. 10 7 16 32 29 38 76 ... ...

8. 2 10 8 12 60 58 62 ... ...

9. 148 37 46 92 23 32 64 ... ...

10. 2 14 15 11 77 78 74 ... ...

11. 1 105 221 224 230 46 49 55 ... ...

12. 6 10 3 9 13 6 18 ... ...

13. 12 16 8 16 20 10 18 ... ...

14. 3 9 15 14 42 48 47 ... ...

15. 113 111 37 41 39 13 17 ... ...

16. 1 7 9 8 56 58 57 ... ...

17. 152 38 37 40 10 9 12 ... ...

18. 10 7 14 56 53 60 240 ... ...

19. 1 9 15 13 117 123 121 ... ...

20. 2 9 72 66 73 584 578 ... ...

Exercice 4

Compléter les séries suivantes :

1. 1 41 3 44 5 47 ... ...

2. 3 7 6 12 12 17 ... ...

3. 54 20 18 18 6 16 ... ...

4.	58	1	59	6	60	36	...	...
5.	2	20	6	17	10	14	...	...
6.	10	30	11	28	12	26	...	...
7.	1	2	10	20	19	200	...	...
8.	2	3	9	9	16	27	...	...
9.	32	24	16	18	8	12	...	...
10.	1	2	3	4	9	6	...	...
11.	25	27	20	9	15	3	...	...
12.	64	40	32	46	16	52	...	...
13.	2	3	12	12	22	48	...	...
14.	23	31	26	27	29	23	...	...
15.	20	64	19	16	18	4	...	...
16.	1	3	5	11	25	19	...	...
17.	35	125	28	25	21	5	...	...
18.	6	1	10	11	14	121	...	...
19.	18	6	15	11	12	16	...	...
20.	1	3	6	7	36	11	...	...

Exercice 5

Compléter les séries suivantes :

1.	131	100	73	50	31	16	...
2.	3	6	– 12	– 36	108	432	...
3.	1	6	30	120	360	720	...

4. 27 29 33 39 47 57 ...

5. 3 4 15 17 29 32 ...

6. 174 164 149 129 104 74 ...

7. 5 12 26 47 75 110 ...

8. 5 040 2 520 840 210 42 7 ...

9. 216 213 207 195 171 123 ...

10. 2 7 22 67 202 607 ...

11. 1 440 240 48 12 4 2 ...

12. 3 – 2 8 – 12 28 – 52 ...

13. 1 2 6 24 120 720 ...

14. 5 7 11 19 35 67 ...

15. 0 6 14 24 36 50 ...

16. 918 915 906 879 798 555 ...

17. 2 2 20 40 800 2 400 ...

18. 6 – 11 23 – 45 91 – 181 ...

19. 1 3 5 20 23 115 ...

20. 20 16 32 29 87 85 ...

21. 3 6 13 29 64 138 ...

Exercice 6

Compléter les séries suivantes :

1. 3 7   10 21   12 25   6 ...

2. 2 7   5 16   13 40   22 ...

3.	7	11	19	35	5	7	10	...
4.	6	– 11	– 45	91	– 32	65	20	...
5.	1	6	9	30	14	45	3	...
6.	5	9	12	23	8	15	20	...
7.	3	– 4	– 15	32	– 7	16	5	...
8.	4	11	10	29	16	47	5	...
9.	5	12	2	6	11	24	7	...
10.	4	– 3	12	– 11	7	– 6	8	...

Le regroupement des chiffres par deux (ou plus) est rarement anodin. Ce peut être un piège pour orienter votre raisonnement vers une fausse piste mais le plus souvent il faut en tenir compte dans le raisonnement à trouver.
Si vous trouviez deux réponses différentes pour une même suite, avec deux raisonnements différents : un tenant compte du regroupement des nombres et l'autre non, la bonne réponse sera celle qui tient compte du regroupement des nombres.

Exercice 7

Compléter les séries suivantes :

1.	4	1	5	6	11	17	...
2.	1	2	2	4	8	32	...
3.	25	2	23	21	2	19	...
4.	101	40	61	21	40	19	...
5.	41	11	52	63	115	178	...
6.	864	72	12	6	2	...	

7.	14	25	37	410	55	610	...	
8.	9	2	13	17	32	51	...	
9.	3	7	11	20	34	58	...	
10.	9	514	7	423	3	231	2	...
11.	76 ; 42		84 ; 32		53 ; 15		72 ; ...	

Exercice 8

Pour les séries 1 à 8, trouver le nombre qui remplace le (ou les) point(s) de suspension.

1.

9	12	...
4 – 5	8 – 4	10 – 5

2.

2	4	6
6 – 12	8 – 32	... – 30

3.

13	17	...
2 – 6	4 – 4	8 – 3

4.

12	8	25
5 – 3	3 – 4	... – 5

5.

3	12	48
5 – 6	25 – ...	125 – 216

6.

			...			
		66		...		
	44		...		39	
...		...		13		26

7.

			50			
		...		...		
	25		...		15	
22		...		...		...

8.

			17			
		14		18		
	12		15		...	
11		13		16		...

Exercice 9

Trouver le nombre qui remplace les points de suspension dans le tableau.

1.

2	5	4	11
1	4	8	13
6	2	...	12
10	3	7	20

2.

50	3	4	0
10	18	25	4
32	7	13	5
1	14	...	22

3.

2	3	5	8
12	17	23	30
38	47	57	68
...	93	107	122

4.

5	12	11	6
4	14	6	...
9	8	0	10
10	6	5	7

5.

1	2	3	5
10	8	18	26
4	...	11	...
5	3	8	11

6.

32	48	6
24	54	9
...	72	8

7.

2	4	16
1	1	1
3	9	81
5	...	...

8.

6	31	7
20	92	9
8	52	17
18	...	3

9.

6	13	22	38
7	9	16	23
2	7	7	...
5	0	11	3

10.

3	0	4	2
5	3	8	7
7	6	12	12
9	9	16	...

11.

7	1	14	21
11	16	17	9
10	6	1	...

12.

21	42	6	23
20	6	4	10
5	22	...	12
14	23	17	18

13.

3	7	9	5
6	14	18	10
18	...	54	30
72	168	216	120

14.

1	4	2	24
3	8	14	40
4	15	37	91
1	20	72	...

Exercice 10

Trouver le nombre qui remplace les points de suspension.

1.

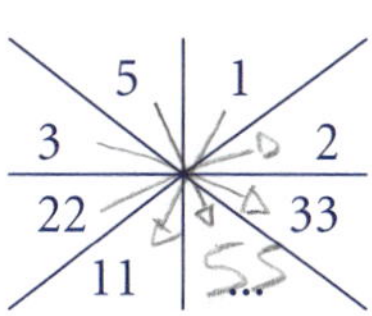

2.

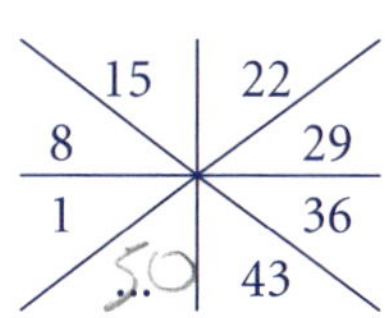

3.

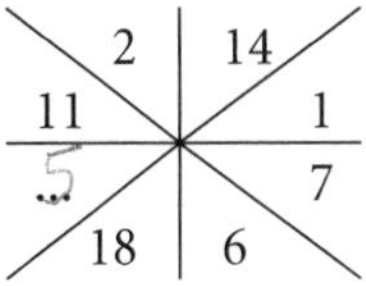

4.

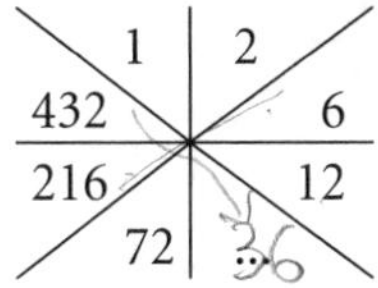

5.

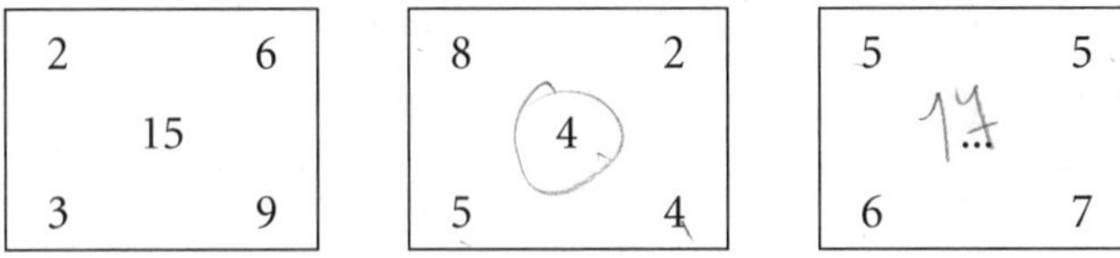

6.

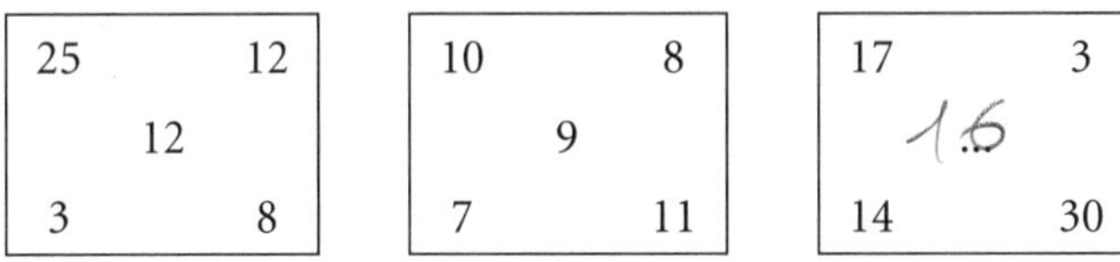

7.

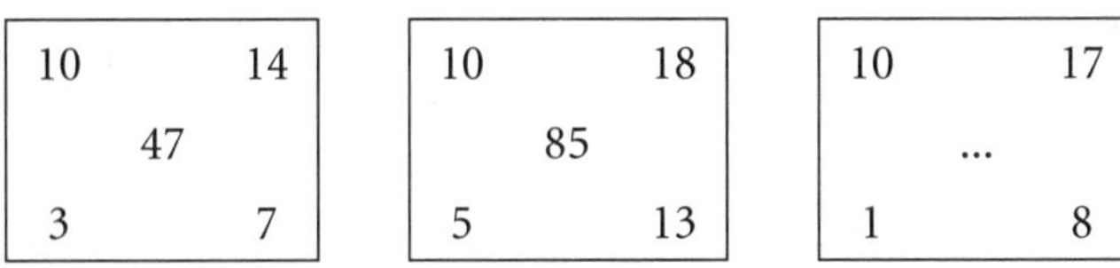

8.

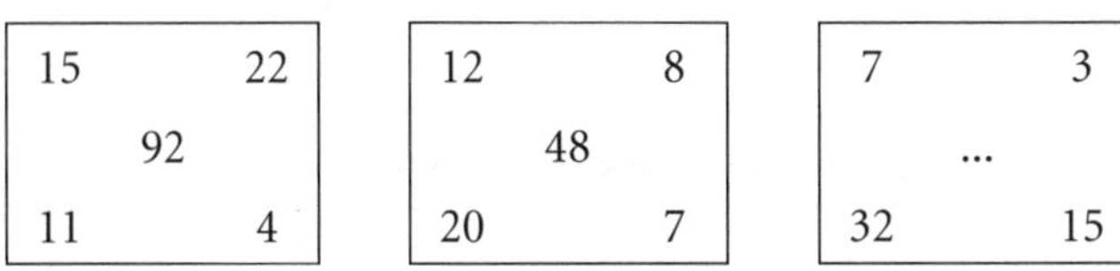

9.

9	41	17	18	23
13	12	12	11	7
21	54	5	25	34

27	6	21	12	25
21	13	11	9	4
...	...	...	...	...

Exercice 11

Trouver le nombre qui remplace les points de suspension.

1.	759135	547626	194367	92761 ...
2.	6 33	5 23	9 81	2 ...
3.	12345	13579	2581114	15913 ...
4.	985371	198537	719853	...

Exercice 12

Trouver le nombre qui remplace les points de suspension.

1.	1 — 2 \ / 3	7 — 8 \ / 9	11 — 12 \ / 13	5 — 6 \ / ...
2.	4 — 7 \ / 3	1 — 10 \ / 9	3 — 5 \ / 2	6 — 10 \ / ...
3.	1 — 7 \ / 5	3 — 9 \ / 7	5 — 11 \ / 9	7 — 13 \ / ...
4.	5 — 13 \ 7 / 3	9 — 6 \ 10 / 15	6 — 7 \ 6 / 5	3 — 1 \ 2 / ...

5.

Triangle	En haut à gauche	En haut à droite	Centre	En bas
1	2	24	9	10
2	34	21	8	16
3	41	14	9	26
4	15	21	...	4

6.

Triangle	En haut à gauche	En haut à droite	Centre	En bas
1	1	2	8	10
2	3	7	12	11
3	3	2	45	17
4	5	5	...	20

Exercice 13

Trouver le nombre qui remplace les points de suspension.

1.

1	3	5	7
17	14	11	...

2.

7	3	2	4
7	6	6	...

3.

17	32	29	41	14
14	41	29	32	17

12	23	46	10	21
...	...	...	...	...

4.

5	10	4	...
1	3	3	9
9	2	8	4

5.

6	10	6	2
2	6	10	6
10	2	2	...

Exercice 14

Trouver le nombre qui remplace les points de suspension.

1.

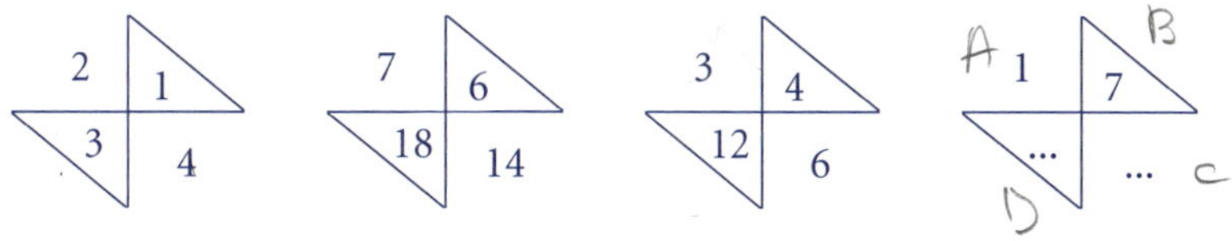

2.

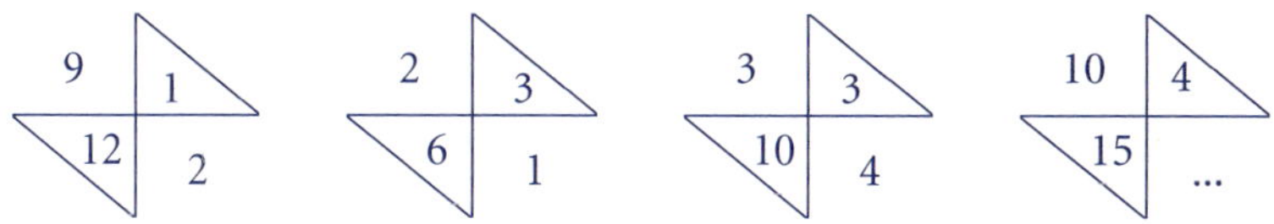

3.

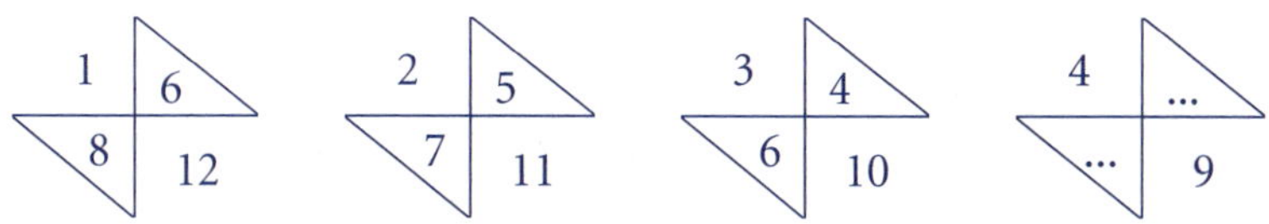

4.

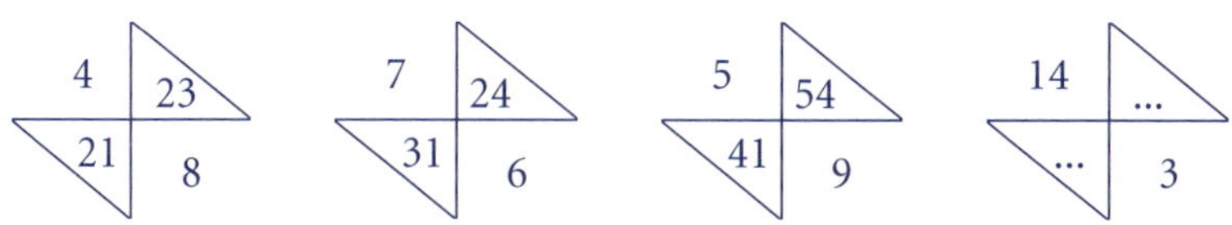

Exercice 15

Trouver le nombre qui remplace les points de suspension.

1.

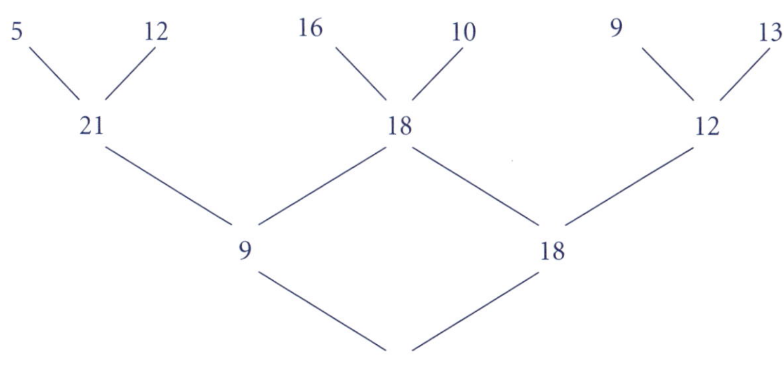

2.

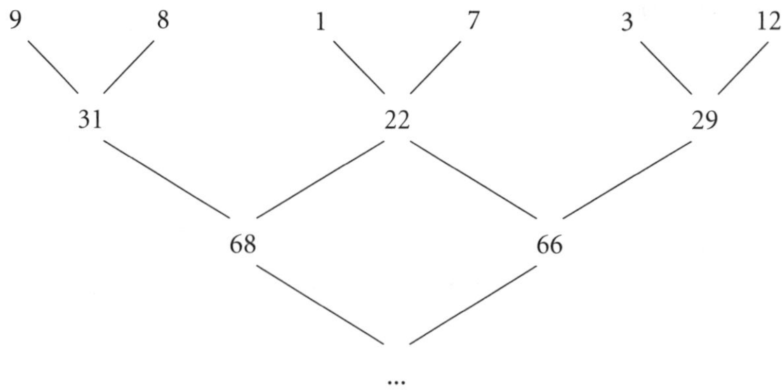

3.

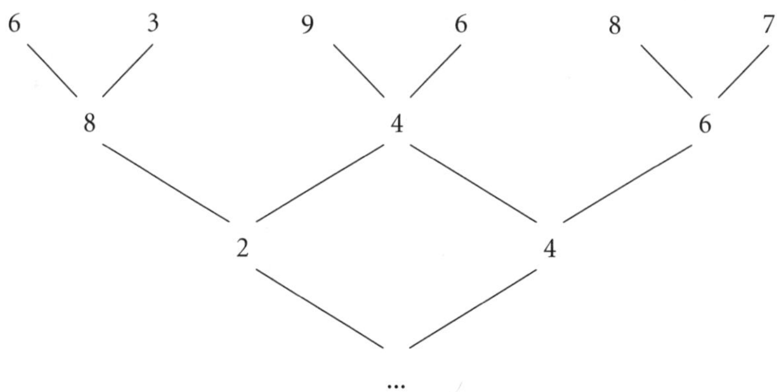

4.

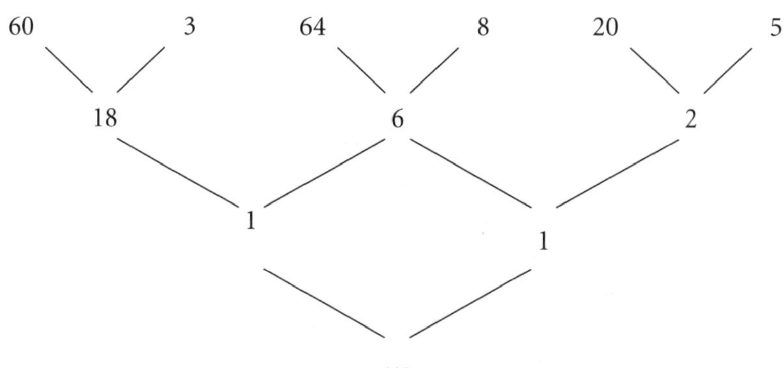

Corrigés

Exercice 1

1. **38.** opération (+ 2) : 30 *(+ 2)* 32 *(+ 2)* 34 *(+ 2)* 36 *(+ 2)* **38**
2. **61.** opération (– 4) : 77 *(– 4)* 73 *(–4)* 69 *(– 4)* 65 *(– 4)* **61**
3. **972.** opération (× 3) : 12 *(× 3)* 36 *(× 3)* 108 *(× 3)* 324 *(× 3)* **972**
4. **1.** opération (/ 5) : 625 *(/ 5)* 125 *(/ 5)* 25 *(/ 5)* 5 *(/ 5)* **1**
5. **69.** opération (+ 6) : 45 *(+ 6)* 51 *(+ 6)* 57 *(+ 6)* 63 *(+ 6)* **69**
6. **128.** opération (× 2) : 8 *(× 2)* 16 *(× 2)* 32 *(× 2)* 64 *(× 2)* **128**
7. **60.** opération (– 7) : 88 *(– 7)*81 *(– 7)* 74 *(– 7)* 67 *(– 7)* **60**
8. **4.** opération (/ 4) : 1 024 *(/ 4)* 256 *(/ 4)* 64 *(/ 4)* 16 *(/ 4)* **4**
9. **15 552.** opération (× 6) : 12 *(× 6)* 72 *(× 6)* 432 *(× 6)* 2 592 *(× 6)* **15 552**
10. **144**. opération (+ 9) : 108 *(+ 9)* 117 *(+ 9)* 126 *(+ 9)* 135 *(+ 9)* **144**

Nombres et lettres

Exercice 2

1. **18 ; 23.** opérations (+ 2) (+ 5)
2. **10 ; 9.** opérations (+ 3) (– 1)
3. **39 ; 35.** opérations (– 1) (– 4)
4. **18 ; 9.** opérations (– 5) (/ 2)
5. **69 ; 276.** opérations (+ 1) (× 4)
6. **360 ; 1 080.** opérations (× 2) (× 3)
7. **28 ; 7.** opérations (+ 10) (/ 4)
8. **144 ; 72.** opérations (× 4) (/ 2)
9. **166 ; 996.** opérations (– 2) (× 6)
10. **18 ; 3.** opérations (/ 2) (/ 6)

Exercice 3

1. **17 ; 20.** opérations (+ 1) (+ 3) (– 2)
2. **22 ; 44.** opérations (– 1) (× 2) (+ 3)
3. **50 ; 48.** opérations (+ 5) (– 2) (× 3)

4. **28 ; 31.** opérations (× 2) (+ 3) (– 1)
5. **14 ; 20.** opérations (+ 2) (+ 6) (– 3)
6. **6 ; 5.** opérations (+ 3) (– 1) (/ 2)
7. **73 ; 82.** opérations (– 3) (+ 9) (× 2)
8. **310 ; 308.** opérations (× 5) (– 2) (+ 4)
9. **16 ; 25.** opérations (/ 4) (+ 9) (× 2)
10. **518 ; 519.** opérations (× 7) (+ 1) (– 4)
11. **11 ; 14.** opérations (/ 5) (+ 3) (+ 6)
12. **22 ; 15.** opérations (+ 4) (– 7) (× 3)
13. **22 ; 11.** opérations (+ 4) (/ 2) (+ 8)
14. **141 ; 147.** opérations (× 3) (+ 6) (– 1)
15. **15 ; 5.** opérations (– 2) (/ 3) (+ 4)
16. **399 ; 401.** opérations (× 7) (+ 2) (– 1)
17. **3 ; 2.** opérations (/ 4) (– 1) (+ 3)
18. **237 ; 244.** opérations (– 3) (+ 7) (× 4)
19. **1 089 ; 1 095.** opérations (× 9) (+ 6) (– 2)
20. **585 ; 4 680.** opérations (+ 7) (× 8) (– 6)

Exercice 4

1. **7 ; 50.** Cette série contient deux suites : 1re suite : 1, 3, 5 (opération (+ **2**)) ; 2e suite : 41, 44, 47 (opération (+ **3**)).
2. **24 ; 22.** Cette série contient deux suites : 1re suite : 3, 6, 12 (opération (× **2**)) ; 2e suite : 7, 12, 17 (opération (+ **5**)).
3. **2 ; 14.** Cette série contient deux suites : 1re suite : 54, 18, 6 (opération (/ **3**)) ; 2e suite : 20, 18, 16 (opération (– **2**)).
4. **61 ; 216.** Cette série contient deux suites : 1re suite : 58, 59, 60 (opération (+ **1**)) ; 2e suite : 1, 6, 36 (opération (× **6**)).
5. **14 ; 11.** Cette série contient deux suites : 1re suite : 2, 6, 10 (opération (+ **4**)) ; 2e suite : 20, 17, 14 (opération (– **3**)).
6. **13 ; 24.** Cette série contient deux suites : 1re suite : 10, 11, 12 (opération (+ **1**)) ; 2e suite : 30, 28, 26 (opération (– **2**)).
7. **28 ; 2 000.** Cette série contient deux suites : 1re suite : 1, 10, 19 (opération (+ **9**)) ; 2e suite : 2, 20, 200 (opération (× **10**)).
8. **23 ; 81.** Cette série contient deux suites : 1re suite : 2, 9, 16 (opération (+ **7**)) ; 2e suite : 3, 9, 27 (opération (× **3**)).

9. **4 ; 6.** Cette série contient deux suites : 1re suite : 32, 16, 8 (opération (**/ 2**)) ; 2e suite : 24, 18, 12 (opération (**– 6**)).
10. **27 ; 8.** Cette série contient deux suites : 1re suite : 1, 3, 9 (opération (× **3**)) ; 2e suite : 2, 4, 6 (opération (**+ 2**)).
11. **10 ; 1.** Cette série contient deux suites : 1re suite : 25, 20, 15 (opération (**– 5**)) ; 2e suite : 27, 9, 3 (opération (**/ 3**)).
12. **8 ; 58.** Cette série contient deux suites : 1re suite : 64, 32, 16 (opération (**/2**)) ; 2e suite : 40, 46, 52 (opération (**+ 6**)).
13. **32 ; 192.** Cette série contient deux suites : 1re suite : 2, 12, 22 (opération (**+ 10**)) ; 2e suite : 3, 12, 48 (opération (× **4**)).
14. **32 ; 19.** Cette série contient deux suites : 1re suite : 23, 26, 29 (opération (**+ 3**)) ; 2e suite : 31, 27, 23 (opération (**– 4**)).
15. **17 ; 1.** Cette série contient deux suites : 1re suite : 20, 19, 18 (opération (**– 1**)) ; 2e suite : 64, 16, 4 (opération (**/ 4**)).
16. **125 ; 27.** Cette série contient deux suites : 1re suite : 1, 5, 25 (opération (× **5**)) ; 2e suite : 3, 11, 19 (opération (**+ 8**)).
17. **14 ; 1.** Cette série contient deux suites : 1re suite : 35, 28, 21 (opération (**– 7**)) ; 2e suite : 125, 25, 5 (opération (**/ 5**)).
18. **18 ; 1331.** Cette série contient deux suites : 1re suite : 6, 10, 14 (opération (**+ 4**)) ; 2e suite : 1, 11, 121 (opération (× **11**)).
19. **9 ; 21.** Cette série contient deux suites : 1re suite : 18, 15, 12 (opération (**– 3**)) ; 2e suite : 6, 11, 16 (opération (**+ 5**)).
20. **216 ; 15.** Cette série contient deux suites : 1re suite : 1, 6, 36 (opération (× **6**)) ; 2e suite : 3, 7, 11 (opération (**+ 4**)).

Exercice 5

Dans cet exercice, il fallait déterminer que les opérations à effectuer entre chaque terme de la série forment une suite logique :

1. **5.** opérations : – 31 ; – 27 ; – 23 ; – 19 ; – 15 ; – 11 *(+ 4)*
2. **– 1728.** opérations : (× 2) ; (×–2) ; (× 3) ; (×–3) ; (× 4) ; (×– 4)
3. **720.** opérations : × 6 ; × 5 ; × 4 : × 3 ; × 2 ; × 1 *(– 1)*
4. **69.** opérations : + 2 ; + 4 ; + 6 ; + 8 ; + 10 ; + 12 *(+ 2)*
5. **45.** opérations : + 1 ; + 11 ; + 2 ; + 12 ; + 3 ; + 13
6. **39.** opérations : – 10 ; – 15 ; – 20 ; – 25 ; – 30 ; – 35 *(– 5)*
7. **152.** opérations : + 7 ; + 14 ; + 21 ; + 28 ; + 35 ; + 42 *(+ 7)*
8. **1.** opérations : / 2 ; / 3 ; / 4 ; / 5 ; / 6 ; / 7 *(–1)*
9. **27.** opérations : – 3 ; – 6 ; – 12 ; – 24 ; – 48 ; – 96 *(× 2)*

10. **1 822.** opérations : + 5 ; + 15 ; + 45 ; + 135 ; + 405 ; + 1 215 *(× 3)*
11. **2.** opérations : / 6 ; / 5 ; / 4 ; / 3 ; / 2 ; / 1 *(– 1)*
12. **108.** opérations : – 5 ; + 10 ; – 20 ; + 40 ; –80 ; + 160 *(×–2)*
13. **5 040.** opérations : × 2 ; × 3 ; × 4 ; × 5 ; × 6 ; × 7 *(+ 1)*
14. **131.** opérations : + 2 ; + 4 ; + 8 ; + 16 ; + 32 ; + 64 *(× 2)*
15. **66.** opérations : + 6 ; + 8 ; + 10 ; + 12 ; + 14 ; + 16 *(+ 2)*
16. **– 174.** opérations : – 3 ; – 9 ; – 27 ; – 81 ; – 243 ; – 729 *(× 3)*
17. **72 000.** opérations : × 1 ; × 10 ; × 2 ; × 20 ; × 3 ; × 30
18. **363.** opérations : –17 ; 34 ; –68 ; 136 ; –272 ; 544 *(×–2)*
19. **119.** 2 séries d'opérations : × **3** ; + *2* ; × **4** ; + *3* ; × **5** ; + *4*
20. **340.** 2 séries d'opérations: – **4** ; × *2* ; – **3** ; × *3* ; – **2** ; × *4*
21. **291.** Calculer la différence entre les deux premiers chiffres ; la multiplier par 2 puis y ajouter 1 (puis 2, puis 3, etc.) pour trouver la différence entre les binômes suivants.

Exercice 6

Cet exercice fait appel à des « opérations complexes » (*cf.* fiche méthode).

1.	**13.** 3 *(× 2 + 1)* 7	10 *(× 2 + 1)* 21	12 *(× 2 + 1)* 25
2.	**67.** 2 *(× 3 + 1)* 7	5 *(× 3 + 1)* 16	13 *(× 3 + 1)* 40
3.	**17.** 7 *(× 2 – 3)* 11	19 *(× 2 – 3)* 35	5 *(× 2 – 3)* 7
4.	**– 39.** 6 *(×– 2 + 1)* – 11	– 45 *(×– 2 + 1)* 91	– 32 *(×– 2 + 1)* 65
5.	**12.** 1 *(× 3 + 3)* 6	9 *(× 3 + 3)* 30	14 *(× 3 + 3)* 45
6.	**39.** 5 *(× 2 – 1)* 9	12 *(× 2 – 1)* 23	8 *(× 2 – 1)* 15
7.	**– 8.** 3 *(×– 2 + 2)* – 4	–15 *(×– 2 + 2)* 32	–7 *(×– 2 + 2)* 16
8.	**14.** 4 *(× 3 – 1)* 11	10 *(× 3 – 1)* 29	16 *(× 3 – 1)* 47
9.	**16.** 5 *(× 2 + 2)* 12	2 *(× 2 + 2)* 6	11 *(× 2 + 2)* 24
10.	**– 7.** 4 *(×– 1 + 1)* –3	12 *(×– 1 + 1)* –11	7 *(×– 1 + 1)* – 6

Exercice 7

1. **28.** Un nombre de la suite est l'addition des 2 précédents.
2. **256.** Un nombre de la suite est la multiplication des 2 précédents.
3. **17.** Un nombre de la suite est la différence des 2 précédents.
4. **21.** Un nombre de la suite est la différence des 2 précédents.

5. **293.** Un nombre de la suite est l'addition des 2 précédents.
6. **3.** Un nombre de la suite est la division des 2 précédents.
7. **77.** Le 1er chiffre de chaque nombre est une suite logique (+ 1) ; Le 2e chiffre (et le 3e s'il y a) de chaque nombre est l'addition des chiffres du nombre précédent.
8. **85.** Un nombre de la suite est l'addition des 2 précédents + 2.
9. **97.** Un nombre de la suite est l'addition des 2 précédents + 1, puis + 2, puis + 3, etc.
10. **141.** La logique entre un chiffre et le nombre qui le suit est la suivante : en prenant l'exemple de 9 – 514, le chiffre (9) est l'addition du chiffre de la centaine (5) et de l'unité (4) du nombre (514) qui le suit. Le chiffre des dizaines suit une logique en (+ 1) d'un nombre à l'autre (514 – 423). De plus, la série de nombres est décroissante ce qui exclu la solution 240.
11. **14.** Dans chaque binôme, faire la multiplication des chiffres du nombre de gauche pour obtenir le nombre de droite. En prenant le 1er binôme (76 ; 42) cela donne : 7 × 6 = 42.

Exercice 8

Pour la correction des questions 1 à 4, reportez-vous au modèle suivant :

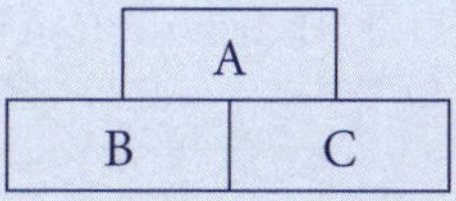

1. **15.** B + C = A
2. **5.** A × B = C
3. **25.** (B × C) + 1 = A
4. **6.** (A / C) + 1 = B
5. **36.** La logique est à trouver entre tous les A, puis tous les B et enfin entre les **c.**
   Les A se trouvent par une logique en (× 4)
   Les B se trouvent par une logique en (× 5)
   Les C se trouvent par une logique en (× 6)
6. Voici une pyramide additive : un nombre est le résultat de l'addition des deux nombres sur lesquels il repose (13 + 26 = 39). Nous devons commencer par chercher C (66 – 44 = 22) ; D = 22 – 13 = 9 ; E = 44 – 9 = 35 : B = 22 + 39 = 61 et A = 66 + 61 = 127

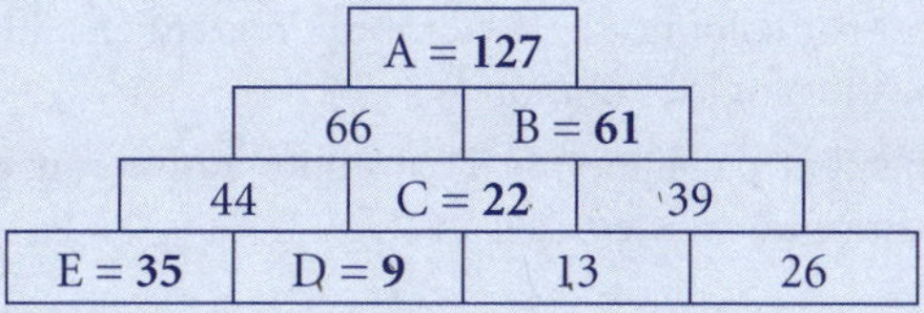

7.

50			
$25 + x$	$15 + x$		
25	x	15	
22	3		

Pour résoudre cet exercice il faut déterminer le chiffre du milieu de la 2ᵉ ligne, x. Nous pouvons donc établir la 3ᵉ ligne en fonction de x et poser :

$(25 + x) + (15 + x) = 50$ (la somme de la 3ᵉ ligne égale la 4ᵉ ligne).

$40 + 2\,x = 50$

$2\,\mathrm{x} = 50 - 40 = 10$

$x = 10/2$ d'où $x = 5$

En reportant cette valeur dans le tableau nous obtenons la pyramide suivante :

50			
30	**20**		
25	**5**	15	
22	**3**	**2**	**13**

8. Il s'agit des nombres de 11 à 20 disposés (en oblique) comme le montre la figure ci-dessous :

17 ↴			
14 ↴	18 ↴		
12 ↴	15 ↴	**19** ↴	
11	13	16	**20**

Exercice 9

1. **4.** Raisonnement par ligne : l'addition des 3 premiers nombres de la ligne égale le 4ᵉ.
2. **20.** Raisonnement par ligne : l'addition des nombres de chaque ligne égale 57.
3. **80.** Raisonnement par ligne : pour passer d'un chiffre à l'autre, il faut ajouter + 1, puis + 2, + 3 … + 15.
4. **9.** Raisonnement par colonne : le 1ᵉʳ nombre s'obtient en additionnant le 2ᵉ et le 4ᵉ puis en soustrayant le 3ᵉ nombre.
5. **7 ; 18.** Raisonnement par ligne : le 1ᵉʳ nombre additionné au 2ᵉ est égal au 3ᵉ puis le 2ᵉ additionné au 3ᵉ est égal au 4ᵉ.

6. **36.** Raisonnement par ligne : Diviser le nombre de la 2e colonne par celui de la 3e colonne. Multiplier le résultat obtenu par 4 pour trouver le nombre de la 1re colonne.

7. **25 ; 625.** Raisonnement par ligne : le 1er nombre au carré est égal au 2e et le 2e nombre au carré est égal au 3e nombre de la colonne.

8. **12.** Raisonnement par ligne : l'addition du 1er et du 3e nombre de la ligne est égale au 2e nombre de la ligne dont on a inversé les chiffres. Par exemple la première ligne est : 6 + 7 = 13 (en inversant les chiffres de 13 on obtient 31). Bien que cette logique soit un peu complexe, elle est présente dans les concours.

9. **18.** En additionnant le 1er et le 2e nombre de chaque colonne nous obtenons le 1er nombre de la colonne suivante. Puis en additionnant le 2e et le 3e nombre de chaque colonne, nous obtenons le 2e nombre de la colonne suivante. Enfin, en additionnant le 3e et le 4e nombre de chaque colonne, nous obtenons le 3e nombre de la colonne suivante.

10. **17.** Raisonnement par colonne : on obtient les nombres de la 1re colonne en additionnant 2 ; ceux de la 2e colonne en additionnant 3 ; ceux de la 3e colonne en additionnant 4 et enfin ceux de la dernière colonne en additionnant 5.

11. **10.** Diviser le tableau en deux : la 1re colonne avec la 2e colonne et la 3e avec la 4e. Sur chaque ligne, faire la différence des chiffres. Les résultats obtenus progressent régulièrement.

12. **9.** Raisonnement par ligne : les nombres de la dernière colonne sont les moyennes des nombres des 3 premières colonnes. Par exemple, pour la 1re ligne : (21 + 42 + 6) / 3 = 23.

13. **42.** Raisonnement par colonne : en multipliant par 2 les nombres de la 1re ligne, nous obtenons les nombres de la 2e ligne. Puis, en multipliant par 3 les nombres de la 2e ligne, nous obtenons les nombres de la 3e ligne. Enfin, en multipliant par 4 les nombres de la 3e ligne, nous obtenons les nombres de la 4e ligne.

14. **200.** Le raisonnement se fait en prenant des carrés de 4 cases : le nombre en bas à droite est égal à la somme des 3 autres nombres du carré. Prenons le 1er carré : 1 + 4 + 3 = 8. Voir figure ci-après :

1	4	2	24
3	8	14	40
4	15	37	91
1	20	72	?

Nombres et lettres

Exercice 10

1. **55.** Nous voyons que le 1 en haut de la figure donne le 11 en bas ; le 2 donne le 22, le 3 donne le 33. Ainsi le 5 donnera 55.
2. **50.** En partant du 1 et en tournant dans le sens des aiguilles d'une montre (sens horaire), on retrouve l'opération (+ 7).
3. **5.** Répétition de l'opération (+ 4) entre deux nombres qui se font face.
4. **36.** En partant du 1 et en tournant dans le sens des aiguilles d'une montre (sens horaire), on retrouve l'alternance des opérations (× 2) et (× 3).
5. **17.** Multiplier les 2 nombres du haut puis multiplier les deux nombres du bas. Le chiffre du milieu est la différence des deux résultats obtenus. Pour le 1er carré nous avons donc : 2 × 6 = 12 puis 3 × 9 = 27 ; ainsi 15 est la différence entre 27 et 12 (27 – 12 = 15).
6. **16.** Le nombre du milieu est la moyenne des nombres autour.
7. **79.** La différence des nombres du haut égale le chiffre des dizaines du nombre du milieu (idem pour les nombres de la ligne du bas) ; la différence des nombres de la colonne de gauche égale le chiffre des unités du nombre du milieu (idem pour la colonne de droite).
8. **20.** Prenons l'exemple du 1er carré (les chiffres en gras sont ceux présents dans le carré) : **22** × **4** = 88 puis 88 – **11** = 77 puis 77 + **15** = **92** ; le raisonnement est le même avec les autres carrés.
9. **40 27 10 16 34.** Prendre les 2 premières colonnes du tableau 1 : 9 + 12 = 21 et 41 + 13 = 54 (même raisonnement entre la 3e et 4e colonne). La 3e colonne est une addition : 5 + 12 = 17.

Exercice 11

1. **5.** L'addition de tous les chiffres d'un carré est toujours égale à 30.
2. **11.** (ou 20). Dans un même carré, le nombre à gauche s'obtient en additionnant les deux chiffres de droite. Pour le premier carré : 3 + 3 = 6 ; 6 étant le nombre à gauche.
3. **17.** Pour 1er carré il faut lire : **1** *(+ 1)* **2** *(+ 1)* **3** *(+ 1)* **4** *(+ 1)* **5**
   Pour 2e carré il faut lire : **1** *(+ 2)* **3** *(+ 2)* **5** *(+ 2)* **7** *(+ 2)* **9**
   Pour 3e carré il faut lire : **2** *(+ 3)* **5** *(+ 3)* **8** *(+ 3)* **11** *(+ 3)* **14**
   Pour 4e carré il faut lire : **1** *(+ 4)* **5** *(+ 4)* **9** *(+ 4)* **13** *(+ 4)* **17**
4. **371 985.** D'un rectangle à l'autre, les chiffres se déplacent d'une position vers la droite.

Exercice 12

1. **7.** Dans chaque triangle, opération (+ 1) dans le sens horaire.
2. **4.** Dans chaque triangle, le nombre à gauche additionné au nombre du bas égale le nombre de droite.
3. **11.** La logique se construit d'un triangle à l'autre ; on retrouve l'opération (+ 2) entre les nombres en haut à gauche puis entre les nombres en haut à droite, enfin entre les nombres en haut à droite. Autre logique : prenons le 1er triangle : 5 − 1 = 4 puis 7 − 5 = 2 ; l'addition de ces deux résultats (4 + 2 = 6) égale la différence entre 1 et 7.

Pour le corrigé veuillez vous référer au modèle ci-dessous :

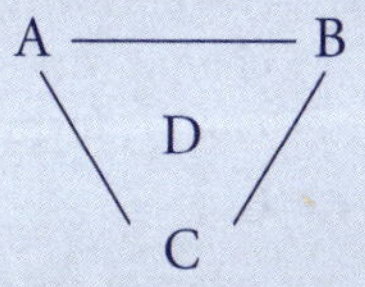

4. **2.** D est égal à la moyenne de A, B et C : ((A+ B+ C) / 3)
5. **4. Prenons le 2e triangle :** faire la somme des unités de chaque nombre aux angles du triangle (4 + 1 + 6 = 11). Puis faire la somme des chiffres des dizaines (3 + 2 + 1 = 6). Enfin, additionner les chiffres qui composent les nombres de ces résultats (1 + 1 + 6 = 8).
6. **75.** D = (C − B) × A

Exercice 13

1. **8.** Opération (+ 2) entre les chiffres de la ligne du haut. Opération (− 3) entre les chiffres de la ligne du bas.
2. **16.** 1re forme : opération (× 1)
   2e forme : opération (× 2)
   3e forme : opération (× 3)
   4e forme : opération (× 4) (4 × 4 = 16)
3. **21 10 46 23 12.** Présence d'un axe de symétrie.
4. **2.** La somme des nombres de chaque forme égale 15.
5. **10.** Dans chaque forme, on retrouve les nombres 2, 6 et 10.

Exercice 14

Pour le corrigé veuillez vous référer au modèle ci-dessous :

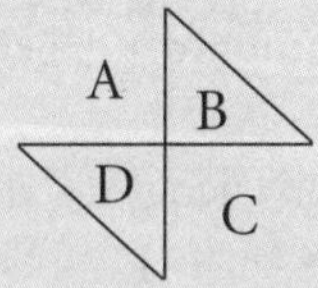

1. **21 ; 2.** A × 2 = C et B × 3 = D
2. **1.** A + B + C = D
3. **5 ; 3.** Opération (+ 1) entre les A de chaque forme
   Opération (– 1) entre les B de chaque forme
   Opération (– 1) entre les C de chaque forme
   Opération (– 1) entre les D de chaque forme

Autre logique : B + 6 = C et D + 4 = **C.**

4. **71 ; 24.** A + C = D mais il faut inverser les chiffres du résultat (ainsi pour la 1re forme : 4 + 8 = 12 et en inversant les chiffres 12 devient 21).

   A × C = B mais il faut inverser les chiffres du résultat (ainsi pour la 1re forme : 4 × 8 = 32 et en inversant les chiffres 32 devient 23).

Exercice 15

Pour le corrigé veuillez vous référer au modèle ci-dessous :

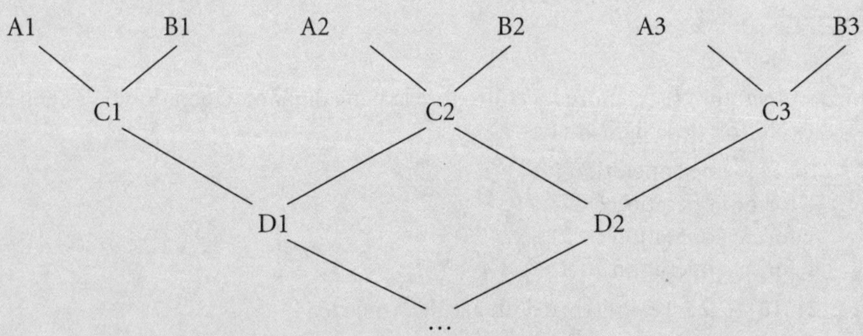

1. **27.** La différence entre A et B multipliée par 3 égale **C.**
   La différence entre C1 et C2 multipliée par 3 égale D1.
   La différence entre C2 et C3 multipliée par 3 égale D2.
   La différence entre D1 et D2 multipliée par 3 égale 27.

2. **150.** A + B + **14** = C

   C1 + C2 + **15** = D1 et C2 + C3 + **15** = D2

   Le résultat demandé s'obtient en faisant D1 + D2 + **16**

3. **8.** Multiplication de A et B mais seule l'unité du nombre obtenu est gardée pour donner C (ex : 6 × 3 = 18, seul le 8 est gardé, C = 8).

   De même entre C1et C2 puis C2 et C3 et enfin entre D1 et D2.

4. **–1.** (A/B) – **2** = C.

2 Séries de lettres et mots

Fiche méthode

Cette fiche vous présente quelques logiques fréquemment utilisées dans les concours administratifs mais ne peut représenter une liste exhaustive des logiques utilisées avec les lettres.

Position des lettres dans l'alphabet

Une suite vous est proposée. Il s'agit de comprendre la logique par rapport à la place des lettres dans l'alphabet. Pour cela, il est fortement conseillé d'écrire l'alphabet :

[A] B C D E F G [H] I J K L M [N] O P Q R [S] T U V [W] X Y [Z]

Exemple

Quelle lettre continue cette suite : A, H, N, S, W, …
Réponse : Z. Dans le sens de l'alphabet, nous observons un saut de 6 lettres, puis 5, 4, 3 et 2 lettres.

Rang des lettres dans l'alphabet

Les lettres de la série proposées devront être associées à leur rang dans l'alphabet (sens normal ou sens inverse). Cela permet de passer d'une suite de lettres à une suite de nombres. Il s'agit de retrouver la logique entre les nombres (addition, soustraction, multiplication…). Vous pourrez vous servir du tableau ci-dessous ou de l'annexe 1 p. 62.

A	B	C	D	E	F	G	H	I	J	K	L	M	N	O	P	Q	R	S	T	U	V	W	X	Y	Z
1	2	3	4	5	6	7	8	9	10	11	12	13	14	15	16	17	18	19	20	21	22	23	24	25	26
26	25	24	23	22	21	20	19	18	17	16	15	14	13	12	11	10	9	8	7	6	5	4	3	2	1

Exemple

Trouver la lettre manquante :

C E = H J L = V F I = O P B =…

En remplaçant les lettres par leur rang dans l'alphabet, nous obtenons :

C	E	=	H		J	L	=	V		F	I	=	O		P	B	=	…
3	5	=	8		10	12	=	22		6	9	=	15		16	2	=	…

Réponse : R. Nous voyons qu'en additionnant les rangs des deux premières lettres, nous obtenons le rang de la 3e lettre.

Série de référence

La série de lettres proposées fait référence aux lettres d'une série connue.

Exemple

D – R – M – F – S – L – ?

Réponse : S. Cette suite fait référence aux 1res lettres de la suite : Do, Ré, Mi, Fa, Sol, La, Si.

Anagrammes

De mots dont les lettres ont été mélangées vous sont présentés. Vous devrez retrouver le mot afin de répondre aux questions.

Exemple

Trouver l'intrus : NAVIDE – MIRELUE – FOUSE – TUIFRS

Réponse : MIRELUE. Les anagrammes à retrouver sont : viande – lumière – œufs – fruits ; « lumière » n'est pas un aliment.

De phrases dont les mots ont été mélangés vous sont proposés.

Exemple

Retrouver le mot manquant : Ne moine le fait habit pas

Réponse : L'. La phrase est : « L'habit ne fait pas le moine ».

D'un texte dont les phrases ou les paragraphes ont été mélangés. Pour reconstituer le texte vous pourrez vous appuyer sur la compréhension du texte, certains mots clés ou encore la ponctuation et les majuscules de début de phrase.

Nombres et lettres

Exemple

Cet extrait du roman d'Eugène Fromentin, *Dominique*, a été découpé en 5 parties. Rétablissez l'ordre de ce texte :

A. De pareils défauts m'ont paru sans remède : désespérant de les corriger, je les constate. Si le livre était meilleur, je serais parfaitement heureux de vous l'offrir.

B. Tel qu'il est, me pardonnerez-vous, Madame, comme au plus humble de vos amis, de le placer sous la protection d'un nom qui déjà m'a servi de sauvegarde, et pour lequel j'ai autant d'admiration que de gratitude et de respect ?

C. Voici ce petit livre que vous avez lu. À mon grand regret, je le publie sans y rien changer, c'est-à-dire avec toutes les inexpériences qui peuvent trahir une œuvre d'essai.

Réponse : l'ordre du texte est C, A et B.

Palindromes

Ce sont des mots ou des phrases qui se lisent aussi bien de gauche à droite que de droite à gauche.

Exemple

Mot : KAYAK

Phrase : Ésope reste ici et se repose

Mots : nombre de lettres, de voyelles, consonnes, etc.

La série de mots proposés présente une logique en lien avec le nombre de lettres dans chaque mot, le nombre de voyelles, le nombre de consonnes. La logique peut également être en lien avec les 1res lettres de chaque mot, les dernières lettres, etc.

Exemple

Quel mot continue cette suite logique ?

Libre Escroc Placard Donation

❒ **a.** Mangouste ❒ **b.** Ennemi ❒ **c.** Delta ❒ **d.** Nuage

Réponse : **a.** Le nombre de lettres de chaque mot augmente régulièrement.

Mots : analogies

Vous devez déterminer dans l'analogie présentée la logique entre les deux éléments proposés afin de la reproduire pour trouver la solution.

Exemple

Igloo est à esquimaux ce que tepee est à…
Réponse : indiens. L'igloo est l'habitat des esquimaux tout comme le tepee est celui des indiens.

Syllogismes

Des affirmations vous sont données. Vous devez retrouver la proposition de réponse qui est une déduction logique de ces affirmations. Attention, pour cela, vos déductions doivent être *obligatoirement* soutenues par les affirmations données. Voici une méthode qui vous permettra de respecter cette contrainte. Il s'agit de représenter graphiquement les affirmations :

Affirmation : « Toutes les tables sont des meubles »

L'ensemble des tables est compris dans l'ensemble des meubles. Mais un meuble n'est pas necessairement une table (il faut respecter le sens de la flèche).

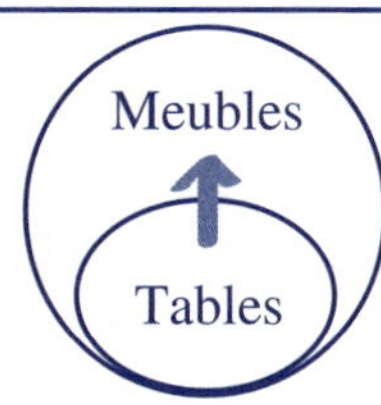

« Certaines tables sont des objets en bois »

L'intersection des deux cercles (en gris) représente l'ensemble des tables en bois.

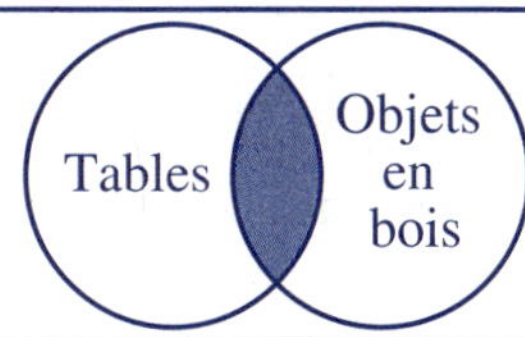

« Aucune table n'est un objet à vendre »

Le symbole marque l'exclusion de ces deux ensembles. Il est impossible d'être à la fois une table et un objet à vendre.

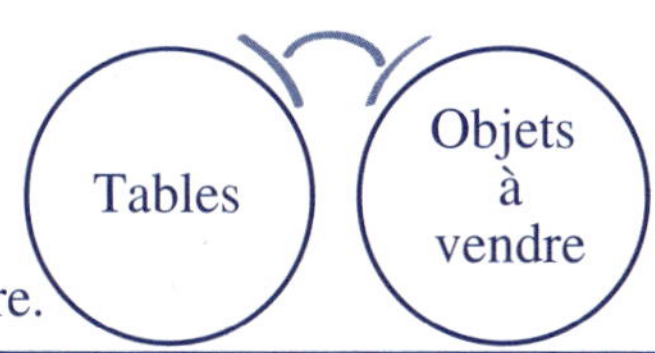

Exemple

Toutes les roses sont rouges. Or certaines fleurs sont des roses.

❒ **a.** Toutes les roses sont des fleurs.

❒ **b.** Certaines fleurs ne sont pas rouges.

❒ **c.** Certaines fleurs sont rouges.

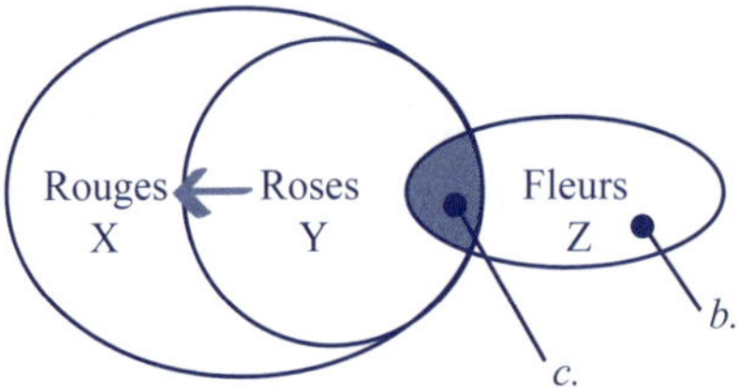

Attention, pour tirer votre conclusion, vous ne devez vous référer qu'à ce qui est dit dans l'énoncé (intersection grise et flèche).

a.: Pour rester concentré uniquement sur la logique, vous devez faire une abstraction des termes donnés : vous pouvez par exemple les remplacer par X, Y et Z (*cf schéma*). La proposition a. deviendrait « *toutes les Y sont des Z* ». En regardant le schéma nous voyons plus clairement que cela n'est pas une déduction des affirmations données.

b.: cette proposition fait référence à une partie de l'ensemble des fleurs dont il n'est pas parlé dans l'énoncé.

> ⚠ Votre raisonnement doit obligatoirement être soutenu par les ensembles ou flèches gris, c'est à dire les déductions directes de l'énoncé.

c.: cette proposition fait appel aux deux déductions réalisées sur le schéma : certaines fleurs sont roses et toutes les roses sont rouges. Nous pouvons en déduire que certaines fleurs sont rouges.

Exemple

Aucune lampe n'a d'abat-jour. Or certains abat-jours sont des objets utiles.

❒ **a.** Aucun objet utile n'est une lampe.

❒ **b.** Certains abat-jours sont des lampes utiles.

❒ **c.** Certains objets utiles ne sont pas des lampes.

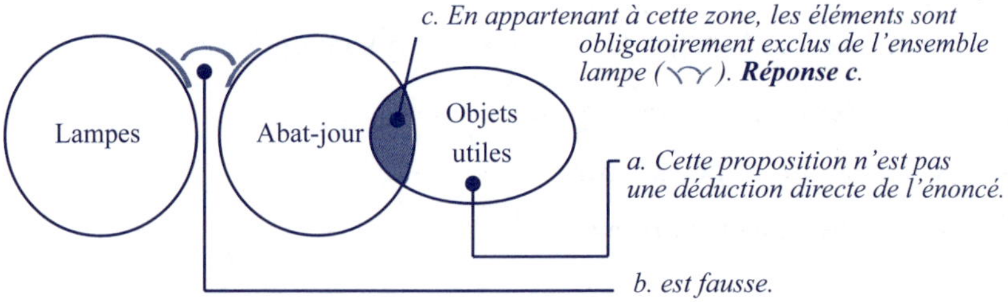

Exercices d'entraînement

Exercice 1

1. Quelle lettre continue cette suite ?

A C E G I …

2. Quelle lettre continue cette suite ?

C E H L …

3. Quelle lettre continue cette suite ?

A D I P …

4. Quelles lettres continuent cette suite ?

C D H I M N … …

5. Quelles lettres continuent cette suite ?

B Z D W F T H Q J N … …

6. Quelles lettres continuent cette suite ?

R A G R B H R C I R … …

7. Quelles lettres continuent cette suite ?

L K M N P O Q R T S … …

8. Quelles lettres continuent cette suite ?

A Z B C Y D E F X G … …

9. Quelle lettre continue cette suite ?

B Y E V J Q H S M …

10. Compléter ce tableau :

A G G A
Z D D Z
R Y … …

11. Compléter ce tableau :

A E G C
I K … J
B F … D

Exercice 2

1. Trouver l'égalité qui peut compléter cette série :

Z – Y = A   Q – K = F   K – H = C   I – G = B

❑ **a.** M – F = B ❑ **b.** R – O = N ❑ **c.** S – J = I ❑ **d.** L – I = K

2. Quelle lettre complète cette série ?

A C D
A J K
H F …

❑ **a.** O ❑ **b.** N ❑ **c.** E ❑ **d.** P

3. Quelles lettres continuent cette suite ?

E A   D D   E E   C I   … …

❑ **a.** C M ❑ **b.** L B ❑ **c.** S B ❑ **d.** G K

4. Quelle lettre complète cette série ?

N H K J
E L F C
B A D …

❑ **a.** L ❑ **b.** K ❑ **c.** F ❑ **d.** H

5. Quelle lettre complète cette série ?

E E Y
C G U
J B …

❑ **a.** A ❑ **b.** I ❑ **c.** R ❑ **d.** T

Exercice 3

1. Trouver l'intrus parmi ces anagrammes :

❑ **a.** UEA ❑ **b.** OTOM ❑ **c.** ISOB ❑ **d.** RAI

2. Trouver l'intrus parmi ces anagrammes :

❑ **a.** OLEV ❑ **b.** ROUTIEV ❑ **c.** LASORAP ❑ **d.** EABUAT

3. Trouver l'intrus parmi ces anagrammes :

❑ **a.** SAIMON ❑ **b.** TOUG ❑ **c.** RADOTO ❑ **d.** TIAUONDI

4. Trouver l'intrus parmi ces anagrammes :

❒ **a.** LIPETU ❒ **b.** VEILOTTE ❒ **c.** SORE ❒ **d.** PANPE

5. Trouver l'intrus parmi ces anagrammes :

❒ **a.** BAEMJ ❒ **b.** RECOU ❒ **c.** EDIP ❒ **d.** SEICUS

6. Trouver l'intrus parmi ces anagrammes :

❒ **a.** NULID ❒ **b.** ASNEMIE ❒ **c.** RIDAM ❒ **d.** RIDRECME

7. Trouver l'intrus parmi ces anagrammes :

❒ **a.** LIELEUF ❒ **b.** ELTAB ❒ **c.** LUREF ❒ **d.** CAENRI

8. Trouver l'intrus parmi ces anagrammes :

❒ **a.** HELNAPET ❒ **b.** RAFIGE ❒ **c.** ONIL ❒ **d.** NIVOLO

9. Les lettres de trois animaux ont été mélangées, retrouver ces animaux :

NOZEGAPAREODROSCELHILERL

10. Compléter cette série :

Canard – cadran – verre – rêver – clape – .

Exercice 4

1. Quel mot continue cette suite logique ?

Agent Bourse Cassis Dos

❒ **a.** Fleur ❒ **b.** Élixir ❒ **c.** Hibou ❒ **d.** Valet

2. Quel mot continue cette suite logique ?

Taxi Merci Mentor Inquiet

❒ **a.** Sable ❒ **b.** Nature ❒ **c.** Parade ❒ **d.** Mandarin

3. Quel mot complète cette suite logique ?

Poubelle Caresse Promesse Gourmette

❒ **a.** Panorama ❒ **b.** Merveille ❒ **c.** Divine ❒ **d.** Radio

4. Quel mot continue cette suite logique ?

Habit Licorne Expérience Mésaventure

❒ **a.** Intelligence ❒ **b.** Radicelle ❒ **c.** Gamberge ❒ **d.** Vanneur

5. Quel mot continue cette suite logique ?

Mer	Goût	Fraise	Espérance
❒ **a.** Vaillantes	❒ **b.** Inquiétant	❒ **c.** Langoustes	❒ **d.** Gamine

6. Quel mot continue cette suite logique ?

Bal	Tandem	Jambon	Vélo
❒ **a.** Galop	❒ **b.** Danse	❒ **c.** Patin	❒ **d.** Tongue

7. Quel mot continue cette suite logique ?

Moto	Magma	Cour	Neige
❒ **a.** Tapis	❒ **b.** École	❒ **c.** Toux	❒ **d.** Mômes

Exercice 5

1. Continuer cette analogie : Italie est à Rome ce que… est à Lisbonne.

❒ **a.** Ville ❒ **b.** Portugal ❒ **c.** Pays ❒ **d.** Grèce

2. Continuer cette analogie : excellent est à médiocre ce que bon est à…

❒ **a.** Impeccable ❒ **b.** Doux ❒ **c.** Agréable ❒ **d.** Néfaste

3. Continuer cette analogie : grille est à cases ce que… est à crayons.

❒ **a.** Mine ❒ **b.** Gomme ❒ **c.** Trousse ❒ **d.** Stylo

4. Continuer cette analogie : fleur est à tulipe ce que couvert est à…

❒ **a.** Fourchette ❒ **b.** Abri ❒ **c.** Brumeux ❒ **d.** Cuisine

5. Continuer cette analogie : feuilles est à cahier ce que minutes est à…

❒ **a.** Seconde ❒ **b.** Heure ❒ **c.** Horloge ❒ **d.** Durée

6. Continuer cette analogie : boîtes aux lettres est à… ce que verre est à eau.

❒ **a.** Facteur ❒ **b.** Poste ❒ **c.** Courrier ❒ **d.** Maison

7. Continuer cette analogie : épuisé est à harassé ce que lucide est à…

❒ **a.** Perspicacité ❒ **b.** Illusion ❒ **c.** Perspicace ❒ **d.** Aveugle

8. Continuer cette analogie : croissant est à… ce que… est à artiste.

❒ **a.** Beurre – peinture
❒ **b.** Chocolat – pinceau
❒ **c.** Déjeuner – musique
❒ **d.** Boulanger – œuvre

9. Continuer cette analogie : écoliers est à… ce que… est à usine.

❒ **a.** Maître – patron
❒ **b.** École – ouvriers
❒ **c.** Cahier – ville
❒ **d.** École – cheminée

10. Continuer cette analogie : aboyer est à… ce que… est à caravane.

❒ **a.** Chiens – camping
❒ **b.** Meutes – touristes
❒ **c.** Japper – rouler
❒ **d.** Chiens – passer

Exercice 6

1. Quel mot manque-t-il à ce proverbe dont les mots ont été mélangés ?

ne jamais acquit bien profite

❒ **a.** Il ❒ **b.** Pas ❒ **c.** Mal ❒ **d.** Que

2. Quel mot manque-t-il à ce proverbe dont les mots ont été mélangés ?

deux mieux que l' tiens un auras vaut

❒ **a.** Le ❒ **b.** Vaut ❒ **c.** Tu ❒ **d.** Un

3. Tous les garçons sont des hockeyeurs. Or certains basketteurs sont des garçons. Que peut-on déduire de ces affirmations :

❒ **a.** Certains hockeyeurs ne sont pas des garçons.

❒ **b.** Certains garçons ne sont pas des basketteurs.

❒ **c.** Certains basketteurs ne sont pas des garçons.

❒ **d.** Certains basketteurs sont des hockeyeurs.

4. Cet extrait du roman de Longus *Daphnis et Chloé* a été découpé en 3 parties. Vous devez déterminer dans quel ordre vont ces 3 parties.

A. Environ huit ou neuf lieues loin de cette ville de Mitylène, un riche homme avoit une terre : plus bel héritage n'étoit en toute la contrée ;

B. bois remplis de gibier, coteaux revêtus de vignes, champs à porter froment, pâturages pour le bétail, et le tout au long de la marine, où le flot lavoit une plage étendue de sable fin.

C. Mitylène est ville de Lesbos, belle et grande, coupée de canaux par l'eau de la mer qui flue dedans et tout à l'entour, ornée de ponts de pierre blanche et polie ; à voir, vous diriez non une ville, mais comme un amas de petites îles.

❒ **a.** ABC ❒ **b.** CBA ❒ **c.** CAB ❒ **d.** ACB

Exercice 7

1. Trouver l'intrus : pantalon - pull - jardin - chemise

❒ **a.** NATNOLAP ❒ **b.** LUPL ☒ **c.** NADIJR ❒ **d.** EMHCISE

2. Continuer la série suivante :

ELLE ERRE ESSE REER

❒ **a.** VILLE ❒ **b.** APPÂT ❒ **c.** SOLOS ❒ **d.** VALLÉE

3. Trouver l'intrus :

❒ **a.** Quelconque ☒ **b.** Rare ❒ **c.** Courant ❒ **d.** Banal

4. La famille Dupont a 4 enfants : Lilian, Joséphа, Caroline ; qui est le 4e enfant ?

❒ **a.** Valentin ❒ **b.** Corinne ❒ **c.** Thomas ☒ **d.** Sébastien

5. Continuer cette analogie : Cuisine est à four ce que ? est à fougère.

❒ **a.** Feuille ❒ **b.** Graine ❒ **c.** Arbre ☒ **d.** Forêt

6. Trouver l'intrus :

❒ **a.** ABCÈS ☒ **b.** ALIÉNÉS ❒ **c.** DÉFILÉ ❒ **d.** STUDIO

7. Tous les cadeaux sont des poupées. Or toutes les poupées sont des objets en chiffon. Que peut-on déduire de ces affirmations ?

❒ **a.** Certains cadeaux ne sont pas des objets en chiffon.
❒ **b.** Certaines poupées ne sont pas des cadeaux.
☒ **c.** Tous les cadeaux sont des objets en chiffons.
❒ **d.** Certains objets en chiffon ne sont pas des poupées.

8. Quelle lettre continue cette suite ?

A B D G K P …

❐ **a.** X ❐ **b.** V ❐ **c.** D ❐ **d.** W

9. Quelle lettre complète ce mot ?

❐ **a.** E ❐ **b.** D ❐ **c.** O ❐ **d.** A

10. Quel mot manque-t-il à ce proverbe dont les mots ont été mélangés ?

Les dansent pas quand chat là souris n' le

❐ **a.** Les ❐ **b.** Ne ❐ **c.** Pas ❐ **d.** Est

11. Quel mot continue cette suite logique ?

Coq Car Tresses Gilet

❐ **a.** Gala ❐ **b.** Perdu ❐ **c.** Volage ❐ **d.** Grillée

12. Cet extrait du livre de Charles Darwin, *L'origine des espèces*, a été découpé en 4 parties. Rétablissez l'ordre de ce texte :

A. De nombreux savants ont habilement soutenu cette hypothèse.

B. Jusque tout récemment, la plupart des naturalistes croyaient que les espèces sont des productions immuables créées séparément.

C. Quelques autres, au contraire, ont admis que les espèces éprouvent des modifications et que les formes actuelles descendent de formes préexistantes par voie de génération régulière.

D. Je me propose de passer brièvement en revue les progrès de l'opinion relativement à l'origine des espèces.

❐ **a.** D A B C ❐ **b.** B D A C ❐ **c.** D B A C ❐ **d.** A B C D

13. Trouver l'égalité qui peut compléter cette série :

AB = C EA = F BH = J …

❐ **a.** GJ = S ❐ **b.** FP = Y ❐ **c.** RA = O ❐ **d.** TE = Y

Exercice 8

1. Trouver l'intrus :

IHECB REISEC UTMONO VHEREC

2. Trouver l'intrus :

TIL REILLOER PARD CEFILLE

3. Continuer cette analogie : A est à Z ce que C est à…

4. Quelle lettre continue cette suite ? X– V – S – O – …

5. Continuer la suite : Pots – Spot – Tops – …

6. Trouver l'intrus : TOT – LITS – ICI – SEMES

7. Continuer cette analogie : Vase est à as ce que clef est à…

8. Si Lisa est en quatrième, Gaspar en sixième et Léo en troisième, en quelle classe est Marco ?

9. Quel mot manque-t-il à ce proverbe dont les mots ont été mélangés ?

odeur pas a n' argent d'...

10. Quelle lettre continue cette suite ?

A L G
F Q L
K V …

11. Quelle lettre continue cette suite ?

R S S R T U U T V …

12. Quelle lettre continue cette suite ?

A H N S W …

13. Quelles lettres continuent cette suite ?

I J K M N O Q R S U … …

Exercice 9

1. Quel mot continue cette suite logique ?

Lierre Mer Niche Odorat

❒ **a.** Farine ❒ **b.** Peloton ❒ **c.** Jupe ❒ **d.** Maille

2. Quel mot continue cette suite logique ?

Proportionnalité Courageuse Couteau Nourrices

❐ a. Résumé ❐ b. Courage ❐ c. Vallon ❐ d. Carré

3. Quel mot peut compléter cette série ?

Gastro Auto Eco Tri

❐ a. Métro ❐ b. Saxo ❐ c. Colonne ❐ d. Duo

4. Continuer cette analogie :

ANNOTE est à ÉTONNA ce que TERCES est à…

❐ a. SERRÉES ❐ b. SECRET ❐ c. SÈVRES ❐ d. TERRAIN

5. Trouver l'intrus :

❐ a. ÉTÊTE ❐ b. RADAR ❐ c. RÊVER ❐ d. VEXES

6. Trouver l'intrus :

❐ a. BIJOUX ❐ b. AGIOS ❐ c. BALLON ❐ d. DÉFIT

7. Continuer cette analogie :

Gloire est à échec ce que successif est à…

❐ a. Suivant ❐ b. Consécutif ❐ c. Après ❐ d. Simultané

8. Continuer cette analogie :

Voiture est à turevio ce que poireau est à…

❐ a. Reaupio ❐ b. Peauroi ❐ c. Reaupoi ❐ d. Roipeau

9. Si Richard est le frère de Dora, Eric le frère de Corinne, Jean le frère de Nathalie, qui est le frère de Léonie ?

❐ a. Fabrice ❐ b. Michael ❐ c. Martin ❐ d. Nicolas

10. Quel mot continue cette série : un – six – onze – …

❐ a. Trois ❐ b. Quatorze ❐ c. Quinze ❐ d. Deux

11. Quelle proposition peut compléter cette série logique :

Foyer – E ; Farouche – H ; Toxicologique – M

❐ a. Cravate – S ❐ b. Vélo – G

❐ c. Farouchement – B ❐ d. Titanesque – J

Nombres et lettres

12. Quelle proposition complète cette série ?

E T I R … M
R E R E … O
E M U S … R

❒ **a.** ÂGE ❒ **b.** NON ❒ **c.** EPE ❒ **d.** ÉTÉ

13. Trouver l'intrus :

❒ **a.** LOMEN ❒ **b.** LELISO ❒ **c.** GANUE ❒ **d.** NETV

14. Quelle lettre continue cette suite ?

A B D G K P …

❒ **a.** T ❒ **b.** R ❒ **c.** V ❒ **d.** W

15. Quelles lettres continuent cette suite ?

A B D F H K M Q … …

❒ **a.** VR ❒ **b.** SX ❒ **c.** SU ❒ **d.** NO

Exercice 10

Dans les exercices suivants, trouver la ou les lettres manquantes.

1.

2.

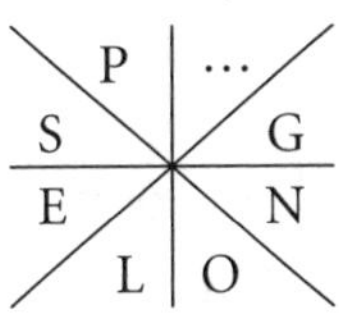

3.

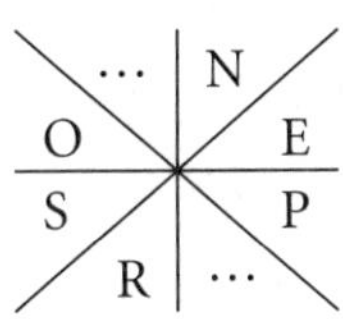

4.

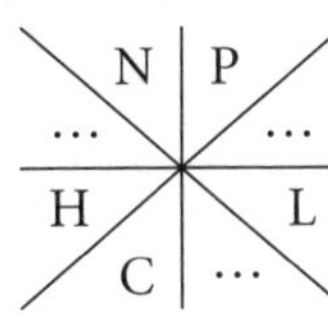

5. Compléter l'anagramme suivant : Chien – Chine – …

6. Quel mot manque-t-il à ce proverbe dont les mots ont été mélangés ?

bonne vieux c' fait est la soupe dans on qu' pots

7. Si Anaïs a douze ans, Zoé a six ans, Noémie a quatre ans, quel âge a Simon sachant qu'Anaïs est la plus âgée ?

8. Trouver l'intrus :

❒ Chaux ❒ Chevaux ❒ Bocaux ❒ Journaux

9. Trouver l'intrus :

❒ Heureux ❒ Riche ❒ Content ❒ Ravie

10. Continuer cette analogie : Omicron est à micro ce que langer est à…

11. Quelles lettres continuent cette suite ?

C L E D M F E N G … … …

12. Quelle lettre continue cette suite ? D, H, N, …

13. Quelles lettres continuent cette suite ?

J K L G H I D E F A … …

14. Quelles lettres continuent cette suite ?

K M J L I K H J G I F H … …

Exercice 11

1. Quelle lettre continue cette suite : E, K, P, …

2. Continuer cette analogie : J est à Q ce que D est à…

3. Quel mot manque-t-il à ce proverbe dont les mots ont été mélangés ?

est silence mais la argent est parole d' le or

4. Trouver l'intrus :

❒ Dizygote ❒ Divine ❒ Didactyle ❒ Dioxyde

5. Trouver l'intrus :

❒ Maison ❒ Caravane ❒ Cravate ❒ Appartement

6. Quelle lettre continue cette suite ?

D A D C G B D G F …

7. Trouver l'intrus :

RUOF SERIOMEM IVAM ONIMOD

8. Continuer cette analogie : Retiré est à étirer ce que magner est à…

9. Quelle lettre continue cette suite : B, G, K, N, …

10. Quelles lettres continuent cette suite : EF AB YZ IJ UV… …

11. Trouver l'intrus : ❑ Prairie – ❑ Soleil – ❑ Vent – ❑ Nuages.

12. Quel est le mot qui complète cette série : révolu – ovulé – vélo…

13. Quelles lettres peuvent compléter cette série logique :

Corinne – DF ; Fabien – GO ; Abel – BM ; Samuel – …

14. Toutes les chaussures rouges ont des talons. Or aucune chaussure à lacets n'a de talon. Que peut-on déduire de ces affirmations ?

❑ **a.** Certaines chaussures à lacets ont des talons.
❑ **b.** Aucune chaussure rouge n'est une chaussure à lacets.
❑ **c.** Certaines chaussures à talons ne sont pas des chaussures rouges.
❑ **d.** Certaines chaussures rouges ont des lacets.

Exercice 12

1. Quel mot continue cette suite logique ?

Accroc Addiction Feuille Faiblesse

❑ **a.** Vieille ❑ **b.** Violettes ❑ **c.** Gomme ❑ **d.** Appel

2. Quel mot continue cette suite logique ?

Psychopathique Hypocondriaque Prophylactique

❑ **a.** Hypothalamique ❑ **b.** Drastique
❑ **c.** Couteau ❑ **d.** Vampire

3. Quel mot peut compléter cette série logique ?

Vexer Excès Cherche Bèche

❑ **a.** Lait ❑ **b.** Vaches ❑ **c.** Rond ❑ **d.** Exempt

4. Quel mot peut compléter cette série logique ?

Un Embout Brand Vet

❑ **a.** Toit ❑ **b.** Mois ❑ **c.** Salon ❑ **d.** Corre

5. Trouver l'intrus :

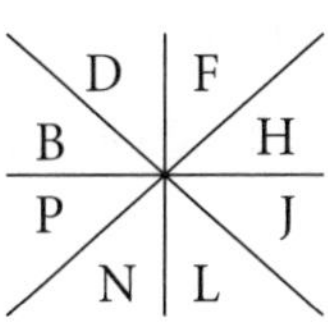

❑ **a.**

❑ **b.**

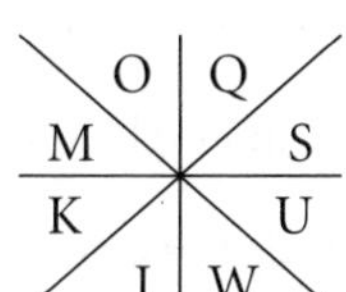

❑ **c.**

❑ **d.**

6. Trouver l'intrus :

❐ **a.** Sitôt ❐ **b.** Parer ❐ **c.** Rural ❐ **d.** Sinon

7. Trouver l'intrus :

❐ **a.** ABDOS ❐ **b.** FILMS ❐ **c.** ATRES ❐ **d.** CHIPS

8. Trouver l'intrus :

❐ **a.** Prodigue ❐ **b.** Pingre ❐ **c.** Avare ❐ **d.** Avide

9. Continuer cette analogie : Mèche est à… ce que… est à insensible.

❐ **a.** Cheveux – froid ❐ **b.** Coloration – méchant
❐ **c.** Complicité – marbre ❐ **d.** Blond – pierre

10. Continuer cette analogie : Loyauté est à… ce que… est à laideur.

❐ **a.** Droiture – jolie ❐ **b.** Honnêteté – disgrâce
❐ **c.** Honnêteté – beauté ❐ **d.** Vérité – beau

11. Certaines personnes gentilles sont des personnes curieuses. Or, aucune personne aimable n'est une personne curieuse. Que peut-on déduire de ces affirmations ?

❐ **a.** Quelques personnes curieuses sont aimables.
❐ **b.** Certaines personnes curieuses ne sont pas des personnes gentilles.
❐ **c.** Certaines personnes gentilles ne sont pas des personnes aimables.
❐ **d.** Certaines personnes gentilles sont des personnes aimables.

12. Si Norbert est en pantalon, Émilie est en jupe, Nicole en blouson, que porte Régine ?

❐ **a.** Short ❐ **b.** Chemisier ❐ **c.** Robe ❐ **d.** Pull

13. Quel est le mot qui complète cette série ? plaid – pot – pain – pic …

❐ **a.** Pauvre ❐ **b.** Plaire ❐ **c.** Palet ❐ **d.** Pitre

14. Quel est le mot qui complète cette série : Ire – Crie – Acier ?

❐ **a.** Idéale ❐ **b.** Idéale ❐ **c.** Rangée ❐ **d.** Claire

15. Si Eric est ami avec Claire, Rémi avec Igor, Émile avec Éléonore, qui est l'ami(e) de Anne ?

❐ **a.** Émilie ❐ **b.** Karine ❐ **c.** Julien ❐ **d.** Emma

16. Quelle proposition peut compléter cette série logique :
Pacotille R ; Farcie U ; Facultativement L ; …

❐ **a.** Créer B ❐ **b.** Siffler R ❐ **c.** Coudre W ❐ **d.** Mure W

Exercice 13

1. Quelle lettre continue cette suite ?
J A S O N …

2. Continuer cette analogie :
EHI est à VSR ce que CJM est à…

3. Quelles lettres continuent cette suite ?
T U V S R Q N O P M L K … … …

4. Quelles lettres continuent cette suite ?
I P K K I G K D I B K … …

5. Quelles lettres continuent cette suite ?

AC	AA	AD
BB	AH	BE
AE	BA	…

6. Continuer cette analogie : RÉUNIS est à SINUER ce que RÉSUMA est à…

7. Trouver l'intrus :
RANGOE ELECRI SAFERI NABENA

8. Continuer cette analogie : Casser est à ressac ce que réer est à…

9. Continuer la suite : Ivres – Sévir – Servi – …

10. Quel mot manque-t-il à ce proverbe dont les mots ont été mélangés ?
mieux ceinture belle vaut dorée renommée...

Exercice 14

Trouver les lettres du milieu qui vous permettent de terminer le 1er mot et débuter le second :

1. Perru ... val
2. Fleu ... rité
3. Flo ... quérir
4. Prune ... réole
5. Ong ... tre
6. Beau ... able
7. Pis ... nerre
8. Vol ... oé
9. Ro ... ière
10. Dor ... age
11. Col ... aire
12. Ga ... gue
13. In ... térité
14. Dia ... eau
15. Senti ... ir
16. Contin ... illesse
17. Pru ... ier
18. Gour ... oline
19. Do ... rité
20. Cour ... ce

Exercice 15

Trouver le mot du milieu qui peut à la fois désigner le mot de droite et de gauche (exemple : nuageux – *couvert* – fourchette).

1. Couleur - ... - fleur
2. Dérober - ... - planer
3. Couleur - ... - fruit
4. Acrobatie - ... - Niagara
5. Lois - ... - décimètre
6. Bistro - ... - moka
7. Danseuse - ... - astre
8. Dent - ... - diadème
9. Château - ... – bouche
10. Piscine - ... – hanche
11. Suspect - ... - cuillère
12. Menu - ... - as
13. Prénom - ... - pantalon
14. Mouiller - ... - soudoyer
15. Trophée - ... - coiffure
16. Blague - ... - hachis
17. Éboulement - ... - épilogue
18. Bureau - ... - toilettes
19. Coalition - ... - bague
20. Ouïe - ... - direction

Corrigés

Exercice 1

1. **K.** Prendre une lettre sur deux dans l'ordre alphabétique.
2. **Q.** Dans l'ordre alphabétique, saut de 1 lettre, puis 2, 3 et 4 lettres.
3. **Y.** Dans l'ordre alphabétique, saut de 2 lettres, puis 4, 6 et 8 lettres.
4. **RS.** Regrouper les lettres en binôme. Dans chaque binôme, les lettres se suivent dans l'alphabet ; entre chaque binôme, saut de 3 lettres.
5. **LK.** Regrouper les lettres en binôme. Deux séries logiques sont à déterminer : une logique entre les 1res lettres de chaque binôme : suite l'alphabétique avec saut de une lettre ; une logique entre les 2es lettres de chaque binôme : alphabet inversé avec saut de deux lettres.
6. **DJ.** Regrouper les lettres en trinôme. La 1re lettre de chaque trinôme est R. Les 2es lettres de chaque trinôme se suivent dans l'alphabet. Idem pour les 3es lettres de chaque trinôme.
7. **UV.** Regrouper les lettres en binôme. Il y a une alternance de binôme composé de lettres qui se suivent dans l'alphabet et de binôme composé de lettres qui se suivent dans l'alphabet inversé.
8. **HI.** *Cf.* figure ci-dessous :

A	Z	B	C	Y	D	E	F	X	G	H	I

9. **N.** Regrouper les lettres en binôme. Chaque binôme est composé d'une lettre dont la position serait « x » dans le sens alphabétique suivie de la lettre qui a la même position dans l'alphabet inversé, comme A et Z :

A	B	C	D	E	F	G	H	I	J	K	L	M	N	O	P	Q	R	S	T	U	V	W	X	Y	Z
1	2	3	4	5	6	7	8	9	10	11	12	13	14	15	16	17	18	19	20	21	22	23	24	25	26
26	25	24	23	22	21	20	19	18	17	16	15	14	13	12	11	10	9	8	7	6	5	4	3	2	1

10. **YR.** Présence d'un axe de symétrie.
11. **LH.** Dans le tableau, lire les lettres de A à L en observant la logique dans le déplacement qui apparaît.

Exercice 2

1. **c.** Associer chaque lettre à son rang dans l'alphabet ; la soustraction des 2 premières lettres égale la 3e. Par exemple, « Z – Y = A » devient 26 – 25 = 1.

2. **b.** Associer chaque lettre à son rang dans l'alphabet ; sur une même ligne, l'addition des nombres des 1re et 2e colonnes égale le nombre de la 3e colonne.
3. **b.** Associer les lettres à leur rang dans l'alphabet ; faire l'addition de chaque binôme. La série devient alors : (5 + 1) ; (4 + 4) ; (5 + 5) ; (3 + 9) = 6 ; 8 ; 10 ; 12 ; le résultat doit donc être égale à 14.
4. **d.** Associer chaque lettre à son rang dans l'alphabet : l'addition des nombres de chaque colonne égale 21.
5. **d.** Associer chaque lettre à son rang dans l'alphabet ; sur une même ligne, le produit des nombres de la 1re colonne avec ceux de la 2e colonne égale le nombre de la 3e colonne.

Exercice 3

1. **b.** (anagrammes des mots : eau –moto – bois – air).
2. **c.** (anagrammes des mots : vélo – voiture – parasol – bateau).
3. **a.** (anagrammes des mots : maison – goût – odorat – audition).
4. **d.** (anagrammes des mots : tulipe – violette – rose – nappe).
5. **b.** (anagrammes des mots : jambe – cœur – pied – cuisse).
6. **b.** (anagrammes des mots : lundi – semaine – mardi – mercredi).
7. **b.** (anagrammes des mots : feuille – table – fleur – racine).
8. **d.** (anagrammes des mots : éléphant – girafe – lion – violon).
9. **Léopard – rhinocéros – gazelle.**
10. **Place**. Regrouper les mots en binôme. Les mots de chaque binôme sont des anagrammes.

Exercice 4

1. **b.** La 1re lettre de chaque mot suit l'ordre alphabétique.
2. **d.** Le nombre de lettres de chaque mot augmente régulièrement.
3. **b.** Tous les mots présentent une double consonne.
4. **a.** Le nombre de consonnes de chaque mot augmente régulièrement.
5. **b.** Le nombre de voyelles de chaque mot augmente régulièrement.
6. **a.** La dernière lettre de chaque mot suit l'ordre alphabétique.
7. **c.** Alternance de mots en 4 lettres et 5 lettres.

Exercice 5

1. **b.** Rome est la capitale de l'Italie tout comme Lisbonne est la capitale du Portugal.
2. **d.** Ces deux mots sont des antonymes.
3. **c.** Les cases se trouvent dans les grilles tout comme les crayons se trouvent dans les trousses.
4. **a.** Une tulipe est une fleur tout comme une fourchette est un couvert.
5. **b.** Les feuilles constituent un cahier tout comme les minutes constituent une heure.
6. **c.** Le courrier se met dans une boîte aux lettres, l'eau dans un verre.
7. **c.** Ces deux mots sont des synonymes.
8. **d.** Le boulanger fait des croissants, l'artiste des œuvres.
9. **b.** Les écoliers travaillent à l'école, les ouvriers à l'usine.
10. **d.** En référence au proverbe « les chiens aboient, la caravane passe ».

Exercice 6

1. **c.** « Bien mal acquis ne profite jamais ».
2. **c.** « Un tiens vaut mieux que deux tu l'auras ».
3. **d.**

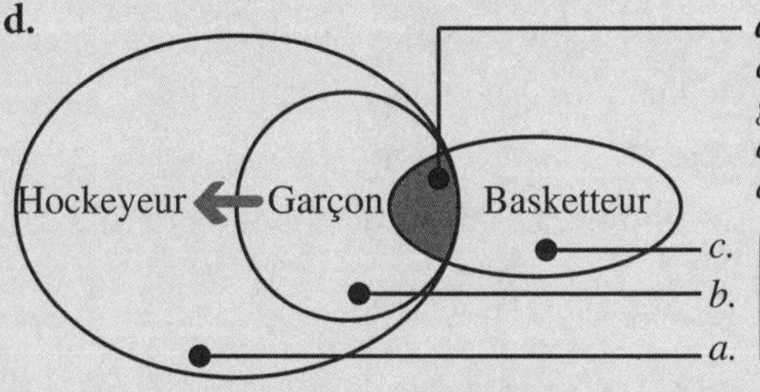

d. Si certains basketteurs sont des garçons et que tous les garçons sont des hockeyeurs, alors certains basketteurs sont des hockeyeurs.

Ces propositions ne sont pas des déductions directes de l'énoncé.

4. **c.** En plus de la compréhension du texte nous pouvions nous appuyer sur les mots « cette ville » dans la proposition A ; ces mots supposent que la ville ait déjà été citée. Dans la proposition B, la phrase commence par une minuscule et la proposition A se termine par un point virgule : cela suppose que la proposition B suit la proposition A.

Exercice 7

1. **c.** Ce sont des anagrammes : pantalon – pull – jardin – chemise.
2. **c.** Tous ces mots sont des palindromes (un même mot peut être lu de gauche à droite ou de droite à gauche).

3. **b.** Tous ces mots sont synonymes sauf « rare ».
4. **d.** Il y a 6 lettres dans Lilian, 7 dans Josépha, 8 dans Caroline ; le 4e enfant aura donc un prénom de 9 lettres.
5. **d.** Le four se trouve dans la cuisine tout comme la fougère se trouve dans la forêt.
6. **b.** Les 3 premières lettres de chaque mot se suivent dans l'alphabet.
7. **c.**

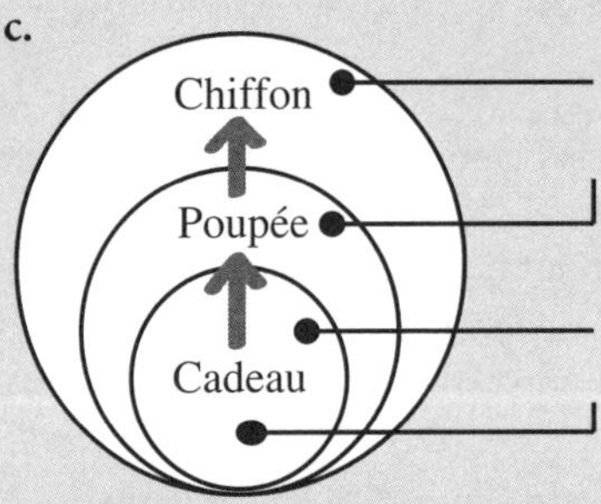

d. Cette proposition n'est pas une déduction directe de l'énoncé.

b. Cette proposition n'est pas une déduction directe de l'énoncé.

a. Faux.

***c.** Si tous les cadeaux sont des poupées et que toutes les poupées sont des objets en chiffon, alors tous les cadeaux sont des objets en chiffon.*

8. **b.** Les deux premières lettres se suivent puis il y a un saut de 1, 2, 3, 4 et 5 lettres.
9. **a.** Le mot à trouver est souvenir.
10. **d.** « Quand le chat n'est pas là, les souris dansent ».
11. **b.** La dernière lettre de chaque mot suit l'ordre alphabétique.
12. **c.** En regardant les propositions de réponses, nous voyons que la première partie peut être D, B ou A. Nous éliminons A car elle mentionne « cette hypothèse ». Entre B et D, le sens du texte nous invite à placer D en premier. Il reste la proposition **a** ou **c**. Ces propositions proposent en 2e partie soit A, soit B : le sens du texte et « cette hypothèse » dans A nous invite à sélectionner B en 2e. Nous avons donc trouvé la réponse **c**.
13. **d.** Associer chaque lettre à leur rang dans l'alphabet ; l'addition du rang des 2 premières lettres égale le rang de la 3e. Par exemple, « AB = C » devient 1 + 2 = 3.

Exercice 8

1. **REISEC.** (anagrammes des mots biche – cerise – mouton – chèvre).
2. **CEFILLE.** (anagrammes des mots lit – oreiller – drap – ficelle).
3. **X.** Entre les deux 1res lettres, il existe un rapport entre leur rang dans l'alphabet dans le sens normal et inversé. A est en 1re position en partant du début de l'alphabet et Z en 1re position en partant de la fin.

4. **J.** Dans le sens de l'alphabet inversé, saut de 1 lettre, puis 2, 3, et 4 lettres.
5. **Stop.** Tous ces mots sont des anagrammes.
6. **Lits.** Tous ces mots sont des palindromes (un même mot peut être lu de gauche à droite ou de droite à gauche) sauf « LITS ».
7. **Le.** Pour passer de *vase* à *as*, il faut enlever la 1re et dernière lettre.
8. **Cinquième.** Le chiffre représenté par chaque classe est égal au nombre de lettres de chaque prénom.
9. **L'.** « L'argent n'a pas d'odeur ».
10. **Q.** Associer chaque lettre à son rang dans l'alphabet ; sur une même colonne, le 1er nombre additionné de 5 donne le 2e qui additionné de 5 donne le 3e. Autre logique (toujours en colonne) : 2e colonne × 2) – 1er nombre = 3^{e} nombre.
11. **W.** Regrouper les lettres par 4. Au milieu des 4 lettres se trouve un axe de symétrie. De plus, entre chaque regroupement on observe une progression par rapport à l'ordre alphabétique.
12. **Z.** Dans le sens de l'alphabet, saut de 6 lettres, puis 5, 4, 3 et 2 lettres.
13. **VW.** Regrouper les lettres en trinômes. Dans chaque trinôme, les lettres se suivent dans l'alphabet. Entre chaque trinôme, il y a saut d'une lettre.

Exercice 9

1. **b.** La 1re lettre de chaque mot suit l'ordre alphabétique.
2. **a.** Le nombre de voyelles de chaque mot diminue régulièrement.
3. **a.** Tous les mots admettent le suffixe –NOME.
4. **b.** Les 2 premiers mots sont des anagrammes.
5. **d.** Tous ces mots sont des palindromes (un même mot peut être lu de gauche à droite ou de droite à gauche) sauf la réponse d.
6. **c.** Chaque mot est composé de lettres qui arrivent en suivant l'ordre alphabétiques sans jamais revenir en arrière :

7. **d.** Ces deux mots sont des antonymes.
8. **a.** Les deux syllabes du 1er mot sont interverties. De plus la 2e et 3e lettres de la 1re syllabe sont interverties.
9. **b.** La logique se trouve entre la dernière lettre du prénom du frère et la 1re lettre du prénom de la sœur.
10. **a.** Le nombre de lettres de chaque mot progresse régulièrement.

11. **d.** Compter le nombre de lettres de chaque mot puis prendre la lettre de l'alphabet dont le rang correspond à ce nombre. Par exemple, Foyer compte 5 lettres, la 5e lettre de l'alphabet est le E.
12. **c.** Les mots de chaque ligne sont à lire à l'envers.
13. **a.** Anagrammes des mots : melon – soleil – nuage – vent.
14. **c.** Suite alphabétique avec saut de 0, 1, 2, 3, 4 et 5 lettres.
15. **b.** Regrouper les lettres en binôme. Dans le 1er binôme, les lettres se suivent puis dans les binômes suivants il y a un saut de 1, 2, 3 et 4 lettres. Entre deux binômes, il y a un saut d'une lettre. Cette logique peut également être déterminée en prenant une lettre sur deux.

Exercice 10

1. **S.** Le mot à trouver est *coulisse.*
2. **A.** Le mot à trouver est *espagnol.*
3. **E et N.** Le mot à trouver est *personne.*
4. **O.** Le mot à trouver est *polochon ou palichon.*
5. **Niche.**
6. **Les.** « C'est dans les vieux pots qu'on fait la bonne soupe ».
7. **Trois ans.** Le nombre de lettres du prénom et le nombre de lettres du nombre sont les mêmes. Dans « douze » il y a 5 lettres comme dans « Anaïs ».
8. **Chaux.** Tous les mots se terminent par –al au singulier.
9. **Riche.** Les autres mots sont des synonymes.
10. **Ange.** Pour passer du 1er au 2e mot, il faut enlever la 1re et dernière lettre.
11. **FOH.** Regrouper les lettres en trinômes. La logique se trouve entre les 1res lettres de chaque trinôme puis les 2es lettres de chaque trinôme et enfin les 3es lettres de chaque trinôme.
12. **V.** Dans l'ordre alphabétique, il y a un saut de 3, 5 et 7 lettres.
13. **BC.** Regrouper les lettres par 3. On observe une suite alphabétique en partant du dernier groupe comme le montre la figure ci-dessous :

4/ ➔			3/ ➔			2/ ➔			1/ ➔		
J	K	L	G	H	I	D	E	F	A	B	C

14. **EG.** 2 logiques sont à déterminer. 1re logique (encadrée) : suite dans l'alphabet inversé. 2e logique (surlignée) : suite dans l'alphabet inversé.

K	M	J	L	I	K	H	J	G	I	F	H	E	G

Nombres et lettres

Exercice 11

1. **T.** Dans l’ordre alphabétique, il y a un saut de 5, 4 et 3 lettres.
2. **W.** Analogie entre les lettres suivant leur position en partant du début ou de la fin de l’alphabet.

A	B	C	D	E	F	G	H	I	J	K	L	M	N	O	P	Q	R	S	T	U	V	W	X	Y	Z
1	2	3	4	5	6	7	8	9	10	11	12	13	14	15	16	17	18	19	20	21	22	23	24	25	26
26	25	24	23	22	21	20	19	18	17	16	15	14	13	12	11	10	9	8	7	6	5	4	3	2	1

3. **D’.** « La parole est d’argent mais le silence est d’or ».
4. **Divine.** Le préfixe –di signifie deux sauf dans « divine ».
5. **Cravate.** Les autres mots sont des lieux d’hébergement.
6. **G.** Associer les lettres à leur rang dans l’alphabet. Faire l’addition de chaque binôme de lettres. La série devient alors : (4 + 1) ; (4 + 3) ; (7 + 2) ; (4 + 7) ; Autrement dit : 5 ; 7 ; 9 ; 11. Le résultat doit être égal à 13.
7. **IVAM.** Les mots sont à lire à l’envers. : « MAVI » n’existe pas.
8. **Manger.** Les 2 premiers mots sont des anagrammes.
9. **P.** Dans le sens de l’alphabet, saut de 4 lettres, puis 3, 2, 1 lettres.
10. **OP.** Regrouper les lettres par binôme : dans chaque binôme, la 1re lettre correspond à une des 6 voyelles de l’alphabet. La 2e lettre est la lettre qui suit cette voyelle dans l’alphabet.
11. **Prairie**. Les autres mots sont communs à la météo.
12. **Vol**. Dans la série proposée, pour passer d’un mot à l’autre il faut enlever une lettre au mot précédent.
13. **TM.** Prenons Corinne – DF : le D correspond à la 1ettre qui suit dans l’alphabet la 1re lettre du prénom. F correspond à la 1ettre qui suit dans l’alphabet la dernière lettre du prénom.
14. **b.**

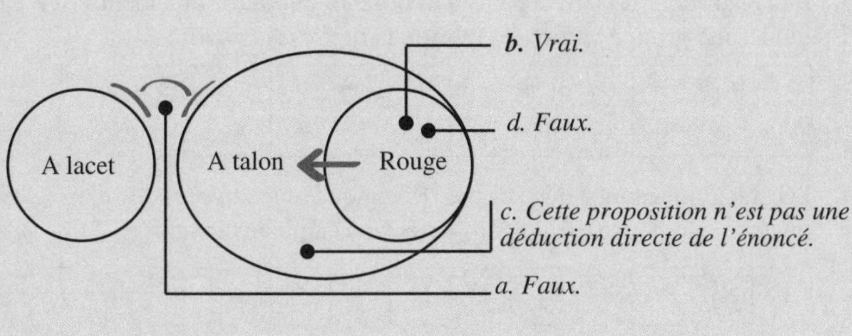

Exercice 12

1. **b.** Tous les mots présentent une double consonne. Ces consonnes suivent l'ordre alphabétique (« c » est avant « d » qui est avant « l », lui-même avant « s »).
2. **a.** Tous les mots présentent toutes les voyelles de l'alphabet.
3. **d.** Tous les mots n'ont que le E comme voyelle.
4. **b.** Tous les mots admettent le suffixe −IR.
5. **b.** Toutes ces propositions sont des séries de l'alphabet avec un saut de 1 lettre sauf pour la proposition **b.**
6. **c.** Les 3 dernières lettres des autres mots peuvent se lire de gauche à droite ou de droite à gauche sauf la proposition **c.**
7. **c.** Tous les autres mots sont composés de lettres qui arrivent en suivant l'ordre alphabétique.
8. **a.** Les autres mots sont synonymes.
9. **c.** Référence aux expressions « être de mèche » et « être de marbre ».
10. **b.** Ces deux mots sont des synonymes.
11. **c.**

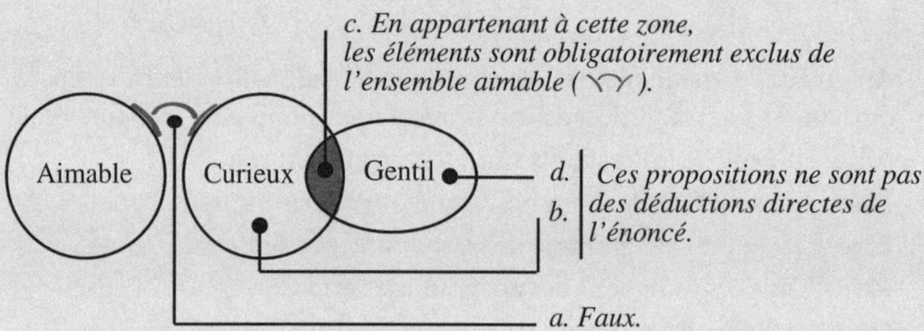

12. **b.** La logique se trouve entre la 1re lettre du prénom et la dernière lettre du vêtement.
13. **c.** Dans la série proposée, les mots se terminent par une consonne.
14. **d.** Dans la série proposée, pour passer d'un mot à l'autre il faut ajouter une lettre au mot précédent.
15. **d.** Regarder **les 1res et dernières lettres** des prénoms entre chaque couple d'amis.
16. **d.** Prenons « Pacotille R » : compter le nombre de lettres. Pacotille présente **9** lettres. Le R correspond à la **9**^e^ lettre de l'alphabet inversé.

Exercice 13

1. **D.** Les lettres sont les 1res lettres des mots suivants : Juillet, Août, Septembre, Octobre, Novembre et Décembre.
2. **XQN.** Analogie entre les lettres suivant leur position en partant du début ou de la fin de l'alphabet. E (5e lettre) correspond à V (5e lettre en partant de la fin).

A	B	C	D	E	F	G	H	I	J	K	L	M	N	O	P	Q	R	S	T	U	V	W	X	Y	Z
1	2	3	4	5	6	7	8	9	10	11	12	13	14	15	16	17	18	19	20	21	22	23	24	25	26
26	25	24	23	22	21	20	19	18	17	16	15	14	13	12	11	10	9	8	7	6	5	4	3	2	1

3. **HIJ.** Regrouper les lettres par 3 et commencer par la fin de la série : c'est une suite alphabétique dans laquelle les trinômes sont alternativement dans le sens normal et inversé de l'alphabet :

→			←			→			←			→		
T	U	V	S	R	Q	N	O	P	M	L	K	H	I	J

4. **AI.** 3 logiques sont à déterminer : 1re logique (encadrée) : répétition de « I ». 2e logique (surlignée) : répétition de « K ». La 3e logique est à déterminer avec les lettres restantes : les lettres se suivent dans l'alphabet inversé avec saut de 4 lettres entre P et K puis saut de 3, 2 1 et 0 lettres.

I	P	K	K	I	G	K	D	I	B	K	A	I

5. **AA.** Associer *chaque* lettre à leur rang dans l'alphabet ; par exemple « AC » devient « 13 ». L'addition des nombres d'une colonne est toujours égale à 50.
6. **Amuser.** Les 2 premiers mots sont des anagrammes.
7. **Elecri.** Ce sont des anagrammes (orange – céleri – fraise – banane).
8. **Erre.** Casser est l'anagramme de ressac et réer celui de erre.
9. **Rives.** Tous ces mots sont des anagrammes ou virés.
10. **Que.** « Belle renommée vaut mieux que ceinture dorée ».

Exercice 14

1. CHE
2. VE
3. CON
4. AU
5. LET
6. COUP
7. TON
8. CAN
9. MARIN
10. MIR
11. LINE
12. LON

13. DEX
14. MANT
15. MENT
16. GENT
17. DENT
18. MAND
19. MINO
20. TIER

Exercice 15

1. Rose
2. Voler
3. Orange
4. Cascade
5. Règle
6. Café
7. Etoile
8. Couronne
9. Palais
10. Bassin
11. Louche
12. Carte
13. Jean
14. Arroser
15. Coupe
16. Farce
17. Chute
18. Cabinet
19. Alliance
20. Sens

3 Séries de lettres et nombres

Fiche méthode

Cette fiche vous présente quelques logiques fréquemment utilisées dans les concours administratifs mais ne peut représenter une liste exhaustive des logiques utilisées avec les lettres et nombres.

Lettres et rang alphabétique

Ces séries sont composées de lettres et de nombres et consistent à trouver le lien plus ou moins complexe entre ces nombres et le rang alphabétique des lettres. Le rang alphabétique fait référence à la position des lettres dans l'alphabet dans le sens habituel (A, B, C, D, etc.) où A est en 1re position ou inversé (Z, Y, X, W, V, etc.) où Z est en 1re position (*cf.* annexe 1 p. 62).

> **Exemple**
> A 1 D 4 L 12 O ?
> Réponse : 15

Le nombre qui suit chaque lettre correspond à son rang dans l'alphabet.

Mots et rang alphabétique

Ces séries sont composées de mots et de nombres et consistent à trouver le lien plus ou moins complexe entre ces nombres et le rang alphabétique (normal ou inversé) de certaines lettres du mot : 1re lettre, dernière lettre, double lettre, etc.

Les opérations avec les rangs (des voyelles, consonnes etc.) ou entre les rangs de différentes lettres sont également possibles.

> **Exemple**
> CAR – 1 – DOUTE – 41 – CRI – 9 – VOLET – ?
> Réponse : 20. Le nombre correspond à la somme des rangs des voyelles qui composent le mot.

Mots et nombres de lettres, voyelles, consonnes, etc.

Ces séries sont composées de mots et de nombres et consistent à trouver le lien entre le nombre et le nombre de lettres qui composent le mot. Ce peut être le nombre de lettres, de consonnes, de voyelles etc.

Des opérations (addition, multiplication, etc.) avec le nombre de lettres dans le mot (ou de voyelles, de consonnes, etc.) sont possibles.

Exemple

DU – 4 – SAC – 6 – TROU – 8 – LAMPE – ?

Réponse : 10. Le nombre correspond au nombre de lettres multiplié par 2.

Mots codés

Généralement un mot est associé à une série de chiffres. Cette série peut correspondre au rang des lettres dans l'alphabet ou bien à des nombres arbitraires comme le montre l'exemple suivant :

Exemple

AVEC est à 5729 ce que ? est à 9572.

Réponse : CAVE. Dans cet exemple A est associé à 5, V à 7, E à 2 et C à 9. Grâce à ce code, nous trouvons que 9572 correspond au mot CAVE.

L'écriture des nombres

Ces exercices sont composés de nombres associés à des lettres. Ces lettres sont en lien avec la façon dont s'écrivent les nombres.

Exemple

1 – U – 2 – D – 3 – T – 4 – ?

Réponse : Q. Dans cet exemple, la lettre correspond à la 1re lettre du chiffre écrit c'est-à-dire : 1 s'écrit Un, 2 s'écrit Deux, 3 s'écrit Trois et donc 4 s'écrit Quatre.

Pour réaliser les exercices suivants, il est recommandé de vous servir de l'annexe 1 en page suivante. Lors du concours, il est conseillé d'écrire l'alphabet pour résoudre ce type d'exercice.

ANNEXE 1

RANG DES LETTRES DANS L'ALPHABET (sens normal)

A	B	C	D	E	F	G	H	I	J	K	L	M	N	O	P	Q	R	S	T	U	V	W	X	Y	Z
1	2	3	4	5	6	7	8	9	10	11	12	13	14	15	16	17	18	19	20	21	22	23	24	25	26

RANG DES LETTRES DANS L'ALPHABET (sens inverse)

A	B	C	D	E	F	G	H	I	J	K	L	M	N	O	P	Q	R	S	T	U	V	W	X	Y	Z
26	25	24	23	22	21	20	19	18	17	16	15	14	13	12	11	10	9	8	7	6	5	4	3	2	1

RELATION ENTRE NOMBRE – CHIFFRES ROMAINS – ÉCRITURE DU NOMBRE

1	I	11	XI	30	XXX	400	CD
2	II	12	XII	40	XL	500	D
3	III	13	XIII	50	L	600	DC
4	IV	14	XIV	60	LX	700	DCC
5	V	15	XV	70	LXX	800	DCCC
6	VI	16	XVI	80	LXXX	900	DM
7	VII	17	XVII	90	XC	1 000	M
8	VIII	18	XVIII	100	C	2 000	MM
9	IX	19	XIX	200	CC	3 000	MMM
10	X	20	XX	300	CCC	4 000	MMMM

Exercices d'entraînement

Exercice 1

1. Trouver la lettre manquante :

6 F 11 K 7 G 19 S 16 …

2. Compléter la série suivante :

19 T 8 I 12 M 2 C 6 …

3. Quel nombre continue cette suite ?

T 8 P 12 V 6 H 20 L …

4. Quel nombre continue cette suite ?

M 12 T 5 I 16 F 19 Q …

5. Continuer cette suite :

P 13 T 17 G 4 J 7 R …

6. Compléter la série suivante :

E 6 F C 4 M H 9 I … 19 C

7. Trouver les lettres manquantes :

2118 UR 134 MD 2113 UM 146 …

8. Trouver le nombre manquant :

EK 16 PF 22 GR 25 WD 27 JT …

9. Trouver la lettre manquante :

49 N 74 L 98 R 57 M 30 …

10. Continuer cette suite :

142 L 328 X 207 M 189 I 235 …

Exercice 2

1. Trouver l'intrus :

❒ **a.** Roulade 18 ❒ **b.** Menu 13 ❒ **c.** Roue 16 ❒ **d.** Hibou 8

2. Trouver l'intrus :

❒ **a.** Vipère 6 ❒ **b.** Stop 17
❒ **c.** Chausson 15 ❒ **d.** Chocolat 20

3. Trouver l'intrus :

❒ **a.** Valérie 5 ❒ **b.** Benjamin 25
❒ **c.** Lucie 15 ❒ **d.** Jenny 9

4. Trouver l'intrus :

❒ **a.** Samedi 17 ❒ **b.** Voix 2 ❒ **c.** Entendre 21 ❒ **d.** Chaud 20

5. Trouver l'intrus :

❒ **a.** Enveloppe 11 ❒ **b.** Médiation 27
❒ **c.** Qualité 22 ❒ **d.** Simple 24

6. Trouver l'intrus :

❒ **a.** Public 13 ❒ **b.** Choix 22 ❒ **c.** Minute 8 ❒ **d.** Correction 11

7. Trouver l'intrus :

❒ **a.** Tomber 51 ❒ **b.** Chanter 63 ❒ **c.** Voter 60 ❒ **d.** Caller 45

8. Trouver l'intrus :

❒ **a.** Malaxer 2 ❒ **b.** Volley 27 ❒ **c.** Bulle 24 ❒ **d.** Classique 38

9. Si Rémi a rendez-vous mardi à 10 h, mercredi à 19 h et samedi à 15 h, à quelle heure a-t-il rendez-vous dimanche ?

❒ **a.** 11 ❒ **b.** 13 ❒ **c.** 15 ❒ **d.** 16

10. Si José habite à 260 km de Paris, Sophie à 230 km de Deauville et Alex à 130 km de Lille, à quelle distance Benoît habite-t-il de Montpellier ?

❒ **a.** 210 km ❒ **b.** 170 km ❒ **c.** 150 km ❒ **d.** 120 km

Exercice 3

1. Trouver l'intrus :

❒ Piano 2 ❒ Guitare 3 ❒ Vent 2 ❒ Basses 4 ❒ Violon 3

2. Trouver le chiffre manquant :

Marche 2 Caution 4 Humeur 3 Plateau 4 Vous…

3. Trouver l'intrus :

❒ Surprise 8 ❒ Continuer 9 ❒ Chaleur 6 ❒ Breton 6 ❒ Faux 4

4. Trouver le chiffre manquant :

Demain 6 Revanche 10 Soir 4 Musiques…

5. Trouver le nombre manquant :

Espion 9 Ensemble 11 Bien 6 Collier…

6. Trouver le chiffre manquant :

Deux 6 Vie 5 Stade 7 Rayon…

7. Quel nombre peut-on associer au dernier mot ?

Minute 15 Heureux 18 Jeune 13 Nom…

8. Quel nombre peut-on associer au dernier mot ?

Défit 6 Modération 25 Souvenir 16 Yeux…

9. Trouver le chiffre manquant :

Unique 6 Révolution 5 Accueil 5 Dernier…

10. Trouver le chiffre manquant :

Gris 12 Marron 24 Rouge 10 Bleu…

Exercice 4

1. Compléter cette analogie : GÉNIAL est à 462578 ce que INÉGAL est à…

2. Compléter cette analogie : 2537847 est à VALENCE ce que 7843527 est à…

3. Soit CERNA – 64357, TONNE – 19554, HARPE – 87324, à quoi correspond 68724395543 ?

4. Soit PENDULE – 6145231, VOTE – 7981, à quoi correspond 17148213 ?

5. Compléter cette analogie : 14.15.18.13.1.12 est à NORMAL ce que 19.15.12 est à…

6. Compléter cette analogie : DÉDICACE est à 45493135 ce que FIEFFE est à …

7. À quel mot peut-on associer 4521381 si 166938175 est associé à AFFICHAGE ?

8. Compléter cette analogie : 5.18.11.22.9.22 est à VIPÈRE ce que 24.9.18.8.22 est à…

9. À quel mot peut-on associer 5.22.9.18.7.22 si 11.26.2.8 est associé à PAYS ?

10. À quoi correspond le mot BANDE si FRONT – 00400, SANTE – 01002, FUGUES – 050520, VALET – 01020 ?

11. Soit OPIACES – 1211517, SOCIALE – 1131161, FAUCHER – 1114517, à quoi correspond BOBINES ?

12. Soit BOUCHE – 245382, CAGIBI – 317323, COUDE – 34542, à quoi correspond FADE ?

Exercice 5

1. Trouver l'intrus :

❒ **a.** Montre 13 ❒ **b.** Oméga 15 ❒ **c.** Colza 3 ❒ **d.** Fleur 5

2. Compléter cette analogie : 49 est à QN ce que 68 est à …

❒ **a.** SH ❒ **b.** VS ❒ **c.** TX ❒ **d.** FH

3. Compléter cette série :

Château 14 Paix 8 Espagne 14 Monde…

❒ **a.** 14 ❒ **b.** 9 ❒ **c.** 10 ❒ **d.** 8

4. Compléter la série suivante :

J 10 W 23 Q 17 D 4 H 8 V …

❒ **a.** 4 ❒ **b.** 22 ❒ **c.** 18 ❒ **d.** 26

5. Continuer cette suite :

K 8 T E 10 P B 19 V A 8 JT 3…

❒ **a.** E ❒ **b.** Y ❒ **c.** W ❒ **d.** X

6. Compléter cette série :

I U II D III T IV Q V …

❒ **a.** V ❒ **b.** D ❒ **c.** I ❒ **d.** C

7. Compléter cette analogie : Pardon est à 437125 ce que Pondra est à…

❒ **a.** 457369 ❒ **b.** 425173 ❒ **c.** 425178 ❒ **d.** 452178

8. Si vélo – 4279 et caravane – 13634382, que signifie 3269834372 ?

❒ **a.** Aérienne ❒ **b.** Affligeant
❒ **c.** Chaperonne ❒ **d.** Aéronavale

9. Si Michel a 3 chevaux, 22 vaches, 20 taureaux, combien a-t-il de moutons ?

❒ **a.** 10 ❒ **b.** 15 ❒ **c.** 13 ❒ **d.** 21

10. Quels nombres doit-on logiquement attribuer au dernier mot ?

Poubelle (8 ; 16) Soirée (6 ; 19) Fourmis (7 ; 6) Tigre (… ; …)

❒ **a.** (5 ; 20) ❒ **b.** (6 ; 20) ❒ **c.** (5 ; 10) ❒ **d.** (15 ; 11)

11. Trouver l'intrus :

❒ **a.** Coffret 20 ❒ **b.** Pileux 24 ❒ **c.** Défensif 5 ❒ **d.** Toi 9

12. Continuer cette suite logique :

1 U 2 D 3 T 4 Q … …

❒ **a.** 5 X ❒ **b.** 5 C ❒ **c.** 5 Z ❒ **d.** 5 O

13. Compléter cette série :

284 H 742 D 671 G 467 F 129…

❒ **a.** G ❒ **b.** I ❒ **c.** B ❒ **d.** A

14. Quel nombre doit-on logiquement attribuer au dernier mot ?

Parcours 24 Loin 12 Diner 15 Direct ?

❒ **a.** 18 ❒ **b.** 16 ❒ **c.** 20 ❒ **d.** 21

15. Si Cyril a acheté 6 kg de fraises, 3 kg de cerises et 2 kg de bananes, combien de kg d'ananas a-t-il achetés ?

❒ **a.** 1 ❒ **b.** 2 ❒ **c.** 4 ❒ **d.** 6

Exercice 6

1. Trouver l'intrus :

❒ Annuaire 5 ❒ Magique 4 ❒ Jeux 2 ❒ Rien 3

2. Trouver l'intrus :

❒ XII D ❒ V C ❒ VI T ❒ X D

3. Trouver l'intrus :

❒ Perdu 16 ❒ Momie 13 ❒ Exercer 5 ❒ Ventiler 21

4. Continuer cette série :

Véronique 45 Oscar 32 Clotilde 53 Boris…

5. Si CAMIONS correspond à 5927136 alors 2937156 correspond à…

6. Si COURBE correspond à 691425 et BESACE correspond à 257865, à quoi correspond 284256157 ?

7. Si SUJET correspond à 19.21.10.5.20 alors œil correspond à…

8. Compléter cette suite :

O 11 S 6 T 3 N 9 … 2

9. Trouver l'intrus :

❒ C 8 J ❒ R 4 W ❒ K 6 P ❒ B 12 M

10. Trouver l'intrus :

❒ Indice 1-10 ❒ Devin 2-20 ❒ Vincent 20-100 ❒ Sapin 40-1

Exercice 7

1. Si une bague coûte 50 €, un collier coûte 180 € et un bracelet 200 €, combien coûte une broche ?

❒ **a.** 50 € ❒ **b.** 70 € ❒ **c.** 40 € ❒ **d.** 20 €

2. Compléter cette série :

TETINE–050905 ; CHINER–009050 ; ETALER–501050 ; CINEMA–…

❒ **a.** 090501 ❒ **b.** 080401 ❒ **c.** 305401 ❒ **d.** 002050

3. Continuer cette suite :

1 N 6 X 12 E 3 S 7 …

❐ **a.** V ❐ **b.** T ❐ **c.** E ❐ **d.** S

4. Continuer cette série :

27XS 84TQ 12ND 35SC 73…

❐ **a.** VT ❐ **b.** ST ❐ **c.** TT ❐ **d.** SV

5. Continuer cette série :

P 16 Q Z 12 M R 20 U A 11 L C 9…

❐ **a.** B ❐ **b.** J ❐ **c.** L ❐ **d.** O

6. Quel nombre continue cette série :

Digne 4 Vouloir 8 Bizarre 6 Réaction…

❐ **a.** 8 ❐ **b.** 9 ❐ **c.** 10 ❐ **d.** 11

7. Quel nombre continue cette série :

Terminale 14 Haute 7 Loin 6 Barrer…

❐ **a.** 9 ❐ **b.** 12 ❐ **c.** 10 ❐ **d.** 7

8. Trouver l'intrus :

❐ **a.** R 20 ❐ **b.** D 6 ❐ **c.** J 11 ❐ **d.** T 22

9. Quel nombre continue cette série :

Novembre 35 Mai 21 Août 31 Avril…

❐ **a.** 20 ❐ **b.** 23 ❐ **c.** 19 ❐ **d.** 21

10. Trouver l'intrus :

❐ **a.** 20 IK ❐ **b.** 14 FH ❐ **c.** 30 VK ❐ **d.** 17 BO

11. Quelle est la valeur de CHAUDE si CODE vaut 3040, GAUCHE vaut 700380, BICHE vaut 20380 et HIBOU 80200 ?

❐ **a.** 305400 ❐ **b.** 380040 ❐ **c.** 410512 ❐ **d.** 370050

12. Quelle proposition continue cette série :

Détroit D 3 Essaim S 1 Décent D 100 Hideux I 2

❐ **a.** Dessin V 1 ❐ **b.** Cassis K 6 ❐ **c.** Câlin K 2 ❐ **d.** Vert V 3

13. Chez un vendeur spécialisé on peut trouver 8 guitares, 16 contrebasses, 12 accordéons. Combien a-t-il de batteries ?

❒ **a.** 10 ❒ **b.** 8 ❒ **c.** 14 ❒ **d.** 11

14. Quel nombre continue cette série ?

I 12 P 19 D 7 O 18 U 24 K …

❒ **a.** 10 ❒ **b.** 11 ❒ **c.** 13 ❒ **d.** 14

15. Quelle proposition continue cette série ?

France 36 Hollande 64 Chine 25 Inde 16

❒ **a.** Suisse 49 ❒ **b.** Vietnam 78

❒ **c.** Espagne 49 ❒ **d.** Turquie 14

Exercice 8

1. Continuer cette suite :

Vaisselle F9 Imager S6 Ignobles T8 Ciel…

2. Compléter cette suite :

L 17 J 19 U 8 X 5 E 24 … 16

3. Compléter cette suite :

16 E 5 Q 9 F 1 N 3 …

4. Si ÉCONOMIE égale 22.24.12.13.12.14.18.22, à quoi correspond : 8.12.18.9.

5. Si Martin part en vacances le 12 avril, Christian le 9 mai, Sylvie le 14 juin, quand part Anne ?

6. Trouver les valeurs du dernier mot :

Moins 13 – 3 Bijou 2 – 2

Dormir 4 – 4 Sirène … – …

7. Continuer cette suite :

Pic 28 Tape 42 Vol 49 Pour…

8. Compléter cette analogie : 25 est à VQ ce que 89 est à…

9. Si Noémie a 24 ans, Joëlle a 18 ans, Christelle a 30 ans, quel âge a Valérie ?

10. 4 amis jouent aux courses : Jérémy a joué le 2, Fabien a joué le 13, Gérard le 23 ; Quel numéro a joué Nicolas ?

Exercice 9

1. Trouver le nombre manquant :

Direct 14 Mots 15 Décision 38 Talent…

❐ **a.** 5 ❐ **b.** 7 ❐ **c.** 6 ❐ **d.** 12

2. Quelle proposition complète cette suite :

8513 MP 1943 JK 6271 HR 4592 IO

❐ **a.** 7814 VW ❐ **b.** 7728 NZ **c.** ❐ 1418 UV ❐ **d.** 4754 XS

3. Quelle proposition peut compléter cette série :

II 4 IV 16 III 9 I 1 V 25

❐ **a.** X 15 ❐ **b.** VI 36 ❐ **c.** XI 49 ❐ **d.** VI 24

4. Trouver l'intrus :

❐ **a.** Bille 12 ❐ **b.** Classe 20 ❐ **c.** Terrain 18 ❐ **d.** Datte 20

5. Quelle proposition continue cette série :

MQV 1080 QCD 402 CVQ 124 SCT 630

❐ **a.** HCQ 812 ❐ **b.** MCD 1102

❐ **c.** QCV 430 ❐ **d.** VMD 251

6. Quelle proposition complète la suite :

144 R 206 Z 201 U 172 S

❐ **a.** 201 V ❐ **b.** 173 B ❐ **c.** 213 X ❐ **d.** 212 F

7. Trouver l'intrus :

❐ **a.** Lit 1 ❐ **b.** Souris 9 ❐ **c.** Rameau 16 ❐ **d.** Café 5

8. Quelle proposition continue cette suite :

Fondue O6 Film L4 Frappes P7 Férocité C8

❐ **a.** Carré B12 ❐ **b.** Fumées S6 ❐ **c.** Bises C5 ❐ **d.** Nature K7

9. Dans un parking, il y a 37 voitures rouges, 26 grises, 21 bleues. Combien il y a-t-il de voitures noires ?

❐ **a.** 30 ❐ **b.** 31 ❐ **c.** 32 ❐ **d.** 33

10. Quel mot continue cette suite logique ?

Caméra 15 Délires 18 Réplique 20 Script 17

❐ **a.** Acteur 15 ❐ **b.** Actrice 22 ❐ **c.** Comédie 7 ❐ **d.** Scène 14

11. Trouver le nombre manquant :

Charme 18 Favori 22 Scène 19 Permettre…

❐ **a.** 20 ❐ **b.** 21 ❐ **c.** 22 ❐ **d.** 23

12. Quelle proposition complète cette série ?

46 J 34 G 21 C 50 E

❐ **a.** 56 K ❐ **b.** 22 B ❐ **c.** 51 G ❐ **d.** 49 X

13. Si René a 42 ans, Jean a 30 ans, Rémi a 45 ans, quel âge a Max ?

❐ **a.** 22 ans ❐ **b.** 45 ans ❐ **c.** 40 ans ❐ **d.** 38 ans

14. Jean doit préparer 13 galettes, 8 pains, 17 croissants, 10 tartes. Combien doit-il préparer de baguettes ?

❐ **a.** 9 ❐ **b.** 14 ❐ **c.** 11 ❐ **d.** 15

15. Trouver les nombres manquants :

Lampe 3–5 Aérien 2–14 Vêtement 5–20 Anneau 2–21

❐ **a.** Vivre 5–3 ❐ **b.** Casser 4–18

❐ **c.** Valise 5–5 ❐ **d.** Crayon 1–2

Exercice 10

1. Quel nombre correspond au dernier mot :

Bague 11 Oxygène 15 Manquer 13 Pied…

2. Jour de chance : Frédéric a gagné 180 €, Maxime 650 €, Bastien 280 € ; combien a gagné Julien ?

3. Continuer cette suite :

2199 UR 1322 MD 2167 UM 1433 NF 1721…

4. Si SIX = 4, VINGT = 16, SEIZE = 4, QUATORZE = 16 ; à combien égale TROIS ?

5. Continuer la suite :

N 16 J 20 R 12 V 8 F 24 Q …

6. Trouver l'intrus :

❒ Fiacre 63 ❒ Coquines 77 ❒ Bonne 52 ❒ Serpent 72

7. Continuer cette suite :

172 O 154 K 282 Z 200 T 163 …

8. Quel nombre correspond au dernier mot :

Conseil 15 Merci 11 Estime 12 Raison 12 Confiance…

9. Continuer cette suite :

108 C T 77 S T 42 Q X 24 …

10. Si un pull coûte 61 €, une jupe 52 €, une robe 40 €, combien coûte une chemise ?

Corrigés

Exercice 1

1. **P.** Les lettres sont précédées du nombre correspondant à leur rang dans l'alphabet.
2. **G.** Les lettres sont précédées du nombre correspondant à leur rang dans l'alphabet – 1.
3. **16.** Les lettres sont suivies du nombre correspondant à leur rang dans l'alphabet inversé + 1.
4. **8.** Les lettres sont suivies du nombre correspondant à leur rang dans l'alphabet inversé – 2.
5. **15.** Les lettres sont suivies du nombre correspondant à leur rang dans l'alphabet – 3.
6. **R.** Dans chaque trinôme, le chiffre entre les 2 lettres correspond au rang alphabétique + 1 de la 1re lettre. La 2e lettre n'est pas à prendre en compte dans le raisonnement.
7. **NF.** Le nombre précédent les lettres est à décomposer en deux nombres qui correspondent au rang alphabétique des lettres qui suivent. Par exemple pour 2118 UR ; Décomposer 2118 en 21 et 18 ; 21 est le rang de U et 18 celui de R.
8. **30.** Le nombre correspond à l'addition du rang des 2 lettres qui précèdent ce nombre.
9. **D.** Le nombre est à décomposer en 2 chiffres dont il faut faire l'addition. En ajoutant 1 au résultat obtenu cela donne le rang alphabétique de la lettre. Par exemple 49 N : le rang de N est 14. Si nous additionnons les chiffres du nombre 49, nous obtenons 4 + 9 = 13. Il faut maintenant ajouter (+ 1) au résultat trouvé pour avoir le rang de N, N étant à la 14e position dans l'alphabet.
10. **R.** Les nombres doivent être décomposés en 2 chiffres dont il faut faire la soustraction pour trouver le rang de la lettre qui suit. Prenons par exemple 142 L, décomposons 142 en 14 et 2 ; soustrayons ces nombres : 14 – 2 = 12. 12 est le rang alphabétique de L.

Exercice 2

1. **c.** Le nombre associé à chaque mot correspond au rang alphabétique de la 1re lettre du mot.
2. **d.** Le nombre associé à chaque mot correspond au rang alphabétique de la dernière lettre du mot (+ 1).

3. **d.** Le nombre associé à chaque mot correspond au rang dans l'alphabet inversé de la 1re lettre du mot.
4. **d.** Le nombre associé à chaque mot correspond au rang dans l'alphabet inversé (– 1) de la dernière lettre du mot.
5. **a.** Le nombre associé à chaque mot correspond à l'addition du rang de la 1re et dernière lettre des mots.
6. **b.** Le nombre associé à chaque mot correspond à la différence entre les rangs de la 1re et dernière lettres des mots.
7. **a.** Le nombre associé à chaque mot correspond à la somme des rangs alphabétiques des consonnes.
8. **b.** Le nombre associé à chaque mot correspond à la somme des lettres qui sont en double dans les mots. Par exemple dans le mot malaxer, la lettre « A » se trouve 2 fois. En additionnant le rang de A deux fois nous obtenons 2.
9. **c.** Le nombre donné dans l'heure correspond à la somme des voyelles des jours.
10. **c.** Le nombre de kilomètres correspond à la somme du rang de la 1re lettre du prénom et de la 1re lettre de la ville multiplié par 10.

Exercice 3

1. **Vent 2.** Le chiffre associé à chaque mot correspond au nombre de consonnes dans le mot.
2. **2.** Le chiffre associé à chaque mot correspond au nombre de voyelles dans le mot.
3. **Chaleur 6.** Le chiffre associé à chaque mot correspond au nombre de lettres dans le mot.
4. **8.** Le nombre associé à chaque mot correspond au nombre de consonnes multiplié par 2.
5. **10.** Le nombre associé à chaque mot correspond à l'addition du nombre de voyelles et du nombre de lettres qui composent le mot. Autre logique : (nombre de voyelles × 2) + nombre de consonnes.
6. **8.** Le nombre associé à chaque mot correspond au nombre de voyelles multiplié par 2 auquel il faut ajouter le nombre de consonnes. Autre logique : nombre de voyelles + nombre de lettres.
7. **7.** Le nombre associé à chaque mot correspond au nombre de lettres multiplié par 2 auquel il faut ajouter le nombre de voyelles.
8. **3.** Le nombre associé à chaque mot correspond au nombre de consonnes multiplié par le nombre de voyelles.

9. **2.** Le nombre associé à chaque mot correspond au nombre de voyelles multiplié par 3 auquel il faut soustraire le nombre de lettres. Autre logique : (nombre de lettres + nombre de voyelles) – (nombre de consonnes × 2).
10. **8.** Le nombre associé à chaque mot correspond au nombre de consonnes multiplié par le nombre de lettres.

Exercice 4

1. **526478.** Chaque chiffre correspond à une lettre (G correspond à 4, E à 6, etc.).
2. **ENCLAVE.** Chaque chiffre correspond à une lettre.
3. **CHAPERONNER.** Chaque chiffre correspond à une lettre.
4. **ÉVENTUEL.** Chaque chiffre correspond à une lettre.
5. **SOL.** Les nombres correspondent aux rangs alphabétiques des lettres du mot auquel ils sont associés.
6. **695665.** Chaque chiffre correspond au rang alphabétique de la lettre du mot auquel il est associé.
7. **DÉBÂCHA.** Chaque chiffre correspond au rang alphabétique de la lettre du mot auquel il est associé.
8. **CRISE.** Chaque nombre correspond au rang dans l'alphabet inversé de la lettre du mot auquel il est associé.
9. **VÉRITÉ.** Chaque nombre correspond au rang dans l'alphabet inversé de la lettre du mot auquel il est associé.
10. **01002.** Les consonnes des mots valent 0 ; concernant les voyelles, elles ont la valeur de leur rang dans la suite de voyelles AEIOUY. Autrement dit : A = 1, E = 2, I = 3, O = 4, U = 5 et Y = 6.
11. **1131517.** Les consonnes prennent la valeur de leur position dans le mot ; les voyelles valent 1.
12. **6142.** Les consonnes prennent la valeur de leur rang dans l'alphabet ; concernant les voyelles elles ont la valeur de leur rang dans la suite de voyelles AEIOUY. Autrement dit : A = 1, E = 2, I= 3, O = 4, U = 5 et Y = 6.

Exercice 5

1. **d.** Le nombre correspond au rang alphabétique de la 1re lettre du mot.
2. **a.** Les lettres correspondent aux 1res lettres dans l'écriture des chiffres. 4 s'écrit **Q**uatre (ou quarante) et 9 s'écrit **N**euf.
3. **c.** Le nombre correspond au nombre de lettres multiplié par 2.

4. **b.** Chaque lettre est suivie du nombre correspondant à son rang dans l'alphabet.
5. **d.** Le chiffre correspond au nombre de lettres qui séparent dans l'alphabet les 2 lettres de l'exercice.
6. **d.** Il y a une alternance entre des chiffres romains et des lettres. La lettre correspond à la 1re lettre dans l'écriture du chiffre romain. Par exemple le chiffre romain I est le chiffre 1 qui s'écrit **Un**.
7. **b.** Chaque chiffre correspond à une lettre.
8. **d.** Chaque chiffre correspond à une lettre.
9. **c.** Le nombre correspond au rang alphabétique de la 1re lettre des animaux.
10. **a.** Le 1er nombre correspond au nombre de lettres qui composent le mot, le 2e nombre correspond au rang alphabétique de la 1re lettre du mot.
11. **c.** Le nombre correspond au rang alphabétique de la dernière lettre du mot.
12. **b.** La lettre correspond à la 1re lettre de l'écriture du chiffre qui la précède. Par exemple 1 – U correspond à 1 – **Un**.
13. **c.** Le chiffre du milieu correspond au rang alphabétique de la lettre.
14. **a.** Le nombre correspond au nombre de lettres multiplié par 3.
15. **a.** Le chiffre correspond au rang alphabétique de la 1re lettre du fruit.

Exercice 6

1. **Rien 3**. Le chiffre correspond au nombre de voyelles dans le mot.
2. **VI T**. Chaque proposition correspond à un chiffre romain et une lettre (à droite). Chaque lettre correspond à la 1re lettre de l'écriture des chiffres romains. Par exemple XII signifie Douze (1re lettre D).
3. **Ventiler 21**. Le nombre correspond au rang alphabétique de la 1re lettre du mot.
4. **32**. Le 1er chiffre correspond au nombre de consonnes, le 2e au nombre de voyelles.
5. **Maniocs**. A chaque chiffre correspond une lettre.
6. **Barbecues**. A chaque chiffre correspond une lettre.
7. **15.5.9.12**. Les nombres correspondent au rang alphabétique des lettres du mot.
8. **D.** Chaque nombre est précédé d'une lettre qui correspond à la 1re lettre de l'écriture de ce nombre (Onze – 11).
9. **R 4 W**. Le chiffre correspond au nombre de lettres dans l'alphabet entre les deux lettres proposées, ces dernières étant incluses dans le calcul.
10. **Sapin 40–1**. Les syllabes de chaque mot ont la même consonance que les nombres qui lui sont associés.

Exercice 7

1. **a.** Le prix correspond au rang de la dernière lettre multiplié par 10.
2. **a.** Les consonnes valent 0 ; les voyelles ont la valeur de leur rang dans l'alphabet.
3. **b.** Chaque chiffre est suivi d'une lettre qui correspond à la dernière lettre dans l'écriture de ce chiffre (1 – u**N**).
4. **c.** Il faut décomposer le nombre en deux chiffres ainsi 27 correspond aux chiffres 2 et 7. La 1re lettre correspond à la dernière lettre dans l'écriture du 1er chiffre ; la 2e lettre correspond à la 1re lettre dans l'écriture du 2e chiffre. Par exemple 27XS s'écrit : deuX Sept.
5. **b.** Le nombre correspond au rang dans l'alphabet de la 2e lettre auquel on soustrait 1.
6. **a.** Le nombre correspond au nombre de voyelles multiplié par 2.
7. **c.** Les nombres correspondent au nombre de lettres auquel il faut ajouter le nombre de consonnes dans le mot. Autre logique : (nombre de consonnes × 2) + nombre de voyelles.
8. **c.** Le nombre correspond au rang alphabétique de la lettre qui le précède auquel il faut ajouter 2.
9. **b.** Le premier chiffre correspond au nombre de voyelles, le 2e au nombre de consonnes (ou (nombre de voyelle × 10) + nombre de consonnes).
10. **c.** Associer les lettres à leur rang dans l'alphabet puis additionner ces rangs afin de trouver le nombre.
11. **b.** Les voyelles valent 0 et les consonnes prennent la valeur de leur rang dans l'alphabet.
12. **b.** Les mots ont la même consonance que la lettre suivie du chiffre.
13. **a.** Le nombre correspond au nombre de consonnes multiplié par 2.
14. **d.** Le nombre est le rang dans l'alphabet des lettres auquel on ajoute 3.
15. **c.** Le nombre correspond au nombre de lettres au carré.

Exercice 8

1. **M4.** La lettre est la lettre qui suit dans l'alphabet la dernière lettre du mot ; le chiffre correspond au nombre de lettres dans le mot.
2. **M.** Chaque lettre est suivie d'un nombre qui correspond à son rang dans l'alphabet inversé auquel il faut ajouter 2.

3. **S**. Chaque nombre est suivi d'une lettre qui correspond à la dernière lettre dans l'écriture de ce nombre (16 seiz**E**).
4. **Soir**. Les nombres correspondent au rang dans l'alphabet inversé des lettres du mot.
5. **20 juillet**. Les prénoms n'entrent pas dans la logique. Le nombre correspond au rang alphabétique de la dernière lettre du mois. De plus, nous voyons la progression des mois : avril, mai, juin. Anne partira donc en juillet.
6. **19 – 3**. Le 1er nombre correspond au rang alphabétique de la 1re lettre du mot ; le 2e nombre correspond au nombre de consonnes dans le mot.
7. **70**. Les nombres correspondent à la somme des rangs alphabétiques de toutes les lettres du mot.
8. **QF**. 25 s'écrit Vingt CinQ. Il faut donc retenir la 1re et dernière lettre dans l'écriture des nombres proposés.
9. **28 ans**. Le nombre correspond à la multiplication du nombre de lettres par le nombre de voyelles.
10. **8**. Le nombre correspond au rang de la dernière lettre du prénom dans l'alphabet inversé.

Exercice 9

1. **c.** Les nombres correspondent à l'addition des rangs alphabétiques des voyelles qui composent le mot.
2. **b.** La logique se trouve entre les deux 1ers chiffres et la 1re lettre. Additionner les 2 premiers chiffres pour trouver le rang alphabétique de la 1re lettre.
3. **b.** Les nombres correspondent aux chiffres romains élevés au carré.
4. **b.** Le nombre correspond au rang alphabétique de la double lettre.
5. **b.** Associer le nombre à son écriture. Par exemple : 1080 s'écrit **M**ille **Q**uatre **V**ingt ; en ne gardant que les 1res lettres nous obtenons : MQV.
6. **c.** Le 1er chiffre représente la dizaine du rang alphabétique de la lettre. Pour trouver l'unité de ce rang, il faut additionner les 2 derniers chiffres. Par exemple : 144 devient 1 puis 4 + 4=8 donc 18. Autre logique : 144 R devient 14 + 4 = 18 R ; 206 Z devient 20 + 6 = 26 Z, etc.
7. **d.** Le nombre correspond au nombre de voyelles élevé au carré.
8. **b.** Le chiffre représente le nombre de lettres. La lettre correspond à la 2e lettre du 1er mot, puis à la 3e lettre du 2e mot, la 4e lettre du 3e mot, etc.
9. **d.** La somme des rangs des 1re et dernière lettres donne le nombre.

10. **a.** Le nombre correspond au nombre de lettres multiplié par 2 auquel il faut ajouter le nombre de consonnes.
11. **a.** Les nombres correspondent au plus haut rang alphabétique parmi les lettres du mot.
12. **a.** L'addition des 2 chiffres du nombre donne le rang alphabétique de la lettre.
13. **d.** L'âge correspond à la somme des rangs de toutes les lettres du mot.
14. **b.** Le nombre correspond au nombre de consonnes multiplié par 2 auquel on ajoute le nombre de voyelles.
15. **b.** Le 1er chiffre correspond au nombre de consonnes, le 2e au rang alphabétique de la dernière lettre du mot.

Exercice 10

1. **8.** Le nombre correspond au nombre de voyelles multiplié par 3 auquel il faut ajouter le nombre de consonnes.
2. **1 400** . Le nombre correspond à la multiplication des rangs de la 1re et dernière lettre du prénom, multiplié par 10.
3. **QC.** Les 2 premiers chiffres correspondent au rang de la 1re lettre. En additionnant les 2 derniers chiffres, on obtient le rang de la 2e lettre.
4. **9.** Le nombre correspond au nombre de consonnes élevé au carré.
5. **13.** Le nombre correspond au rang dans l'alphabet inversé de la lettre qui le précède auquel il faut ajouter 3.
6. **Coquine 77.** Le 1er chiffre correspond au nombre de lettres, le 2e au nombre de voyelles.
7. **M.** Le 1er chiffre représente la dizaine du rang alphabétique de la lettre. Pour trouver l'unité de ce rang, il faut soustraire les 2 derniers chiffres. Par exemple : 172 devient 1 puis 7 – 2 = 5 donc 15. Autre logique : 172 O devient 17 – 2 = 15 O ; 154 K devient 15 – 4 = 11 K, etc.
8. **19.** Le nombre correspond au nombre de consonnes multiplié par 2 auquel il faut ajouter le nombre de lettres ou (nombre de consonnes × 3) + nombre de voyelles.
9. **VE.** Les lettres correspondent aux 1re et dernière lettres de l'écriture de ce nombre. Par exemple 108 s'écrit **C**ent hui**T**.
10. **62 €.** Le nombre correspond à la somme des rangs alphabétiques de toutes les lettres du mot.

Formes, dominos et cartes

Séries de formes

4

Fiche méthode

Cette fiche vous présente quelques logiques fréquemment utilisées dans les concours administratifs mais ne peut représenter une liste exhaustive des logiques utilisées avec les formes.

Symétrie

Présence d'un axe de symétrie (vertical, horizontal etc.) dans une forme ou entre deux ou plusieurs formes.

Ex (symétrie d'axe vertical) :

Superposition

Exemple

Une figure de la série correspond à la superposition des autres figures de la série. Il peut s'agir d'une simple superposition ou d'une superposition dans laquelle ne sont conservés que les traits communs, ou inversement etc. Une logique peut également se trouver dans les superpositions des couleurs de fond des formes superposées.

La logique de superposition des fonds est la suivante : blanc sur blanc = noir ; blanc sur noir = blanc et noir sur noir = blanc.

Similarité

Les figures utilisées pour construire l'exercice sont toujours identiques (ex : chaque ligne présente un rond, un carré et un triangle).

Une figure de référence (plus ou moins complexe) vous est présentée ; vous devez retrouver dans une série de formes celles qui sont identiques ou pas à la figure de référence.

Suite logique avec un paramètre qui progresse

- Un élément est ajouté ou disparait entre chaque figure de la série ; ce peut être un segment, une forme etc.
- Un élément se déplace suivant une logique à déterminer.
- Une figure ou un élément de la figure se transforme suivant une logique à déterminer, etc.

Logique par rapport à une série de référence

Exemple

Quelle forme remplace x sachant que l'exercice a été construit avec la série de référence : 

Pour ce type d'exercice une méthode existe : numéroter la série de référence et reporter les numéros dans l'exercice. La logique est ainsi plus facile à déterminer.

En numérotant la série ci-dessus comme ceci :

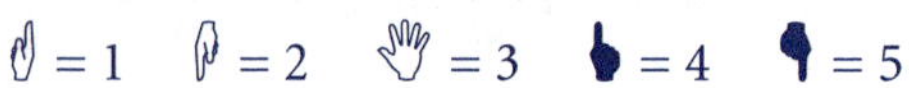

nous obtenons la figure suivante :

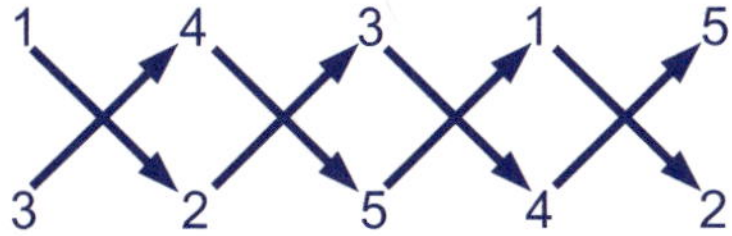

2 séries se dessinent en « zig zag » ; la série 1, 2, 3, 4, 5 et la série 3, 4, 5, 1, 2 (après le 5 la série reprend à 1). Ainsi x = ☟

Logique entre formes et nombres

D'une façon générale, il s'agit de trouver une relation entre des formes et des nombres. Pour trouver un nombre à partir d'une forme, vous pouvez compter le nombre d'éléments composant cette forme (segment, angle, etc). Les nombres trouvés peuvent amener simplement à la réponse ou bien ils devront être multipliés, additionnés etc.

Formes à compter

Une forme géométrique complexe vous est présentée. Vous devez compter le nombre de carrés, triangles, ou encore le nombre de formes qui ont des côtés communs, etc.

Les grilles

Fréquemment rencontrées, elles font appel aux différentes logiques citées ci-dessus. Vous trouverez une série de grilles complétées de cases noires. Il s'agit souvent de déterminer le déplacement de ces cases ; mais la logique peut également faire référence au nombre de cases noires sur les lignes, les colonnes ou encore les grilles entières, etc.

Équation de formes

Ces exercices sont composés d'opérations mathématiques dans lesquelles les chiffres[1] ont été remplacés par des formes.

Dans les exemples 1 et 2, vous devez déterminer à quel chiffre correspond chaque forme grâce aux équations présentées.

1 Nous vous rappelons qu'un nombre est composé de chiffres. Les chiffres étant 0, 1, 2, 3, 4, 5, 6, 7, 8 et 9.

Exemple 1

À quel chiffre correspond le □ ?

○ + ○ + ○ = 9
○ + □ = 5

Réponse □ = 2. La 1re équation nous permet de déterminer que ○ = 3. La 2e équation nous permet alors de déterminer que □ = 2.

Exemple 2

Trouver la valeur de △ sachant que les chiffres sont différents de 0

△ + △ + △ = ◇○
△◇ + ✳ = △△

Proposition de réponse :
a. 2 b. 3 c. 4 d. 0

Réponse c. La 1re équation indique que l'addition de 3 △ est égale à un nombre composé de 2 chiffres (différents de 0). Ainsi nous pouvons éliminer les propositions a. et b. car ce n'est qu'à partir de △ = 4 que la 1re équation égale à un nombre à 2 chiffres.
Avec la proposition c. : △ = 4 nous trouvons : ◇ = 1 et ○ = 2.
En reportant ces valeurs dans la 2e équation, nous déterminons que ✳ = 3 ;
Avec ces valeurs, les 2 équations sont vérifiées.
La proposition d. est impossible car l'énoncé dit que les chiffres sont différents de zéro.

Exemple 3

Quelle forme remplace le point d'interrogation ?

○ = △ + ◇ (1)
□ = ○ + ✳ (2)
△ + ✳ + ◇ = ? (3)

Proposition de réponse :
a. ◇ b. ○ c. □ d. ✳

Réponse c. Dans un tel système, il faut exprimer 2 des 3 inconnues de l'équation (3) grâce aux équations (1) et (2).
Ainsi d'après (1), △ = ○ – ◇ et d'après (2), ✳ = □ – ○.
En reportant ces égalités dans (3), nous obtenons :
(○ – ◇) + (□ – ○) + ◇ = ? Les ○ et les ◇ s'annulent, il reste □.

Exercices d'entraînement

Exercice 1

1. Quelle figure est identique à celle de gauche ?

❒ a. ❒ b. ❒ c. ❒ d.

2. Quelle forme peut compléter cette série ?

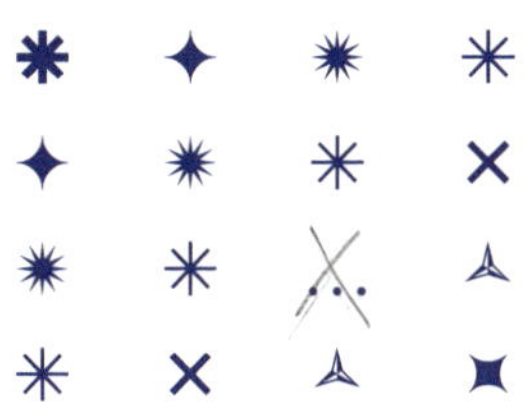

❒ a.  ❒ b.  ❒ c.  ❒ d. 

3. Quelle forme continue cette suite ?

❒ a.  ❒ b.  ❒ c.  ❒ d. 

4. Quelle forme continue cette suite?

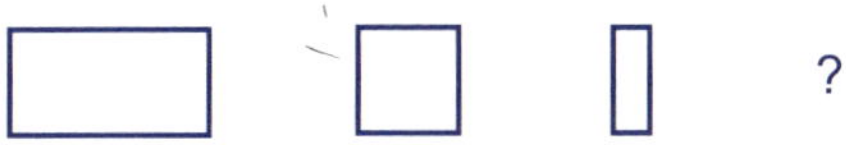

❒a.  ❒b.  ❒c.  ❒d. 

Formes, dominos et cartes

5. Quelle forme remplace logiquement le point d'interrogation ?

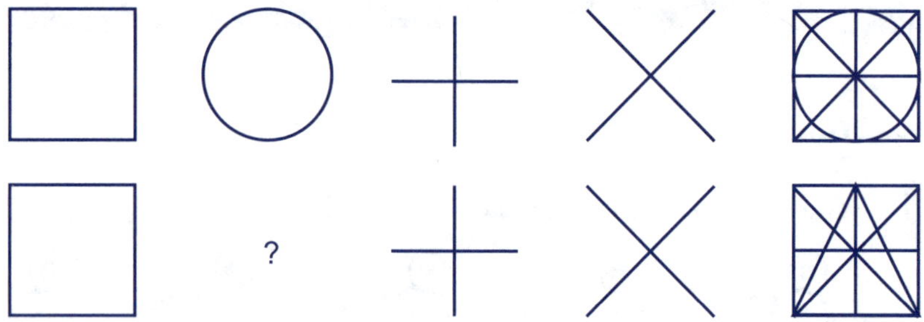

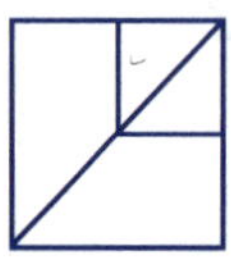
❒a.

❒b.

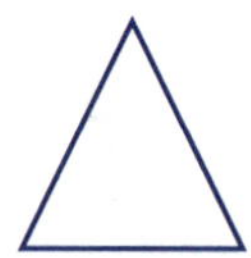
❒c.

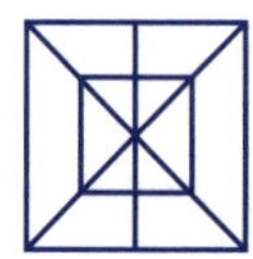
❒d.

6. Quelle forme continue cette suite ?

❒a. 

❒b. 

❒c. 

❒d. 

7. Quelle forme remplace le point d'interrogation ?

❒a. 

❒b. 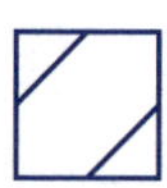

❒c. 

❒d. 

8. Quelle grille continue cette série ?

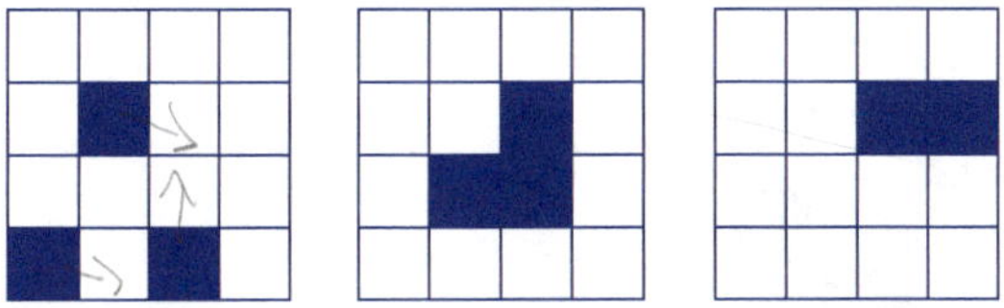

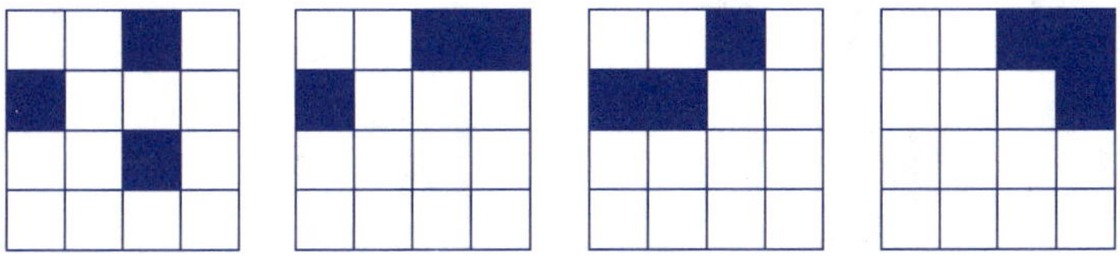

❒ a. ❒ b. ❒ c. ❒ d.

9. Quelle forme remplace le point d'interrogation ?

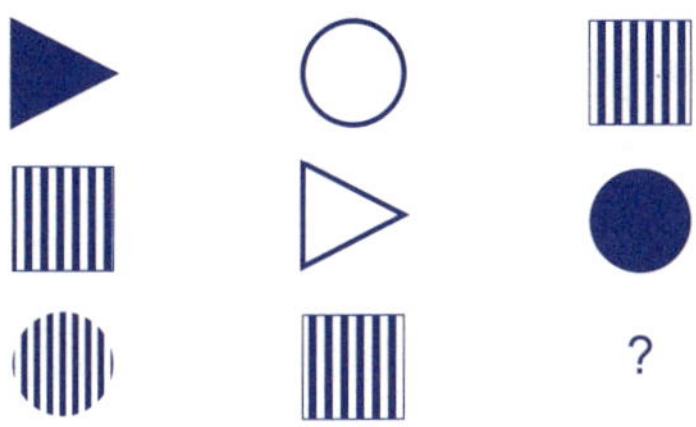

❒a.  ❒b.  ❒c.  ❒d. 

10. Quelle forme ne retrouve-t-on pas dans la figure de gauche ?

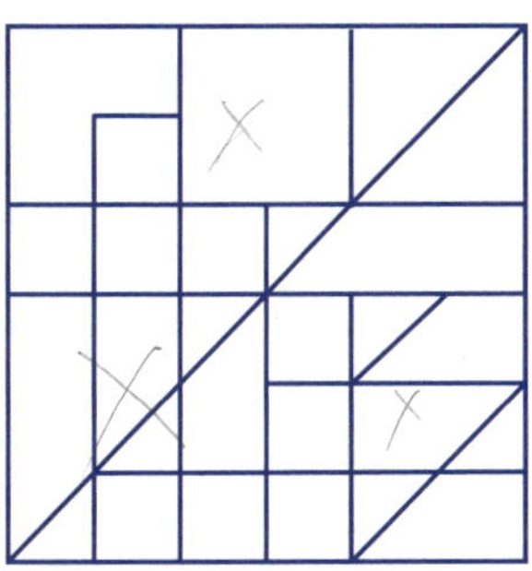

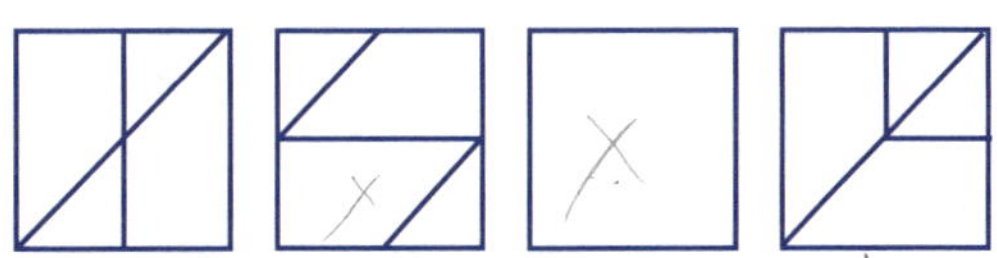

❒a. ❒b. ❒c. ❒d.

Exercice 2

1. Quelle figure continue cette série ?

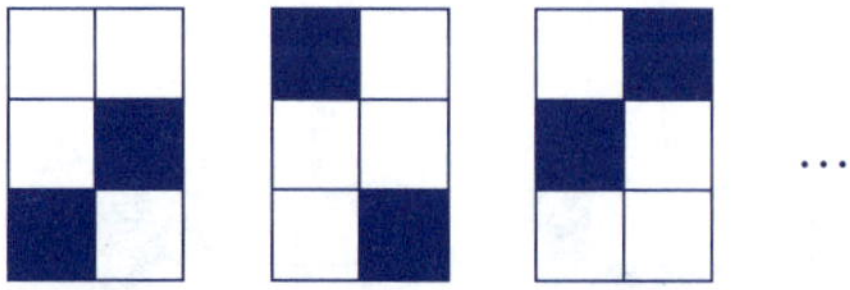

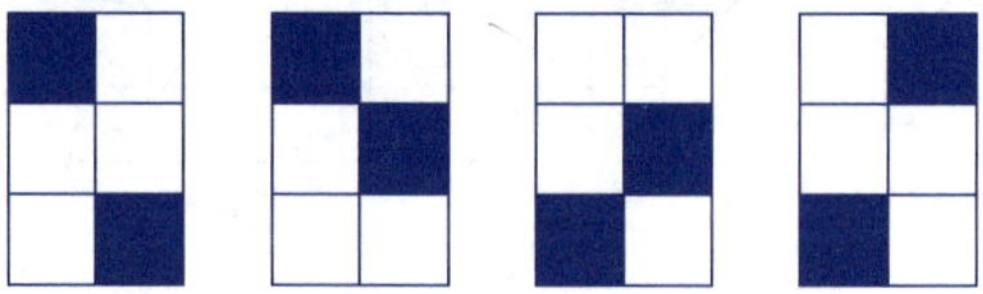

❒ a. ❒ b. ❒ c. ❒ d.

2. Quelle forme remplace le point d'interrogation ?

❒a.  ❒b.  ❒c.  ❒d. 

3. Quelle horloge continue la suite ?

❒a.  ❒b.  ❒c.  ❒d. 

4. Quelle forme complète la série suivante ?

❒a.  ❒b.  ❒c.  ❒d. 

5. Quelle forme remplace le point d'interrogation ?

❒a.  ❒b.  ❒c.  ❒d. 

6. Quelle forme continue cette série ?

❒a.  ❒b.  ❒c.  ❒d. 

7. La figure de gauche étant la figure référence, trouver l'intrus.

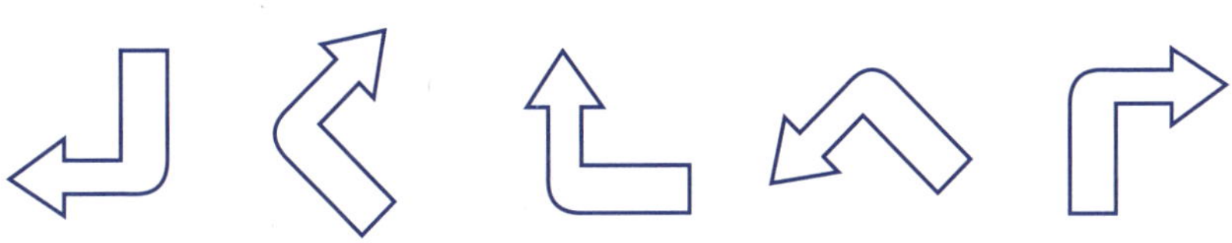

❒a. ❒b. ❒c. ❒d.

8. Quel nombre peut-on logiquement mettre sous la 4ᵉ figure ?

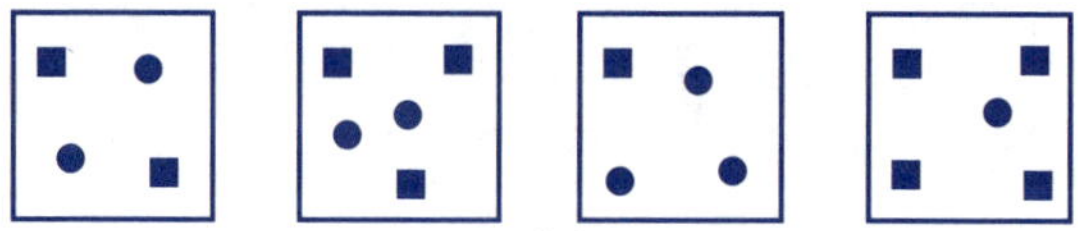

6 8 5 ?

❒a. 7 ❒b. 8 ❒c. 9 ❒d. 10

9. Compléter cette analogie ?

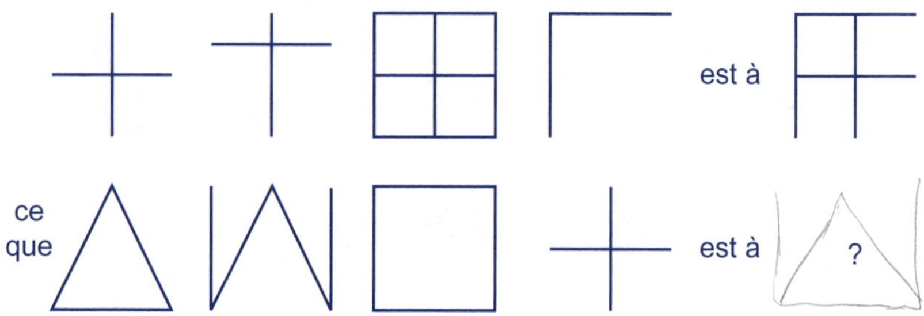

❒a. ❒b. ❒c. ❒d.

10. Combien de cubes manque-t-il pour compléter la figure ci-dessous ?

❒ a. 19 ❒ b. 20 ❒ c. 21 ❒ d. 22

Exercice 3

1. Quelle forme remplace le point d'interrogation ?

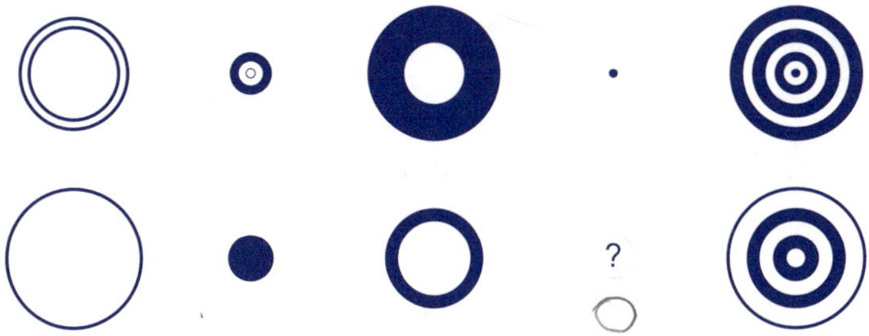

2. Quel nombre complète cette série ?

10	▲	5	1	○	3
5	○	15	…	▲	10
2	▲	1	3	○	…

3. Compléter cette analogie :

 est à  ce que  est à ?

4. Quelle horloge continue la suite ?

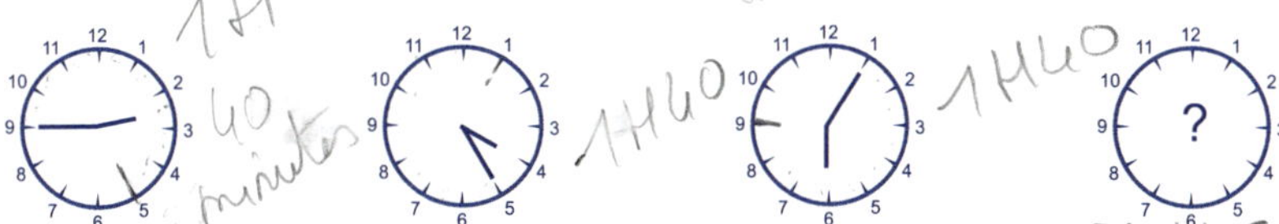

5. Quel nombre peut-on logiquement mettre sous la 4e figure ?

7 5 5 ?

6. Quelle forme complète cette série ?

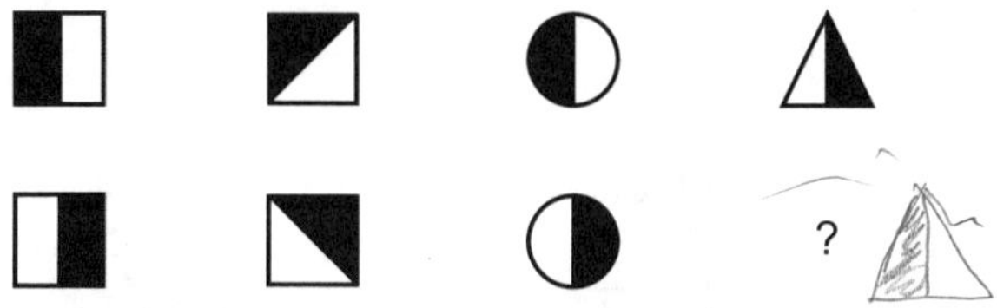

7. Quelle forme remplace le point d'interrogation ?

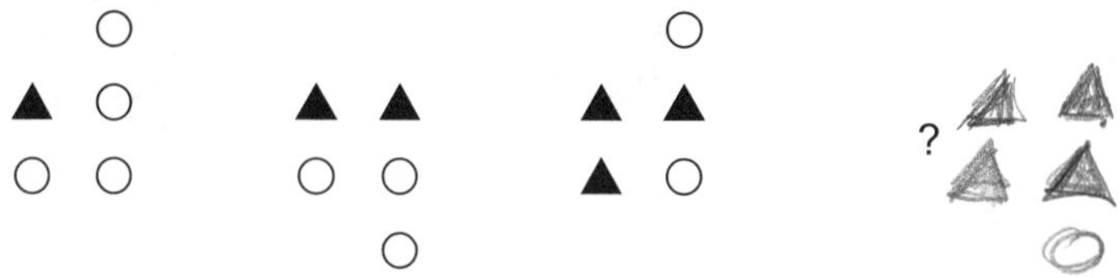

8. Quelle figure complète la série ?

Réponse

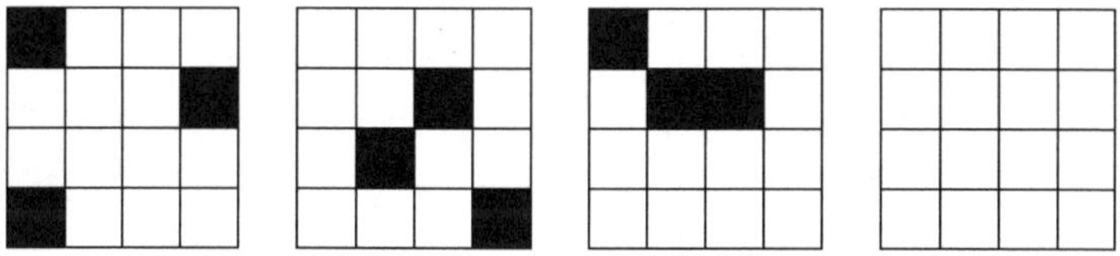

9. Sachant que chaque symbole représente un chiffre différent, et que chaque chiffre est égal ou supérieur à 2, trouver la valeur de ☜ ?

🖐 + 🖐 + 🖐 + ✌ = 11

✌ + ✌ + 👍 = 19

☜ + 👍 = 12

10. Combien de triangles comptez-vous dans la figure ci-dessous ?

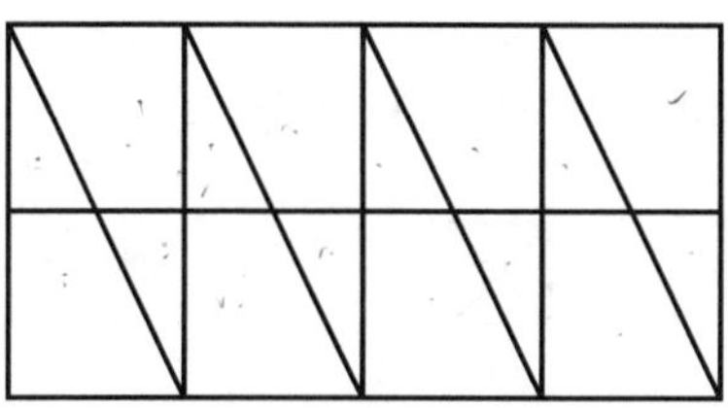

Exercice 4

1. Quelle figure complète cette série ?

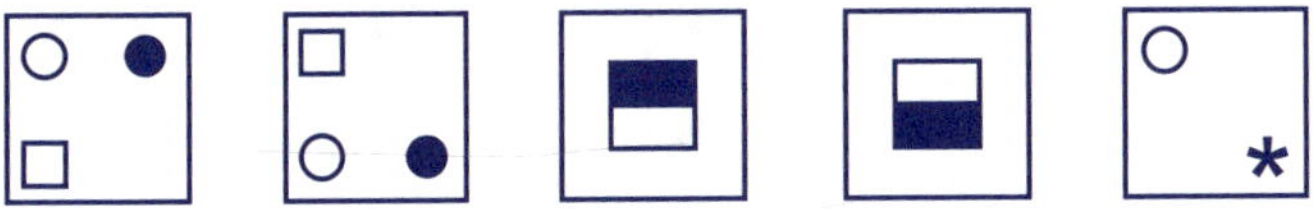

?

❒a.  ❒b.  ❒c.  ❒d. 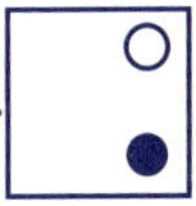

2. Quelle grille continue cette suite ?

❒ a. ❒ b. ❒ c. ❒ d.

3. Quelle forme remplace le point d'interrogation ?

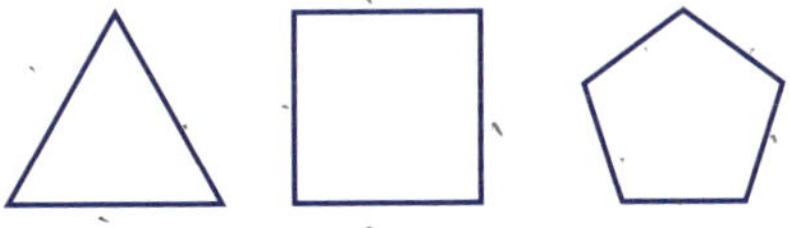

?

❒a. 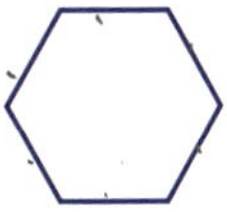 ❒b.  ❒c.  ❒d. 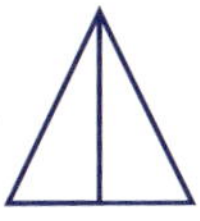

4. Sachant que 1♠ vaut 2♣ et que 1♣ vaut 2♦, laquelle des 4 propositions a la plus grande valeur ?

♠	♣	♦
♦	♣	♠
♣	♦	♠

❒ a.

♠	♣	♠
♣	♣	♦
♣	♣	♠

❒ b.

♠	♣	♣
♣	♣	♦
♣	♦	♠

❒ c.

♠	♣	♦
♠	♦	♣
♠	♣	♣

❒ d.

5. Quelle forme remplace le point d'interrogation ?

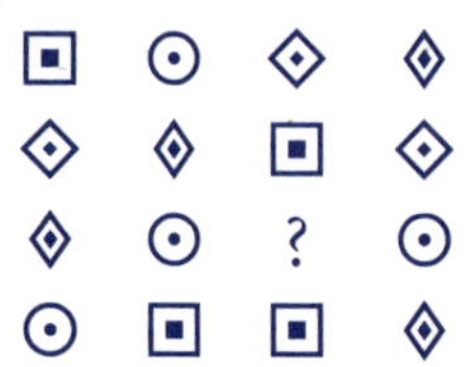

❒ a.  ❒ b.  ❒ c.  ❒ d. 

6. Quelle forme continue cette suite ?

❒a.  ❒b.  ❒c.  ❒d. 

7. Quelle forme remplace le point d'interrogation ?

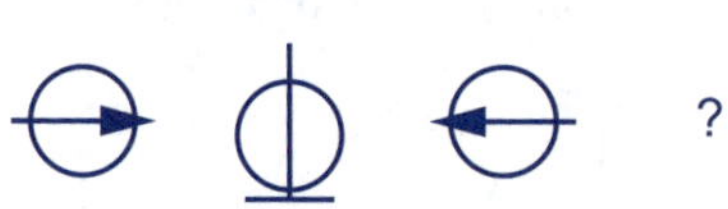

❒a.  ❒b.  ❒c.  ❒d. 

8. Compléter cette analogie :

 est à 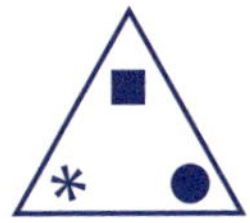 ce que  est à ?

❐a. 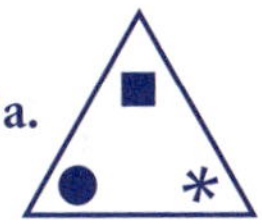 ❐b. 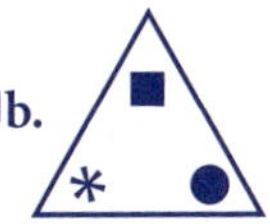 ❐c.  ❐d. 

9. Sachant que chaque symbole représente un chiffre différent (et différent de zéro), trouver la valeur de ◉ ?

◉	+	◉	=	✶ ❍
✶ ❍	+	✶ ❍	=	❍ ☪
✶ ☪	+	◉ ❍	=	⌘ ◉

❐ **a.** 3 ❐ **b.** 4 ❐ **c.** 6 ❐ **d.** 7

10. Quelle forme remplace le point d'interrogation ?

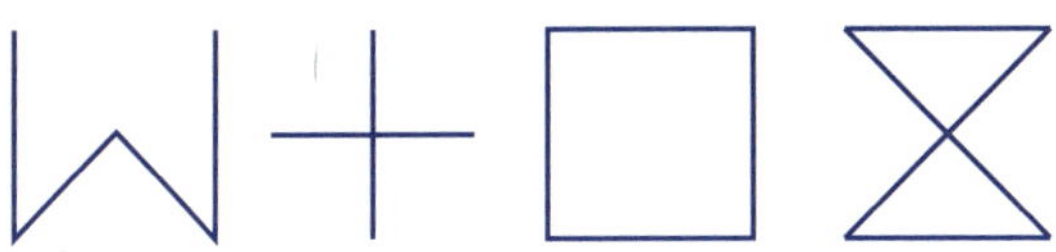 est à 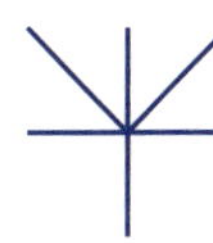

ce que  ? est à 

 ❐a.  ❐b.  ❐c.  ❐d.

Formes, dominos et cartes

Exercice 5

1. Quelle horloge continue cette suite ?

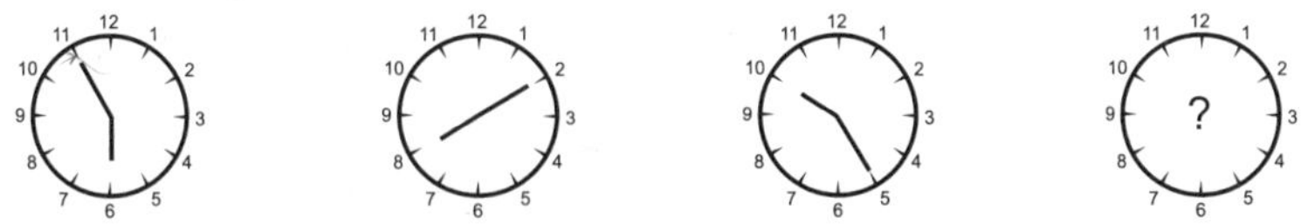

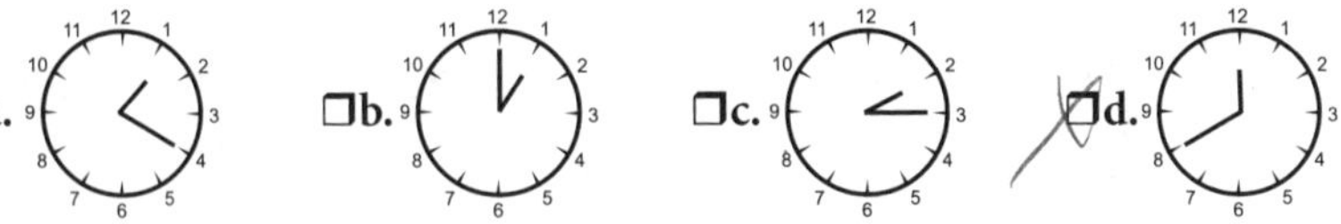

❒a. ❒b. ❒c. ❒d.

2. La figure de gauche étant la figure référence, trouver l'intrus.

❒a. ❒b. ❒c. ❒d.

3. Quelle forme remplace le point d'interrogation ?

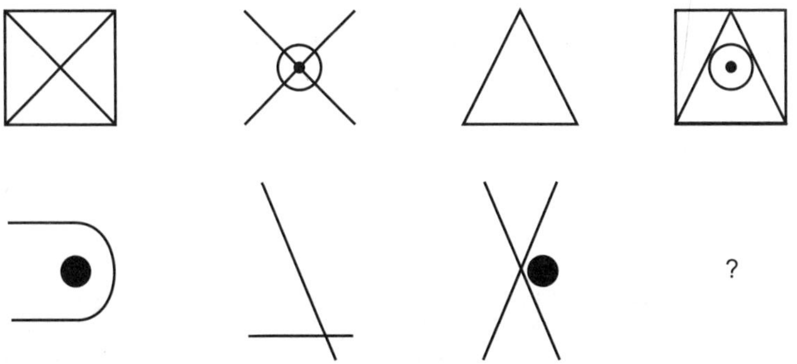

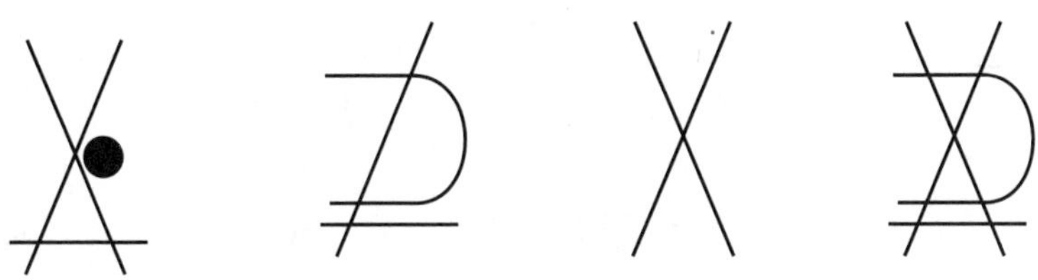

❒a. ❒b. ❒c. ❒d.

4. Continuer cette analogie :

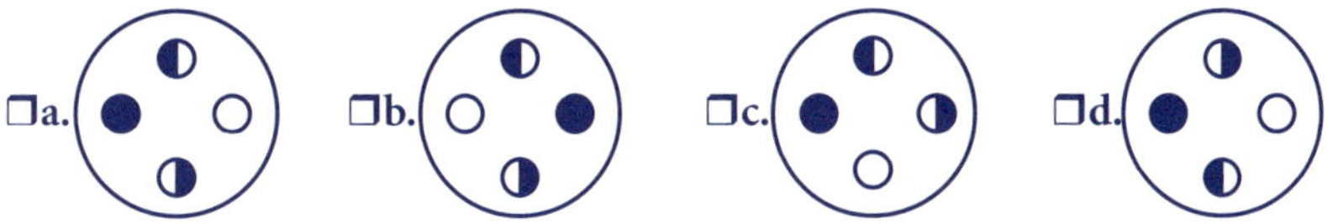

❒ a. ❒ b. ❒ c. ❒ d.

5. Quelle proposition peut continuer cette série logique ?

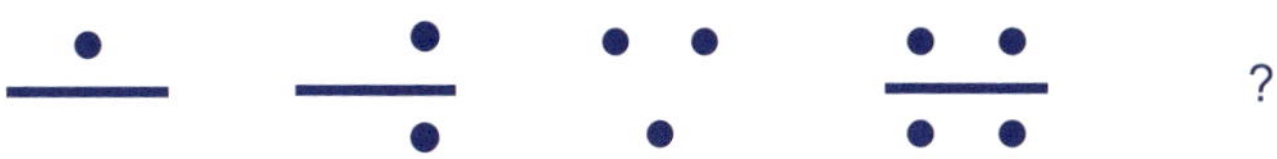

❒ a. ❒ b. ❒ c. ❒ d.

6. Quelle figure complète la série ?

❒ a. ❒ b. ❒ c. ❒ d.

7. Quelle forme continue cette série :

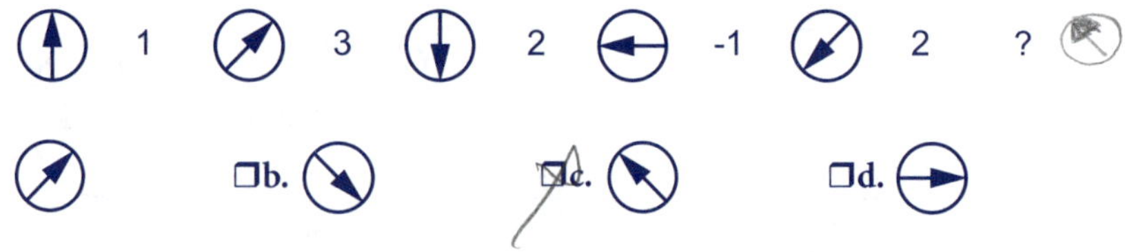

8. Quelle forme remplace le point d'interrogation ?

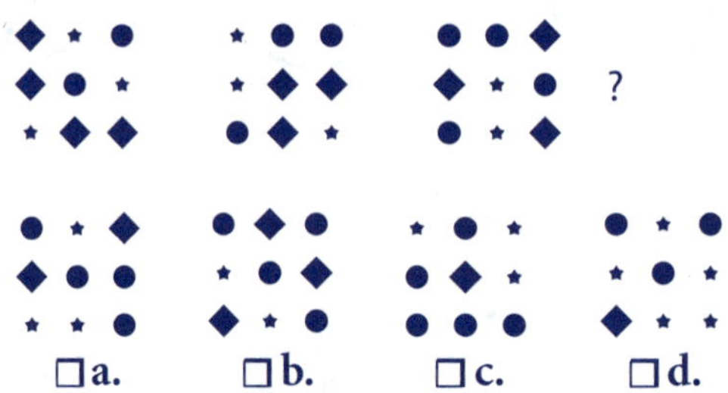

9. Continuer cette analogie :

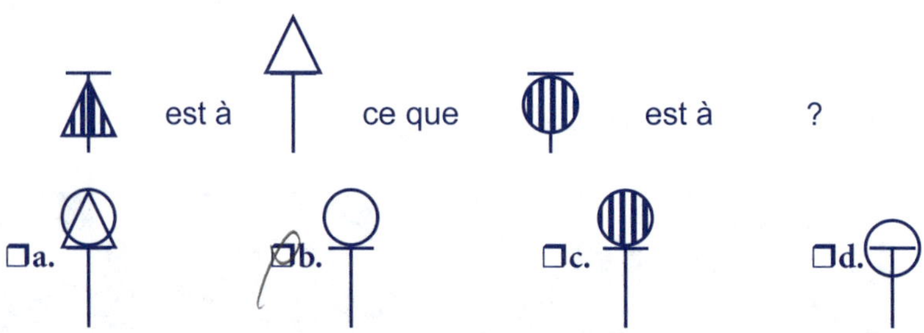

10. Quelle forme complète cette série ?

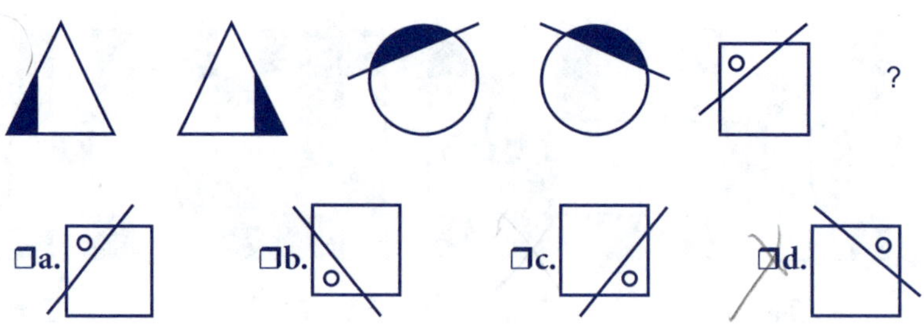

Exercice 6

1. Compléter cette analogie :

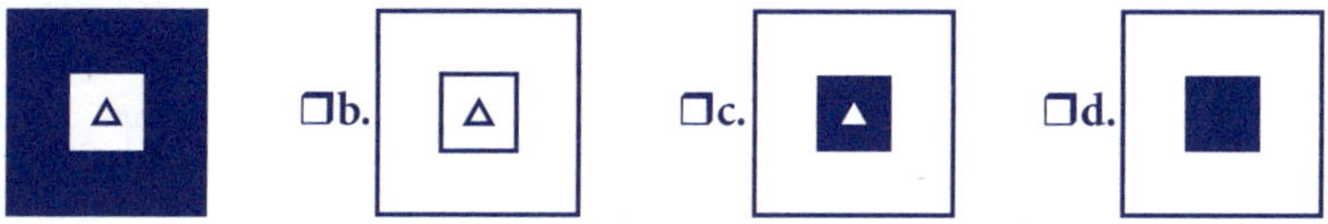

2. Quelle grille complète cette série ?

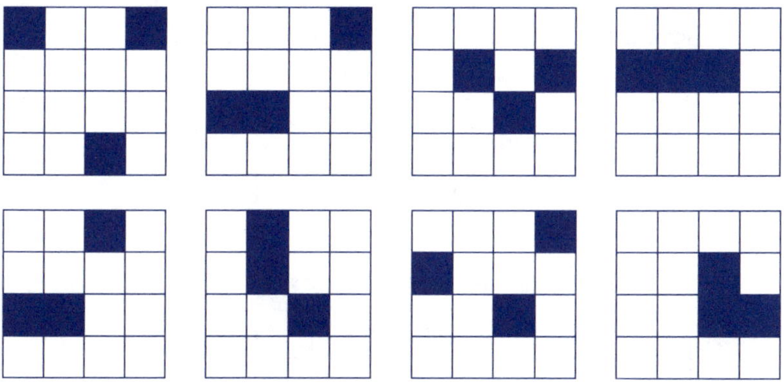

❒ a. ❒ b. ❒ c. ❒ d.

3. L'exercice suivant a été construit avec les formes ◇ ◆ ○ □ △ ; Quelle forme remplace le point d'interrogation ?

◇ △ ○ ○ △ ◇ ◆ □

◇ ◆ □ ? ◆ ◇ △ ○

❒ a. ◆ ❒ b. ○ ❒ c. ◇ ❒ d. □

4. Quelle horloge continue cette suite ?

❐a.  ❐b.  ❐c.  ❐d. 

5. Quelle forme continue cette suite logique ?

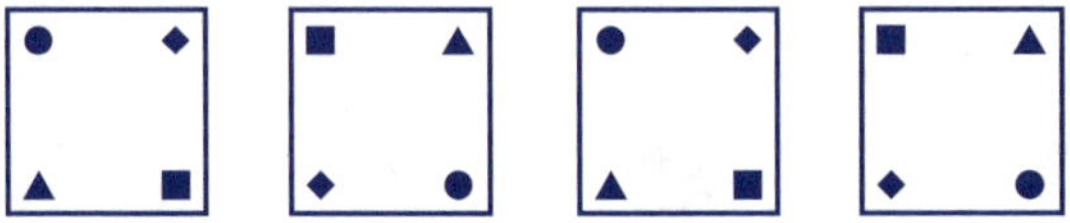 ?

❐a.  ❐b.  ❐c.  ❐d. 

6. Quelle proposition peut compléter cette suite ?

 ?

❐a.  ❐b.  ❐c.  ❐d. 

7. Quelle forme remplace le point d'interrogation ?

 ?

❐a.  ❐b.  ❐c.  ❐d. 

8. Quelle forme continue cette suite ?

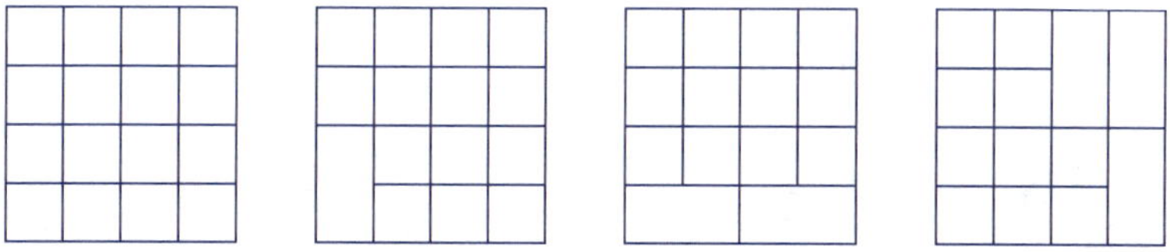

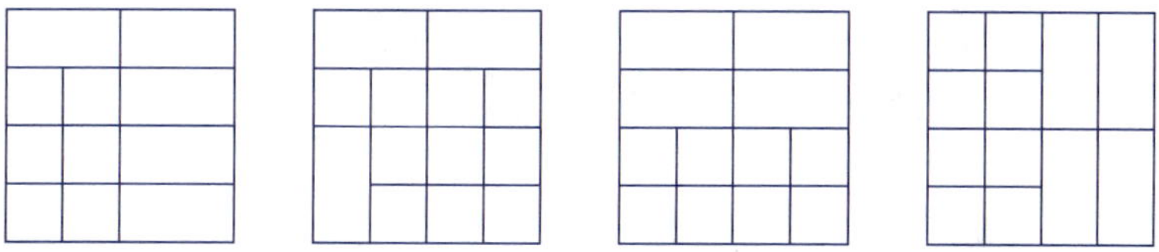

❒ a. ❒ b. ❒ c. ❒ d.

9. Quelle proposition peut continuer cette suite logique ?

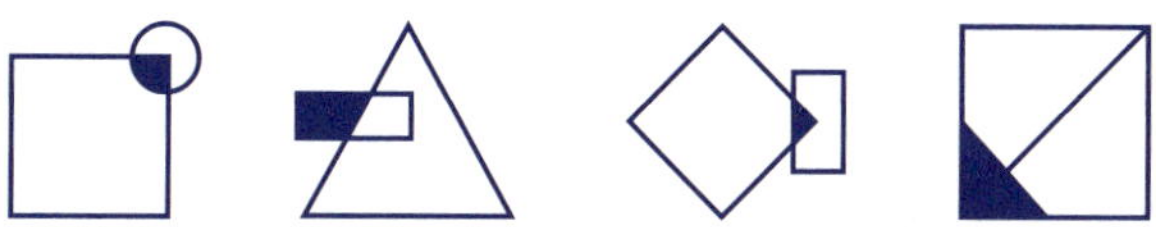

❒a.  ❒b. 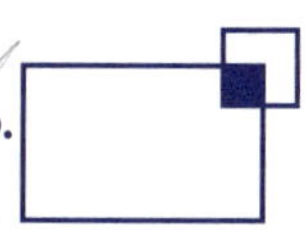 ❒c.  ❒d. 

10. Sachant que chaque symbole représente un chiffre différent (et différent de zéro), quelle valeur peut prendre ☀ parmi les 4 propositions ci-dessous :

❒ **a.** 5 ❒ **b.** 6 ❒ **c.** 7 ❒ **d.** 8

Exercice 7

1. Quelle grille complète cette série ?

❒ a.

❒ b.

❒ c.

❒ d.

2. L'exercice suivant a été construit avec la série :  ;
Quelles formes de la série ci-dessus remplacent les deux ×?

❒ a. 

❒ b. 

❒ c. 

❒ d. 

3. Quelle forme continue cette suite ?

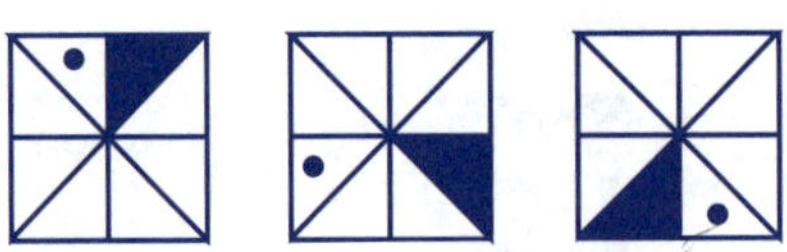

?

❒a. 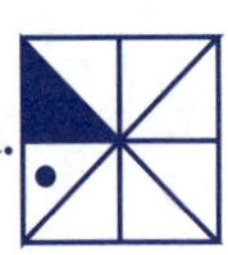

❒b. 

❒c. 

❒d. 

4. Quelle forme complète cette analogie ?

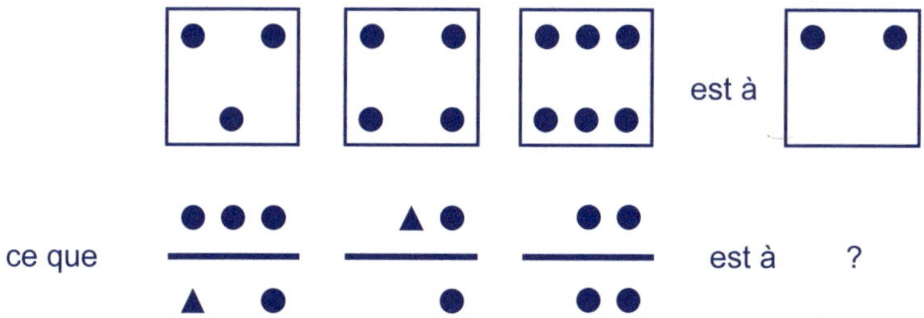

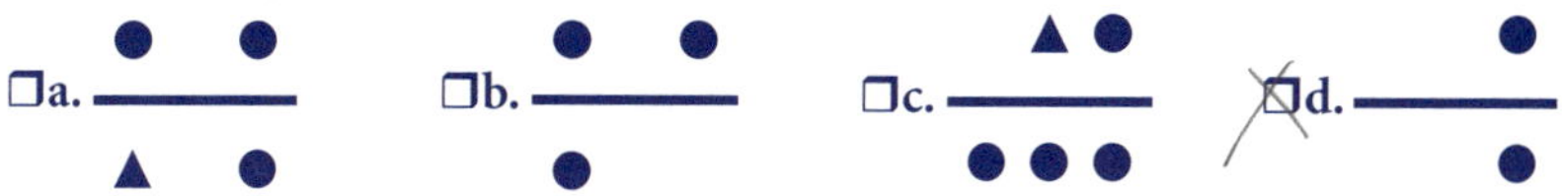

5. Quelle forme continue cette série ?

6. Quelle forme peut compléter cette série ?

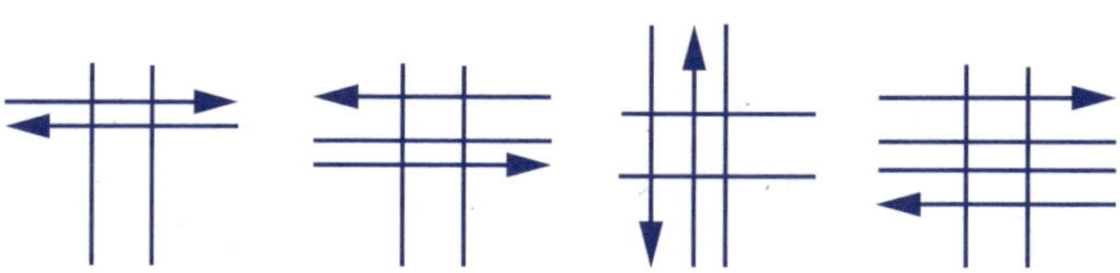

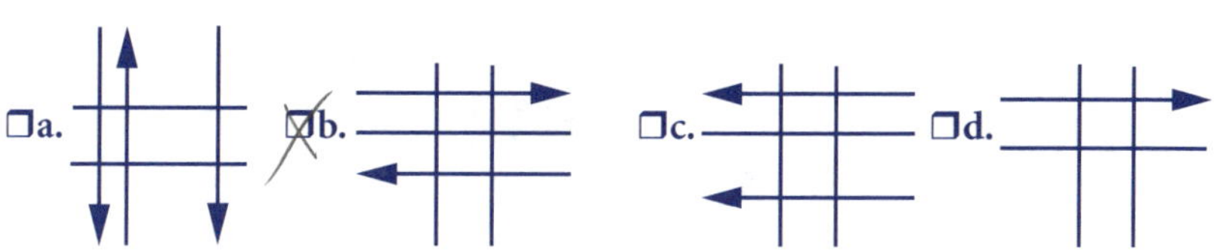

7. Combien de carrés comptez-vous dans la figure ci-dessous ?

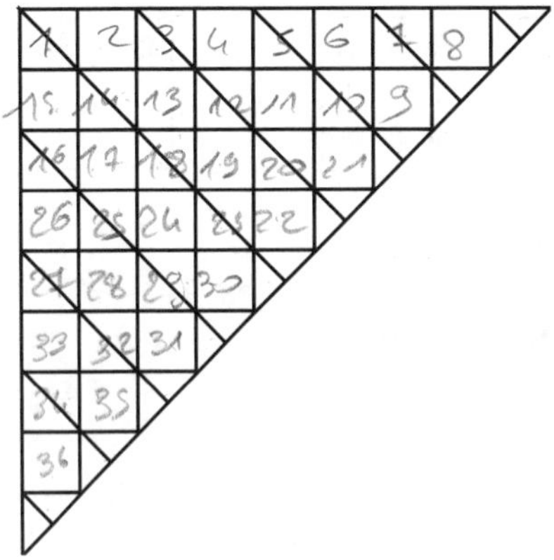

❒ **a.** 36 ❒ **b.** 57 ❒ **c.** 67 ❒ **d.** 70 et plus

8. Combien de triangles comptez-vous dans la figure ci-dessus ?

❒ **a.** entre 14 et 63 ❒ **b.** entre 64 et 83
❒ **c.** entre 84 et 107 ❒ **d.** plus de 107

9. La figure de gauche étant la figure référence, trouver l'intrus.

   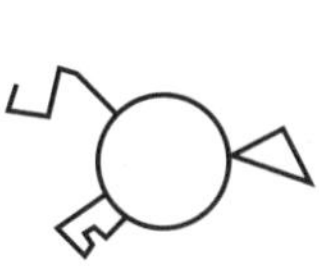 

❒**a.** ❒**b.** ❒**c.** ❒**d.**

10. Continuer cette analogie :

  est à  ce que   est à …

❒ **a.** ❒ **b.** ❒ **c.** ❒ **d.**

Exercice 8

1. Quelle horloge continue cette série ?

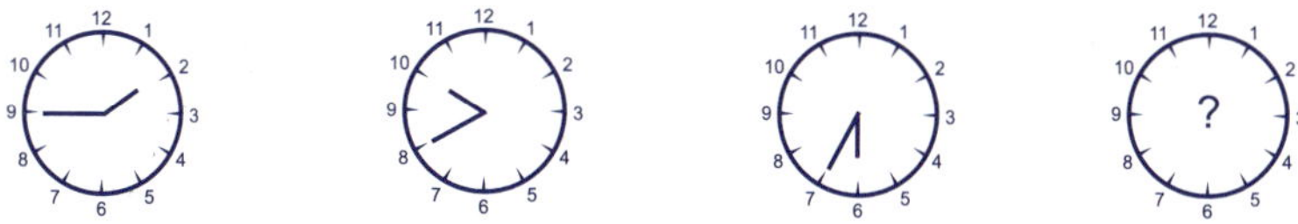

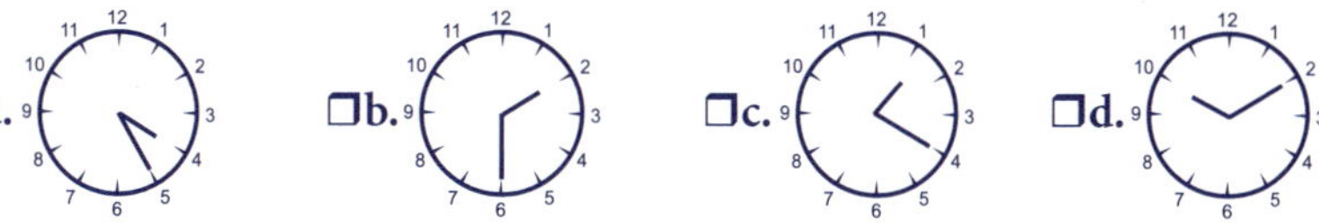

❑a. ❑b. ❑c. ❑d.

2. Quel nombre doit-on logiquement placer dans la 4[e] figure ?

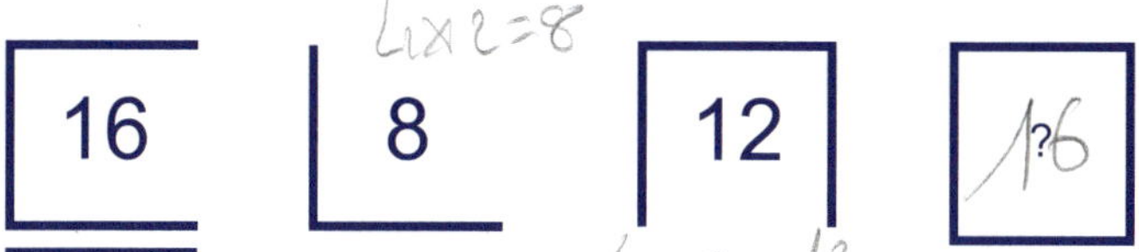

3. Continuer cette analogie :

 est à 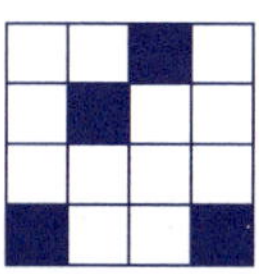 ce que  est à …

4. Quel chiffre continue cette série logique ?

I 1 V 2 XI 3 VII 4 XV …

5. Quelle forme complète cette série ?

 …

6. Quelle forme remplace le point d'interrogation ?

7. Quel nombre doit-on logiquement placer sous la 4ᵉ figure ?

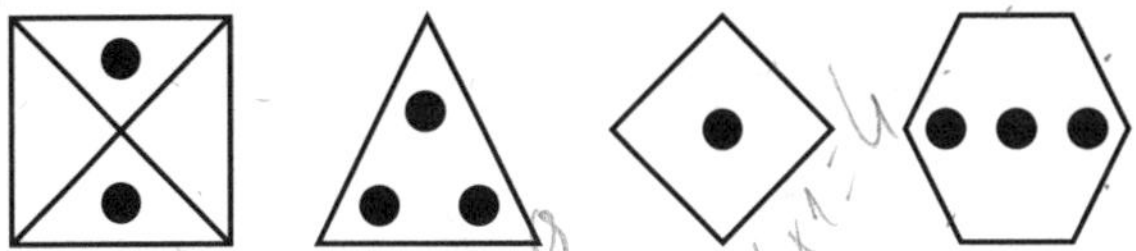

12 9 4 ?

8. Sachant que chaque symbole représente un chiffre différent (et différent de zéro), trouver la valeur de ✡ :

❀✧	+	✤			=	❀✡
❍✧	+	❀			=	❍❍
❍	+	❍	+	❍	=	◆
❍	+	◆			=	❀✧
❍✧	+	❍			=	❍✤

9. Quelle forme remplace le point d'interrogation ?

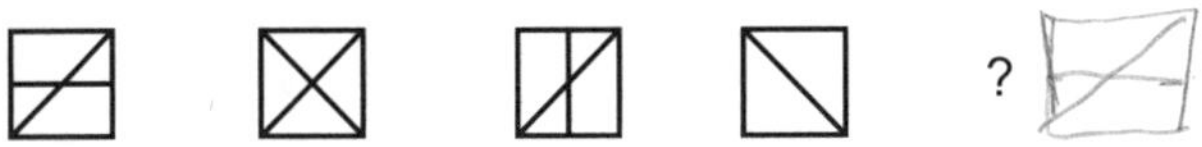

10. Continuer cette analogie :

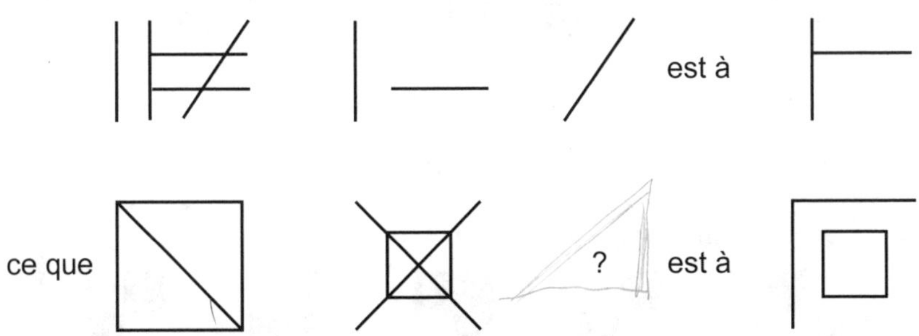

Corrigés

Exercice 1

1. **d.**
2. **c.** Les obliques présentent le même symbole.
3. **d.** Les traits à l'intérieur du carré tournent de 45° (sens horaire).
4. **c.** La forme devient de plus en plus étroite.
5. **c.** La dernière figure de chaque ligne est obtenue en superposant les 4 figures qui la précèdent.
6. **d.** La flèche tourne de 90° sens horaire. De plus, d'une figure à l'autre il y a un rond supplémentaire (placé dans le sens horaire).
7. **b.** Il existe une symétrie d'axe horizontal entre chaque binôme.

   Rappel sur les symétries : si l'on vous propose deux figures et que par un pliage de votre feuille vous pouvez superposer ces deux figures, alors vous êtes en présence d'une symétrie. Les symétries sont le plus souvent des :

   Symétrie verticale — Symétrie horizontale

   – symétries verticales (l'axe de symétrie est lui horizontal) ;

   – symétries horizontales (ou symétrie d'axe vertical).
8. **b.** Voici le déplacement des cases par rapport à la 1re figure :

   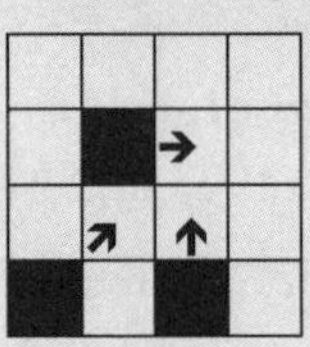

   À savoir ; 2 cases qui arrivent au même emplacement se confondent fréquemment. Elles se différencieront au prochain déplacement.

   À savoir : La case qui avance vers la droite « sort de la grille », elle réapparaitra côté gauche. Ainsi, fréquemment, une case sortant d'un coté de la grille continue sa progression pour réapparaître du côté opposé.
9. **b.** Chaque ligne comporte les mêmes formes géométriques.
10. **d.**

Exercice 2

1. **c.** Les 2 cases se déplacent d'une case vers le bas. Lorsqu'une case atteint le bas de la grille, elle apparaît alors en haut de la grille.

2. **b.** Présence d'un axe de symétrie.
3. **c.** La petite aiguille avance de 1 h et la grande de 15 minutes.
4. **b.** Chaque forme est présente 2 fois avec un remplissage différent.
5. **d.** Il existe une symétrie d'axe vertical entre les formes du haut et celle du bas.
6. **d.** La figure tourne de 45° en 45° (sens horaire).
7. **c.** Toutes les autres figures sont obtenues en faisant glisser la 1re figure dans le plan horizontal du papier. L'intrus nécessite une symétrie.
8. **c.** Le carré égal 2 et le rond égal 1. Dans ce type d'exercice, deux méthodes sont possibles : poser arbitrairement une valeur à une forme ou poser une équation à deux inconnues. Ici, la 3e figure permet rapidement de trouver la solution.
9. **d.** Sur chaque ligne, la dernière figure est la superposition des 4 figures qui la précèdent mais seuls sont conservés les doubles traits c'est à dire les traits communs à au moins deux figures.
10. **c.** Sur chaque colonne, compter le nombre de cubes qu'il manque pour arriver en haut.

Exercice 3

1. ○. La dernière figure de chaque ligne correspond à la superposition des 4 précédentes. Ce cercle correspond donc au cercle le plus à l'intérieur de la dernière figure.
2. **20 et 9**. Le ▲ divise par 2. Le ○ multiplie par 3.
3. ◇ Il y a inversion de la taille et de la couleur de fond des deux figures.
4. **7 h 45**. Ajouter 1 h 40 entre deux horloges.
5. **6**. Le chiffre correspond au nombre de segments qui compose la figure.
6. ◭ Il existe une symétrie d'axe vertical entre les formes de la 1re et de la 2e ligne.
7.  Un rond se déplace de haut en bas et il y a un triangle supplémentaire par figure.
8. 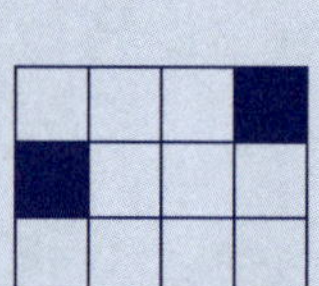 Voici le déplacement des cases par rapport à la 1re grille : 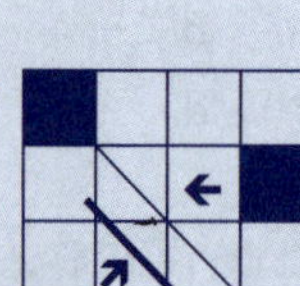

9. ☜ = 3. En regardant la 1re ligne nous pouvons déterminer que ✋ peut être égale à 2 ou 3 auquel cas ✌ serait respectivement égale à 5 ou 2. Il faut donc tester ces deux hypothèses dans la 2e et 3e équation. Pour information : ✋ = 2 ; ✌ = 5 ; 👍 = 9.

10. **16 triangles.**

Exercice 4

1. **b.** Il existe une symétrie d'axe horizontal entre chaque binôme.
2. **a.** Le nombre de cases noires par grille augmente régulièrement d'une grille à l'autre.
3. **a.** Le nombre de trait composant chaque figure progresse régulièrement.
4. **b.** Pour résoudre ce type d'exercice il est possible de donner une valeur arbitraire aux symboles sachant que ces valeurs doivent vérifier l'énoncé. Ainsi dans cet exercice nous pouvons donner les valeurs suivantes : ♠ = 4 ; ♣ = 2 ; ♦ = 1. Avec ces valeurs, la proposition A = 21 ; B = 23 ; C = 20 et D = 22.
5. **b.** Chaque symbole est présent 4 fois dans la figure.
6. **a.** Les triangles se rapprochent jusqu'à se superposer. De plus, le triangle du 1er plan change à chaque figure.
7. **b.** Le trait coupant le rond en deux tourne de 90° sens horaire. Lorsqu'il est à la verticale il présente un trait perpendiculaire, lorsqu'il est à l'horizontale, une flèche.
8. **c.** En regardant la 1re et la 2e image, observer que l'élément du haut se déplace en bas à droite ; l'élément en bas à gauche se déplace en haut, etc. Reproduire les déplacements déteminés avec la figure proposée.
9. **c.** En regardant la 1re ligne nous pouvons éliminer les réponses **a** et **b** car cette somme serait inférieure à 10 or l'énoncé précise que les chiffres sont différents de zéro. Il faut ensuite tester les réponses **c** et **d.** Pour information : ⌘ = 7 ; ☆ = 1 ; O = 2 ; ☪ = 4.
10. **a.** La superposition des 4 premières figures de chaque ligne forme la dernière figure dans laquelle il a été enlevé les doubles traits c'est-à-dire les traits communs à au moins 2 des 4 premières figures.

Exercice 5

1. **d.** Ajouter 2 h 15 entre deux horloges.
2. **b.** Toutes les autres figures sont obtenues en faisant glisser la 1re figure dans le plan horizontal du papier. L'intrus nécessite une symétrie.

3. **b.** La superposition des 3 premières figures de chaque ligne forme la dernière figure dans laquelle il a été enlevé les doubles traits c'est-à-dire les traits communs à au moins 2 des 3 premières figures.
4. **d.** En regardant la 1re et la 2e figure, observer que les éléments de la figure ont tourné de 90° dans le sens antihoraire.
5. **b.** Le nombre de points augmente régulièrement.
6. **d.** La 1re grille comporte 8 cases noires, la 2e en comporte 9, la 3e 10 et la 4e 11. Il faut donc une grille avec 12 cases noires.
7. **c.** 1 signifie un déplacement de 45° dans le sens horaire et −1 dans le sens antihoraire (2 signifie un déplacement de 90°, etc.).
8. **c.** Il y a un rond de plus à chaque figure.
9. **b.** La forme (triangle) monte et sa surface de remplissage change.
10. **d.** Il existe une symétrie d'axe vertical entre chaque binôme.

Exercice 6

1. **d.** La forme la plus intérieure change de couleur.
2. **d.** La logique se fait en prenant une grille sur deux. Il y a une logique de déplacement de cases entre la 1re et la 3e grille et une autre logique entre la 2e et la 4e grille. Voici le déplacement des cases par rapport à la 1re grille et à la 2e grille :

1re grille — 2e grille

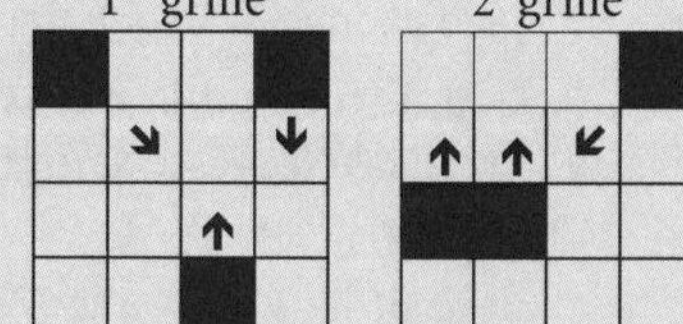

3. **d.** En attribuant arbitrairement un chiffre à chaque symbole voici les 2 logiques qu'il fallait dégager de ce schéma :

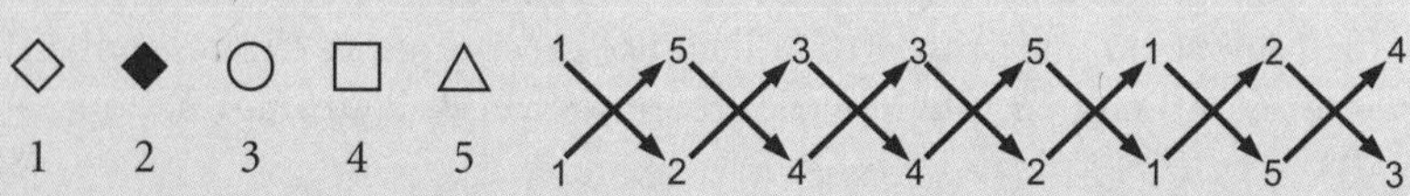

4. **a.** Calculer la somme des chiffres indiqués par les aiguilles.
5. **b.** Une figure sur deux est identique.
6. **a.** Le nombre de traits composant les figures progresse régulièrement.
7. **d.** Le quart de cercle différent du reste du cercle tourne de 90° (sens horaire). De plus, il y a inversement des couleurs de remplissage entre chaque figure.
8. **c.** La figure tourne de 90° (sens antihoraire) avec disparition d'un trait à chaque figure.

9. **b.** Dans chaque figure il y a 2 surfaces blanches et 1 surface noire.

10. **d.** La 2e équation implique que ☃ ne peut prendre que les valeurs 1, 2, 3 ou 4 car un symbole représente un chiffre (non un nombre) : effectivement, si ☃ = 5 alors d'après la 2e équation ♣ = 10 or les chiffres ne vont que de 0 à 9. L'exercice consiste alors à tester les 4 valeurs pour ☃ (1, 2, 3 ou 4) dans les 4 équations. Pour information : ♣ = 4 ; ☂ = 6 ; ☃ = 2.

Exercice 7

1. **c.** En regardant les cases de chaque ligne sur les 3 grilles, observer qu'une seule place n'a pas été occupée par une case noire. Les places laissées vacantes sur les 3 grilles constituent la solution.

2. **d.** Pour traiter ce type d'exercice, la méthode est la suivante : il s'agit d'attribuer un chiffre (ou une lettre) à chaque symbole de la série présentée dans l'énoncé puis de reporter les chiffres dans l'exercice proposé :

1 2 3 4 5

1 2 3 5 5 5 4 3 2 3 1 4 2 4 1

Nous voyons ici que les symboles sont regroupés en trinôme ; il y a 3 logiques : une entre les 1rs symboles de chaque trinôme (encadré : 1/1 sens inverse), une entre les 2es (surligné : 1/3 sens normal) et une entre les 3es symboles de chaque trinôme (1/2 sens normal).

3. **c.** Entre chaque figure, le triangle noir se déplace de 2 places dans le sens horaire ; le point de 2 places dans le sens antihoraire.

4. **d.** Seuls les éléments constants sur les trois premières figures sont conservés pour former la 4e figure.

5. **b.** Présence de 5 formes sur chaque figure. On peut observer un échange de formes entre l'intérieur et l'extérieur du rond.

6. **b.** Dans chaque figure, il y a deux flèches qui désignent une direction différente.

7. **d.** Il y a 70 carrés : 36 petits carrés, 21 carrés de 2 × 2, 10 carrés de 3 × 3 et 3 carrés de 4 × 4.

8. **d.**

9. **d.** Toutes les autres figures sont obtenues en faisant glisser la 1re figure dans le plan horizontal du papier. L'intrus nécessite une symétrie.

10. **d.** Superposer les deux premières figures pour obtenir la 3e avec le code suivant : blanc sur blanc = noir ; noir sur noir = blanc et blanc sur noir = blanc.

Exercice 8

1. **b.** Retrancher 4 h 05 entre deux horloges ou la petite aiguille recule de 4 heures et la grande de 5 minutes.
2. **16.** Multiplication du nombre de traits par 4.
3. Rotation de 90° sens antihoraire. 
4. **4.** Le chiffre correspond au nombre de segments qui composent la figure précédente.
5.  Il existe une symétrie d'axe horizontal entre chaque binôme.
6.  La plus petite figure constitue la grande de la figure suivante. Pour les figures intérieures, on retrouve une suite cœur – carreau – trèfle.
7. **18.** Le nombre correspond au nombre de segments multiplié par le nombre de ronds.
8. ✡ = 7. La 3ᵉ équation implique que ❍ ne peut prendre que les valeurs 1, 2 ou 3 car un symbole représente un chiffre (non un nombre) : si ❍ = 4 alors d'après la 3ᵉ équation ◆ = 12 or les chiffres ne vont que de 0 à 9. L'exercice consiste alors à tester les 3 valeurs pour ❍ (1, 2 et 3) dans les 5 équations.

   Pour information : ❀ = 1 ; ✧ = 2 ; ❍ = 3 ; ◆ = 9 ; ✚ = 5
9. 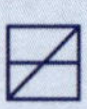 Un segment tourne à 45° (sens antihoraire), l'autre tourne à 90° (sens antihoraire).
10. 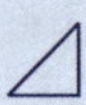 La superposition des 3 premières figures de chaque ligne forme la dernière figure dans laquelle il a été enlevé les doubles traits c'est-à-dire les traits communs à au moins 2 des 3 premières figures.

Séries de dominos

5

Fiche méthode

Cette fiche vous présente quelques logiques fréquemment utilisées dans les concours administratifs. Elles ne peuvent représenter une liste exhaustive des logiques utilisées avec les dominos.

Progression

Un jeu de domino comporte 7 chiffres : 0 (blanc), 1, 2, 3, 4, 5 et 6. Dans ce type de logique progressive, il importe de trouver dans la disposition des dominos comment progressent ces 7 chiffres, à savoir qu'après le chiffre 6 la suite continue par le chiffre 0. Il est utile d'écrire cette série en boucle afin d'identifier la progression :

1 2 3 4 5 6 0 1 2 3 4 5 6 0 1 2 3 4 5 6 0 1 2 3 4 5 6 0…

Les chiffres des dominos peuvent progresser de façon :

- croissante 1/1 (les chiffres se suivent) : 1 2 3 4 5 6 0 1…
- décroissante 1/1 (les chiffres se suivent) : 6 5 4 3 2 1 0 6…
- croissante 1/2 (en prenant 1 chiffre sur 2) : 0 2 4 6 1 3 5 0…
- décroissante 1/2 (en prenant 1 chiffre sur 2) : 6 4 2 0 5 3 1 6…
- croissante 1/3 (en prenant 1 chiffre sur 3) : 1 4 0 3 6 2 5 1 ...
- décroissante 1/3 (en prenant 1 chiffre sur 3) : 6 3 0 4 1 5 2 6…

exemple :

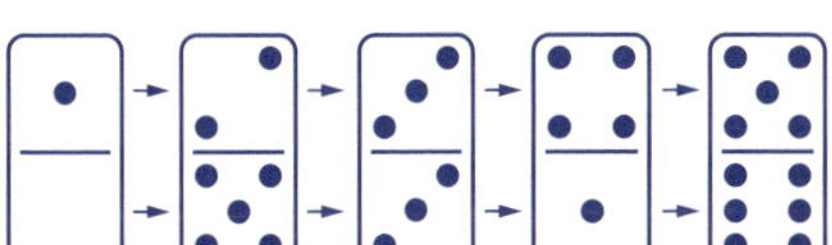

Progression croissante 1/1

Progression décroissante 1/2

5 Séries de dominos

La progression que nous venons de voir se fait en ligne ; Voici les formes que vous pourrez fréquemment rencontrées :

Forme A

Exemple

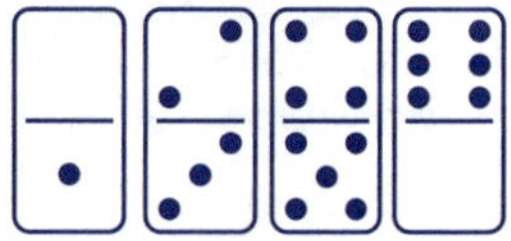

Progression croissante 1/2

Progression croissante 1/2

Forme B

Exemple

Progression décroissante 1/3

Forme C

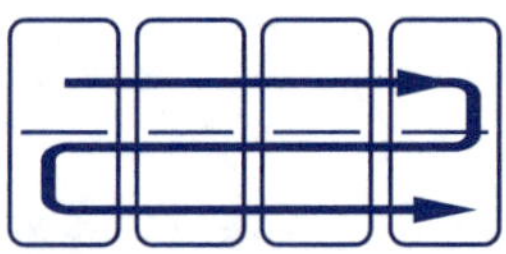

Exemple

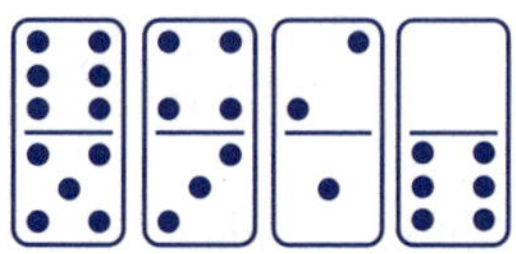

Progression décroissante 1/2

Forme D

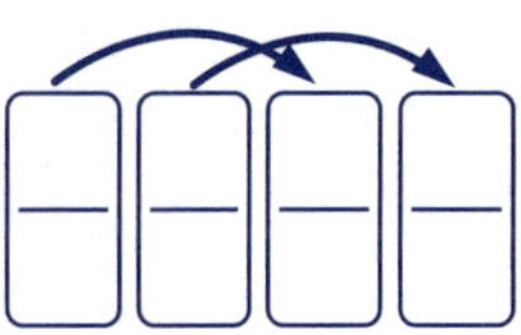

Exemple

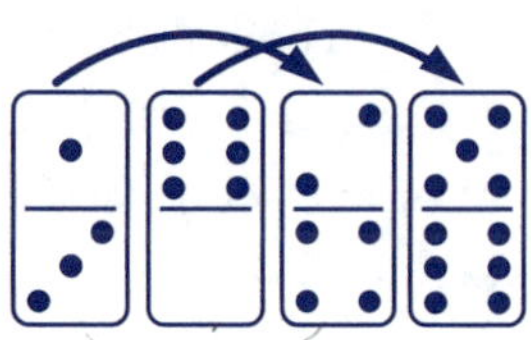

Progression croissante 1/1
et
Progression décroissante 1/1

Forme E

Exemple

Progression décroissante 1/1

Progression croissante 1/1

Forme F

Exemple

Progression croissante 1/1

Pour passer d'un domino à un autre, vous pourrez également faire des opérations (addition, multiplication, etc.), ces opérations formant une suite logique de types :

- (+ 1) (+ 2) (+ 3) (+ 4) …
- (– 1) (– 2) (– 3) (– 4) …
- (× 1) (× 2) (× 1) (× 2) (× 1)…
- (/ 1) (/ 2) (/ 1) (/ 2) (/ 1) …

Exemple de dominos :

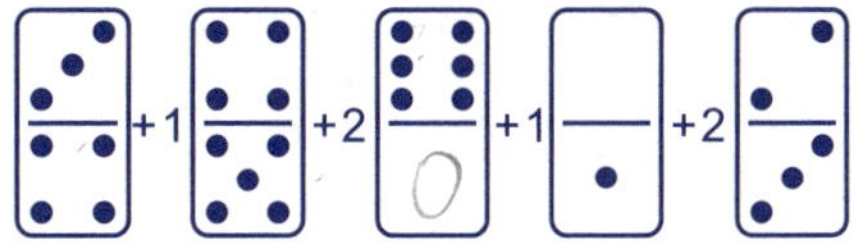

Symétrie

Exemple : Symétrie horizontale (d'axe vertical)

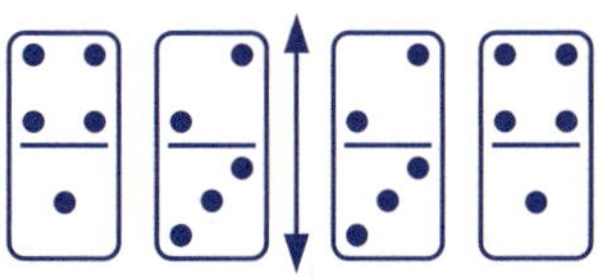

Exemple : Symétries verticales (d'axe horizontal)

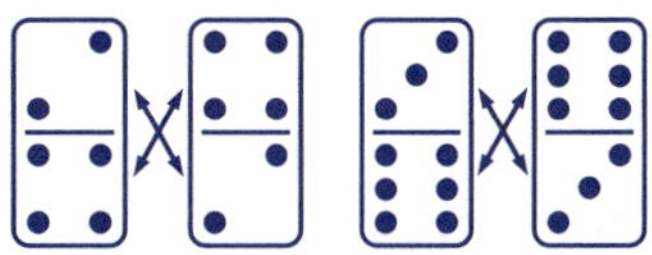

Similarité

Exemple : chaque groupe (trinôme) est composé des mêmes dominos.

Opérations : addition, multiplication, etc.

Exemple : addition en ligne

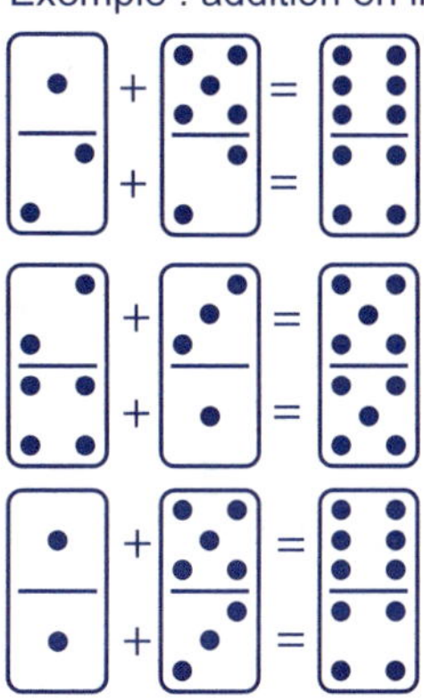

Exemple : multiplication de colonne

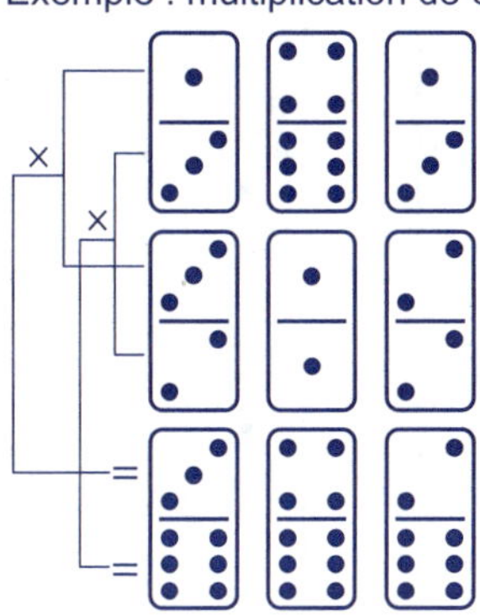

Exercices d'entraînement

Dans les exercices suivants, vous devez trouver le ou les domino(s) manquant(s) :

Exercice 1

1.

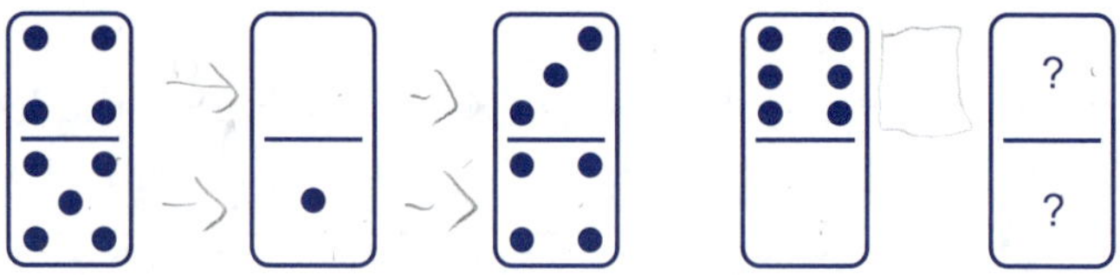

2.

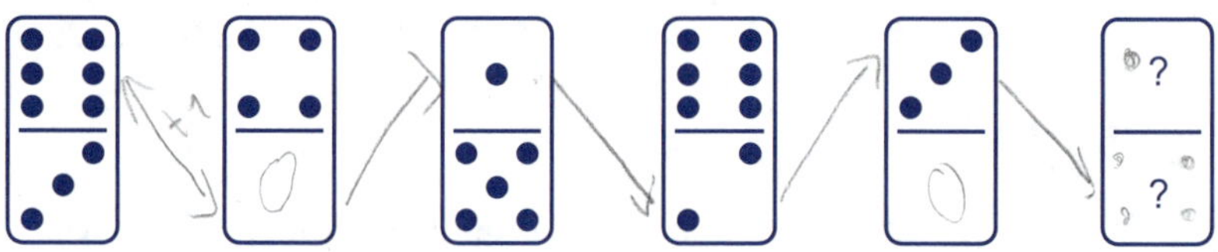

3.

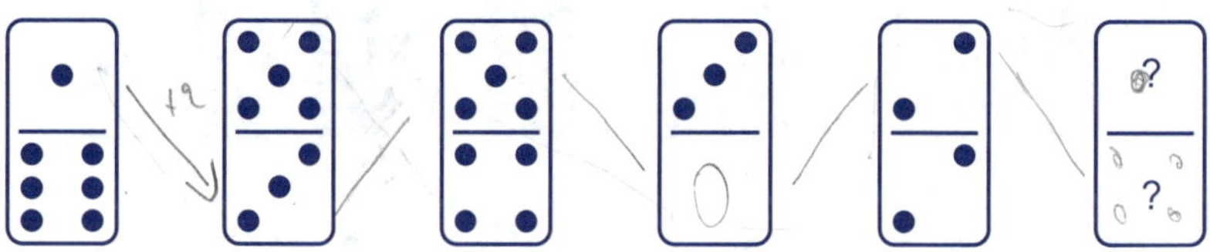

4.

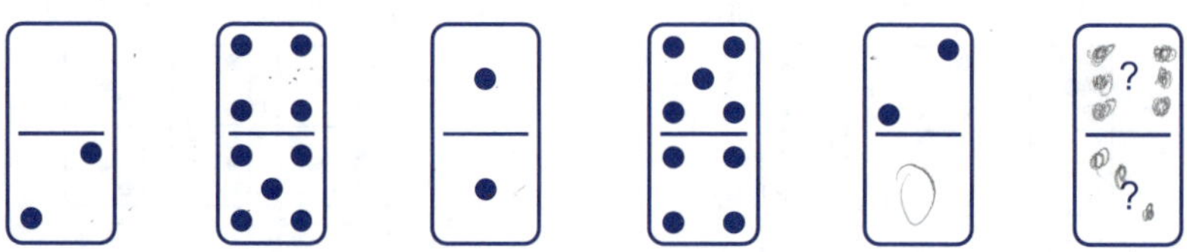

5.

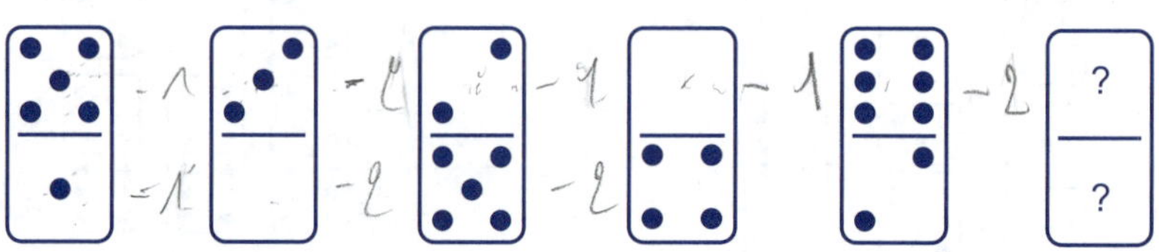

6.

7.

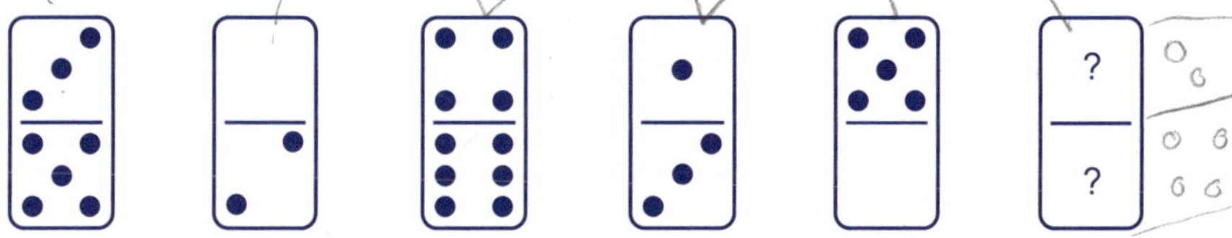

8.

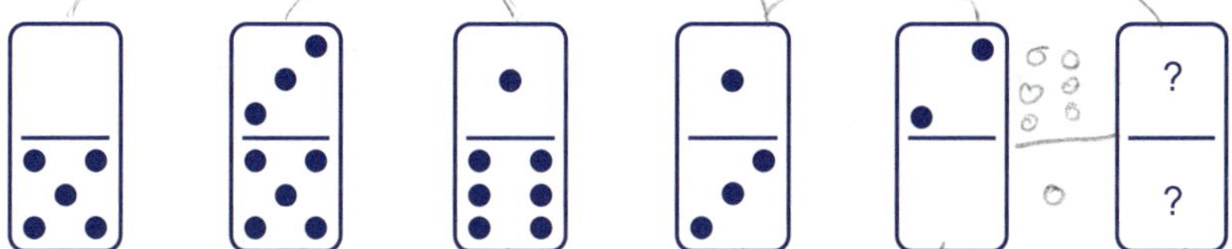

9.

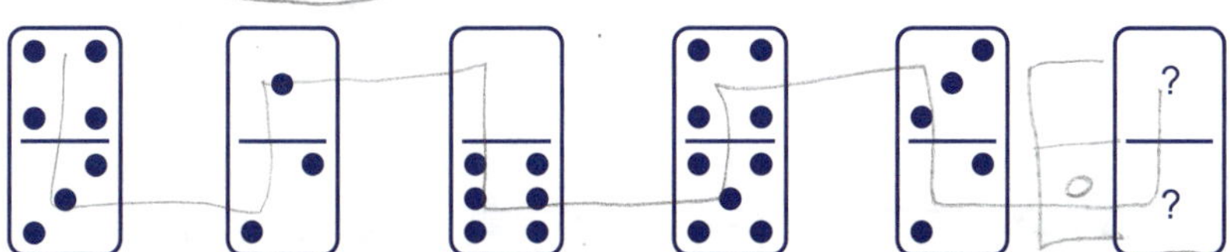

10.

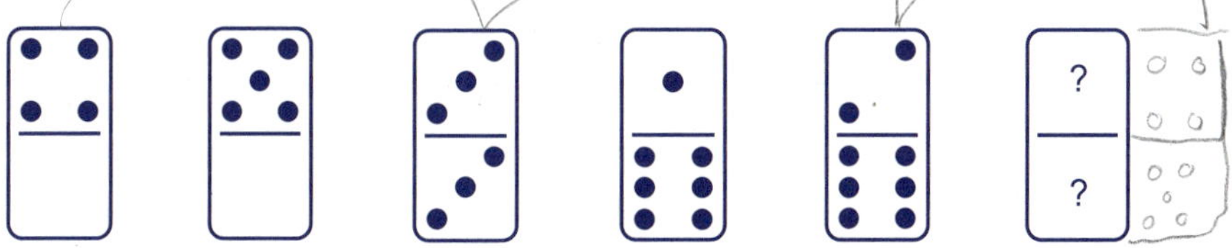

11.

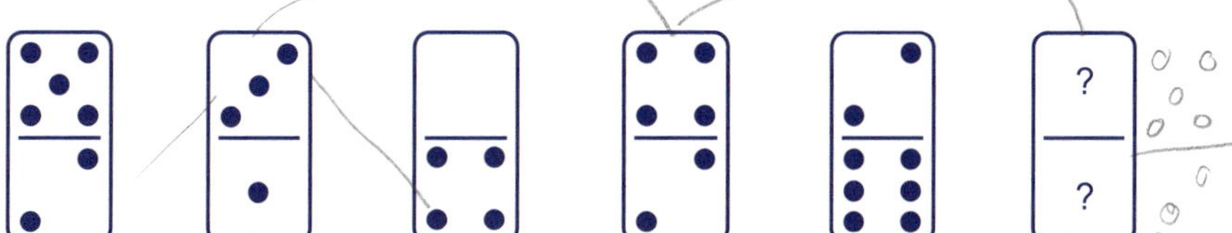

Exercice 2

1.

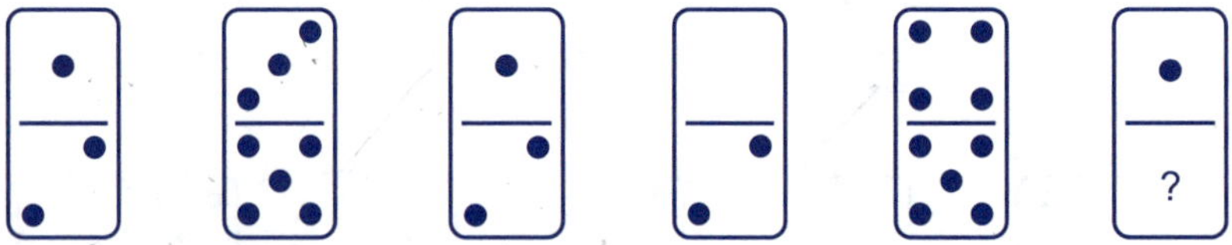

2.

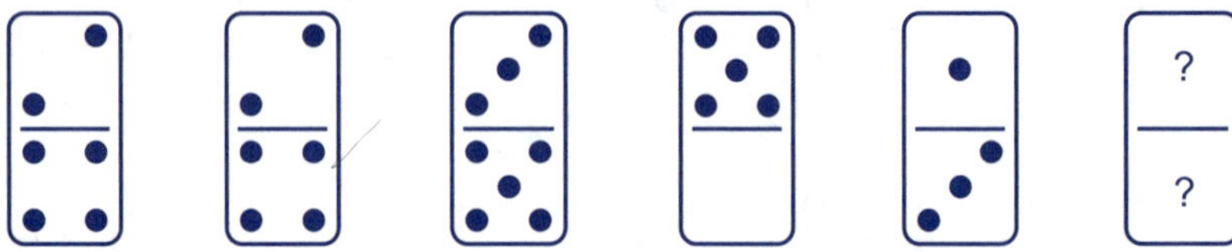

3.

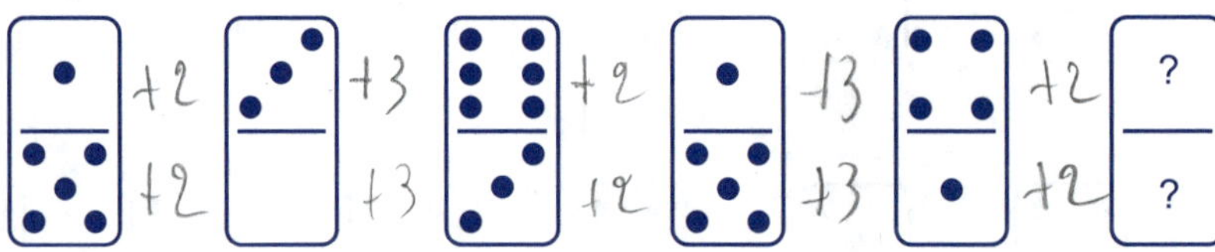

4.

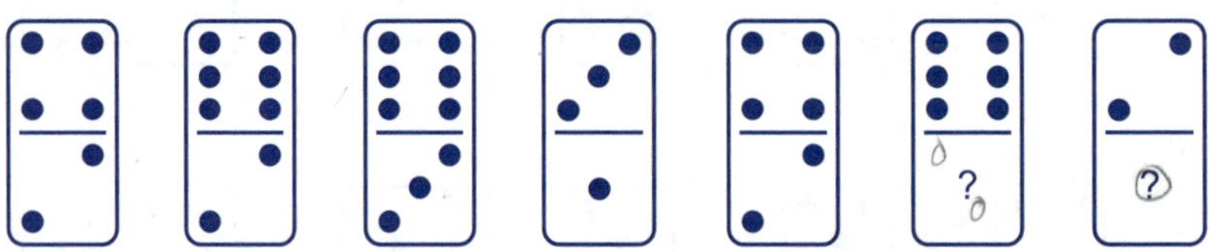

5.

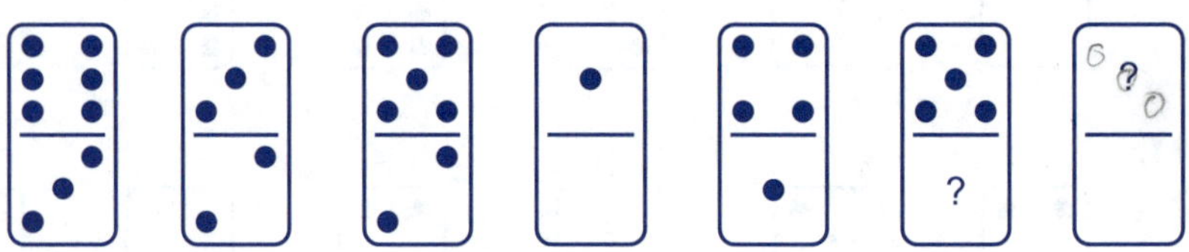

Exercice 3

1.

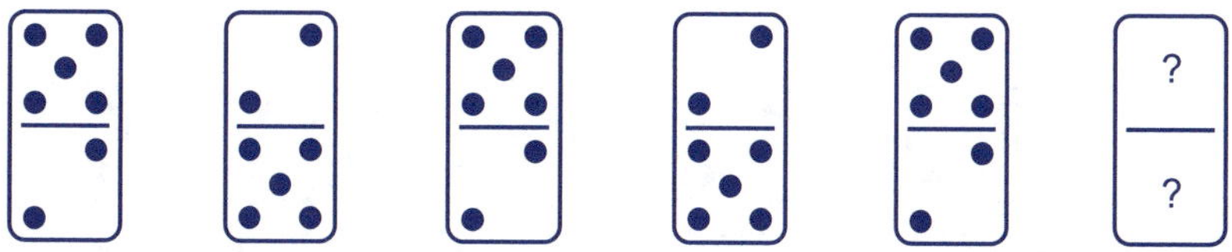

2.

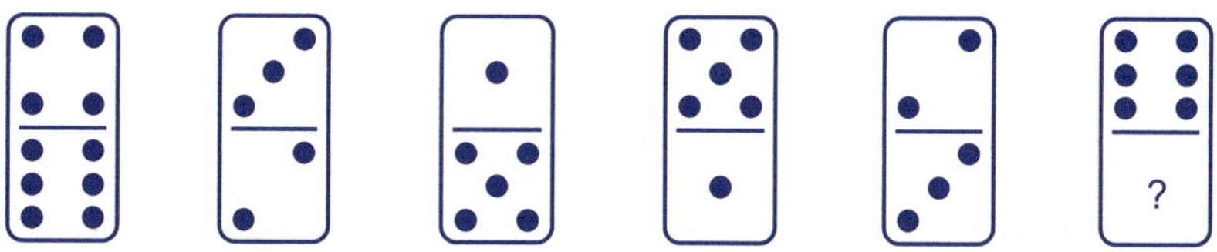

3.

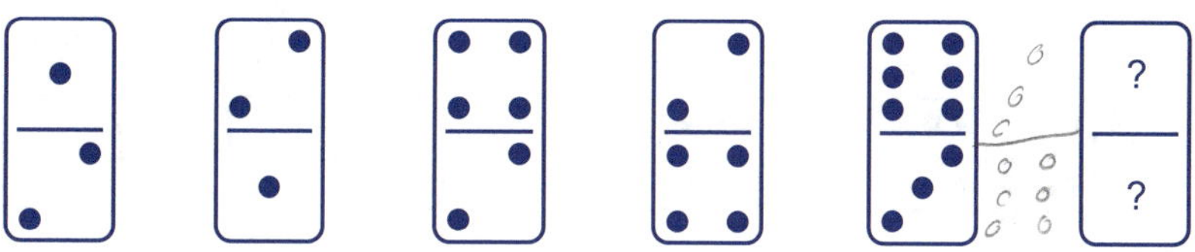

4.

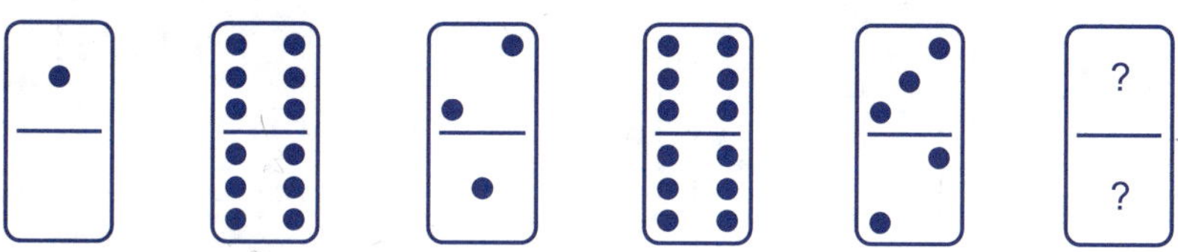

5.

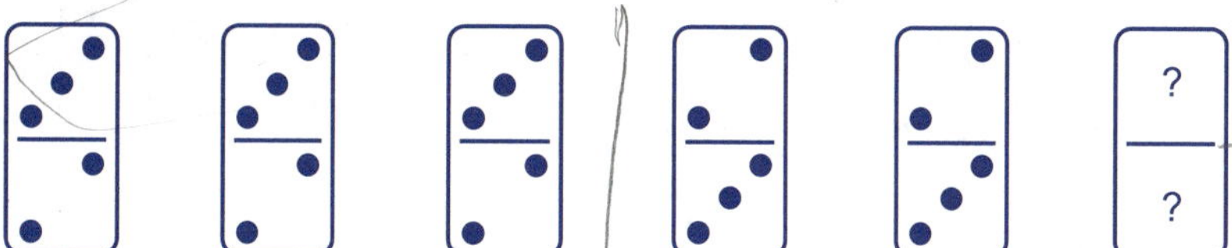

6.

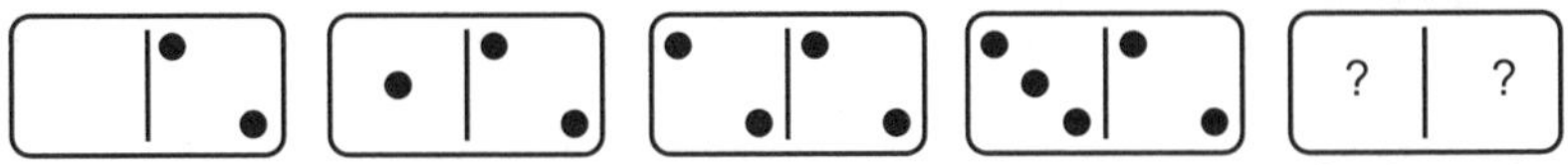

7.

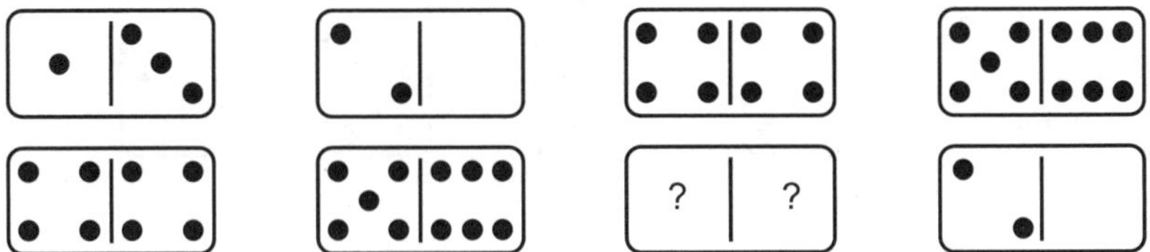

8.

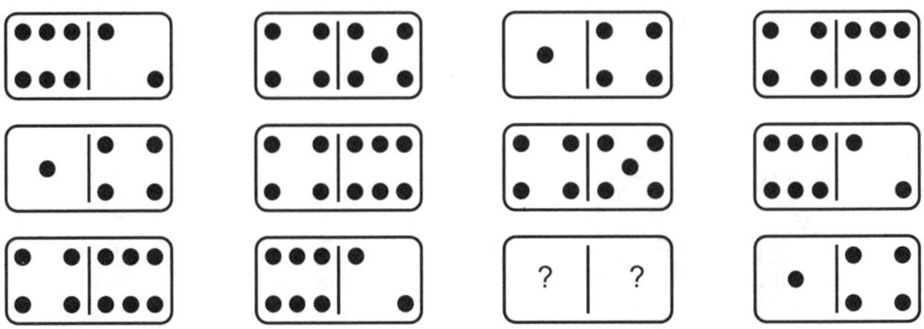

9.

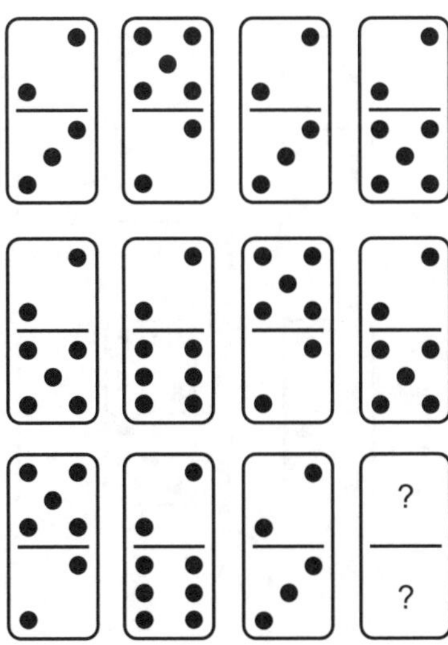

10.

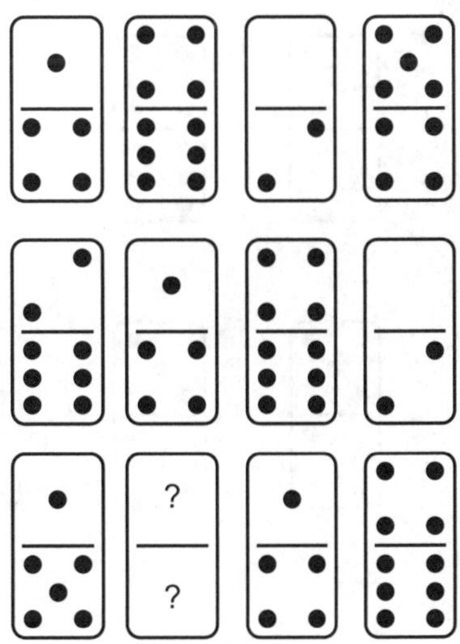

Exercice 4

1.

2.

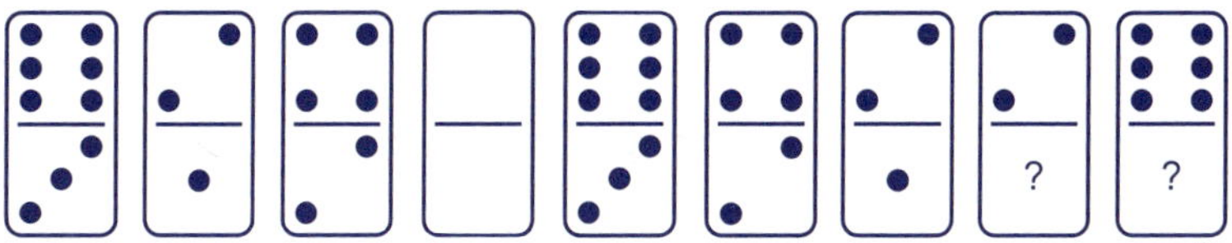

3.

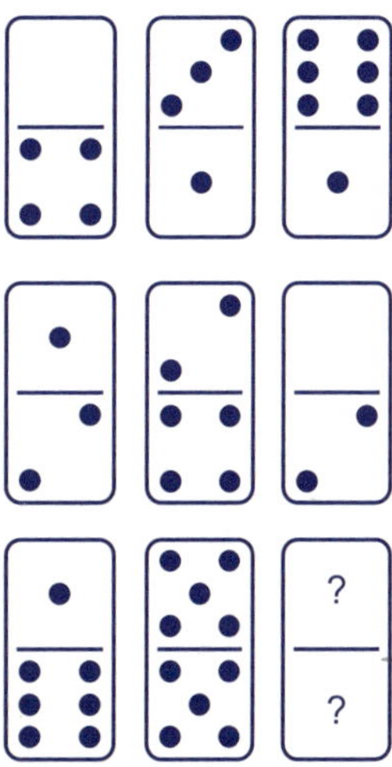

4.

5.

6.

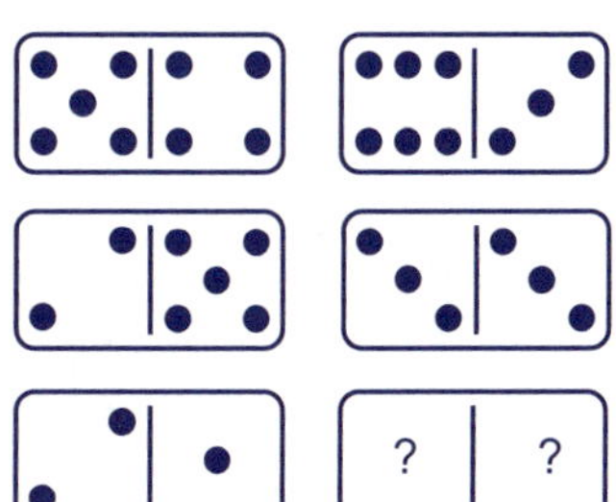

7.

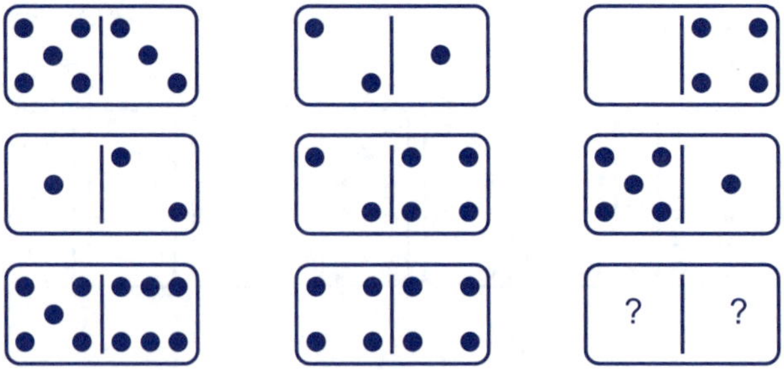

8.

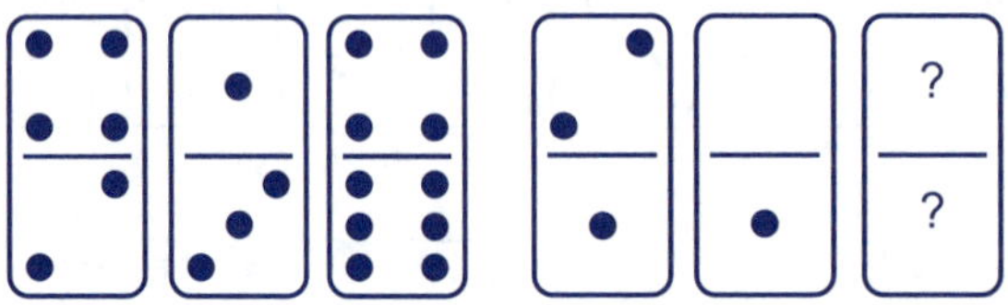

9.

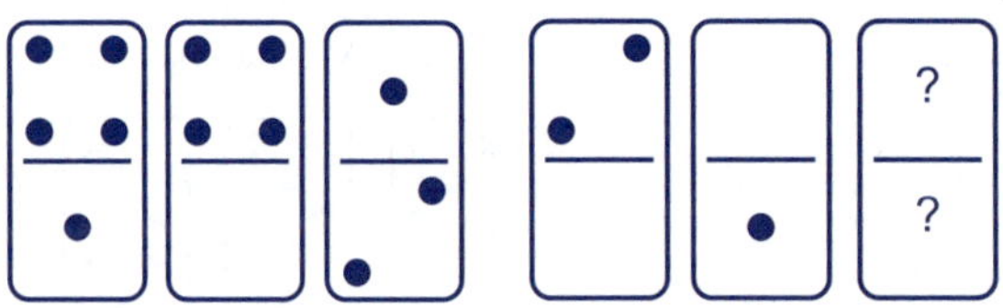

10.

11.

12.

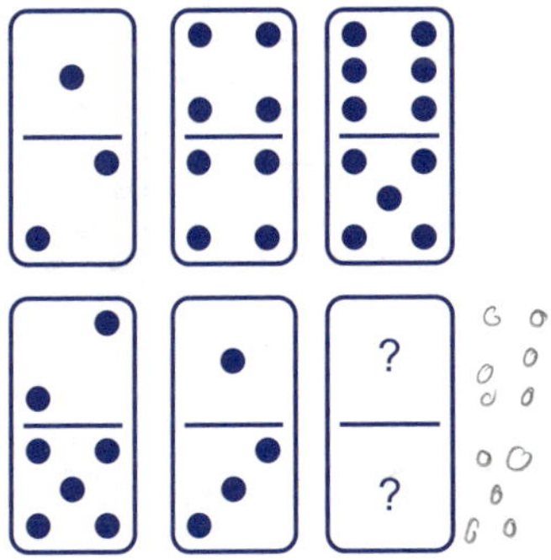

13.

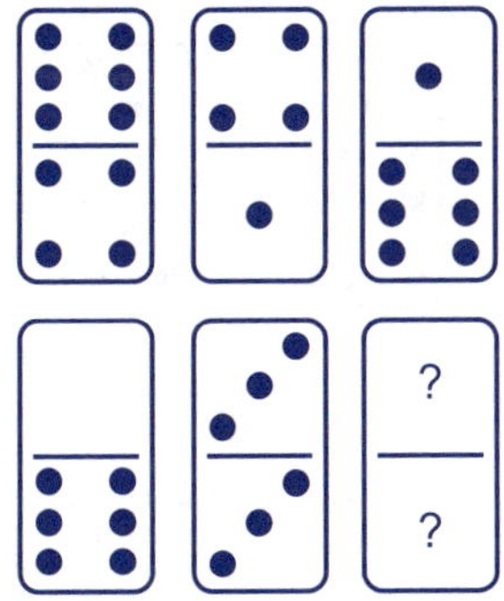

14.

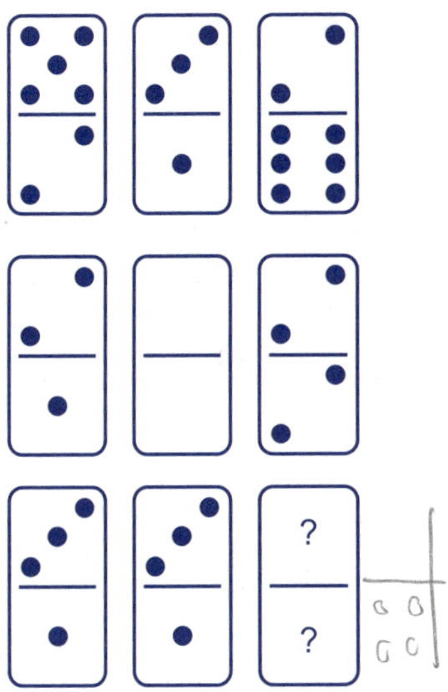

15.

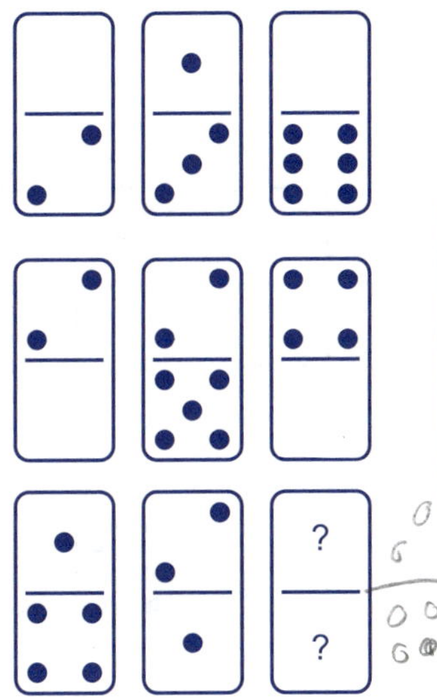

Exercice 5

1.

2.

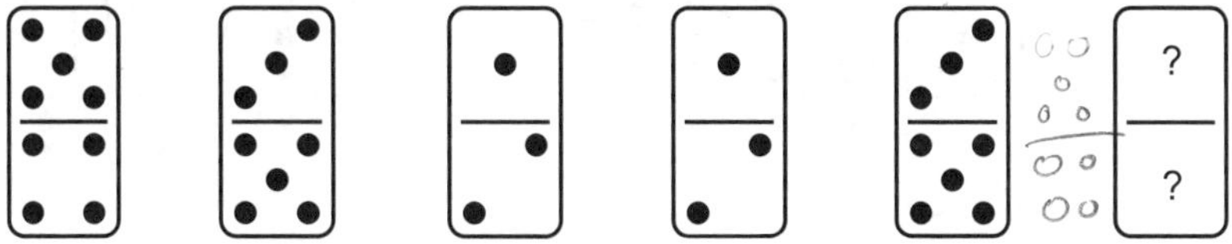

3.

4.

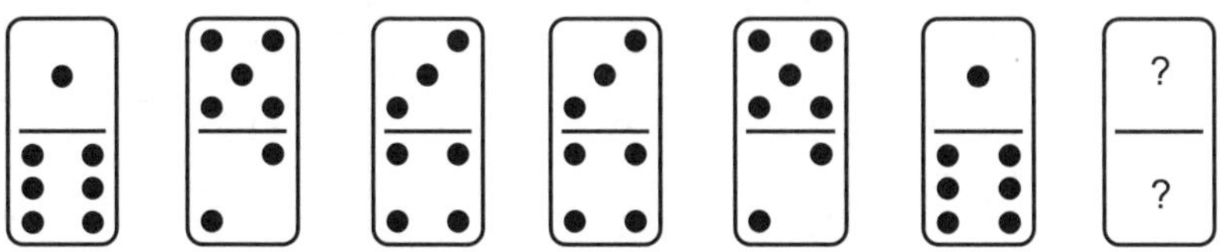

5.

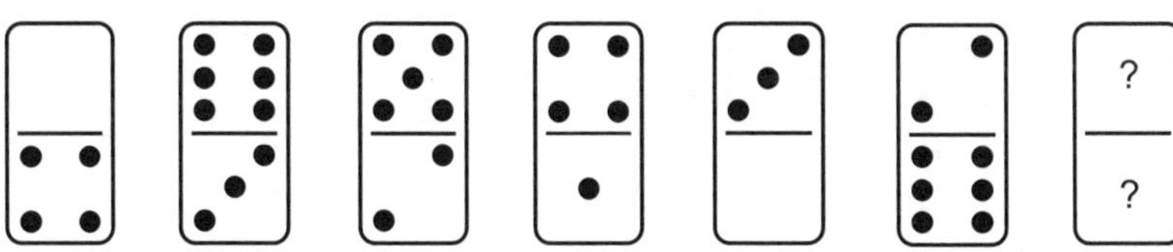

6.

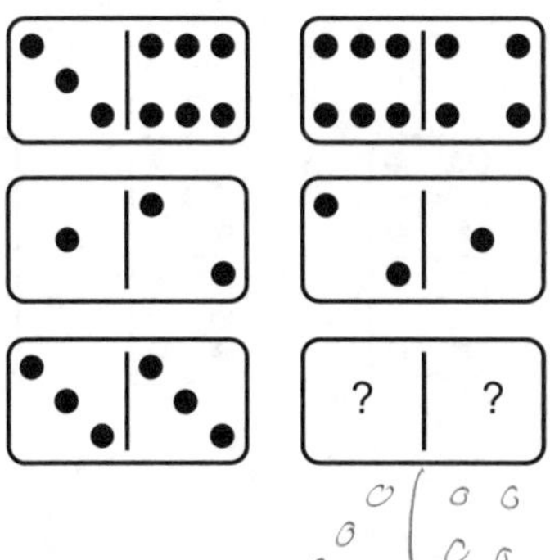

7.

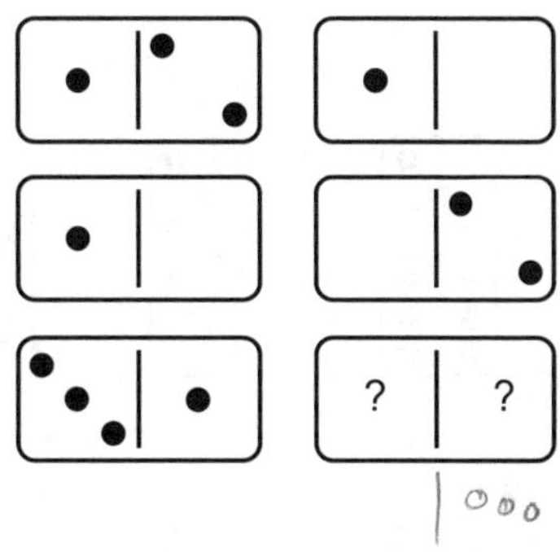

8.

9.

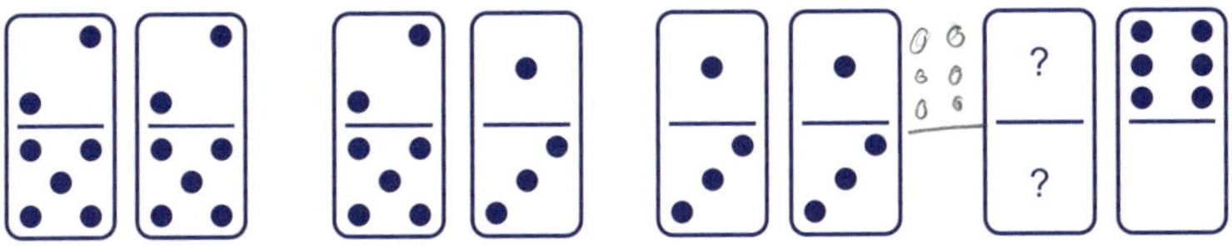

10.

11.

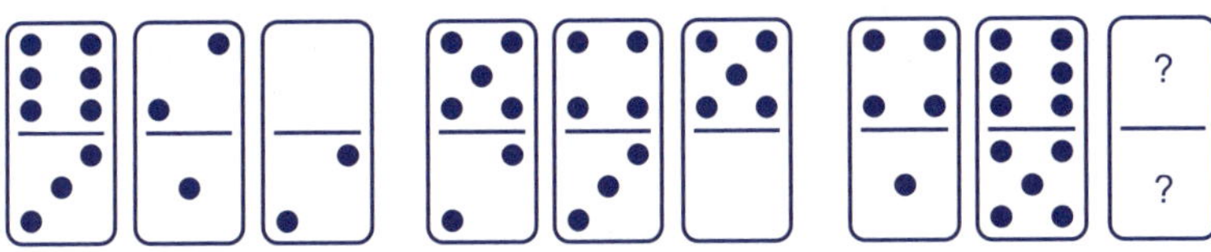

12.

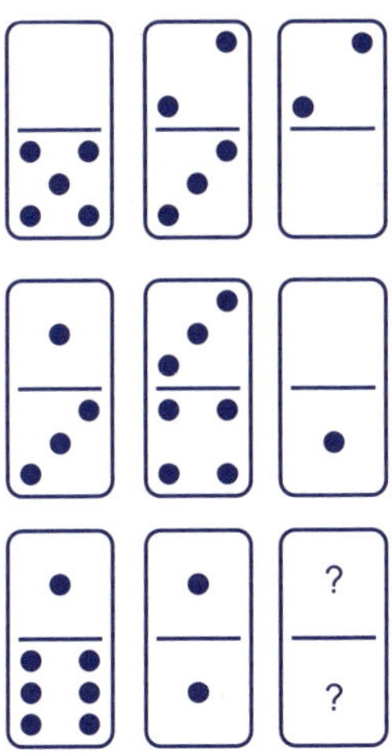

13.

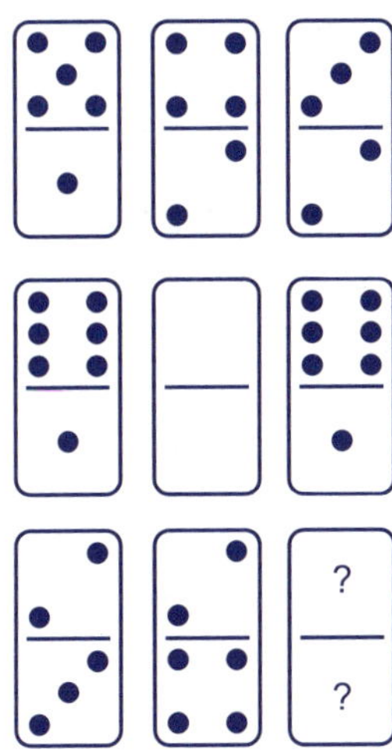

14.

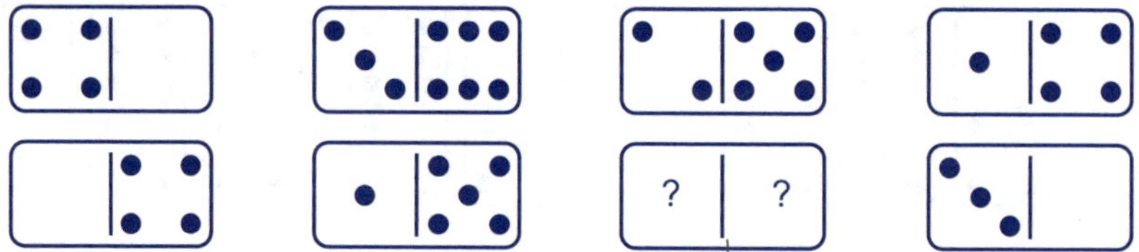

15.

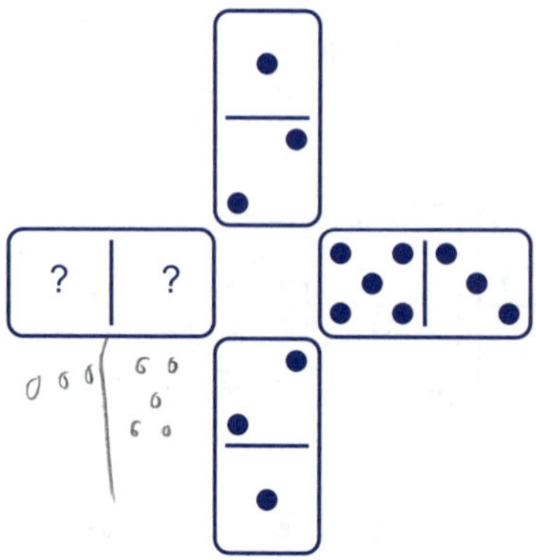

16.

Exercice 6

1.

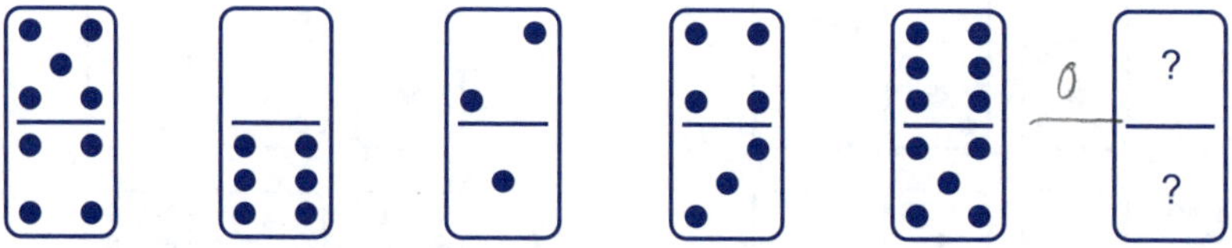

2.

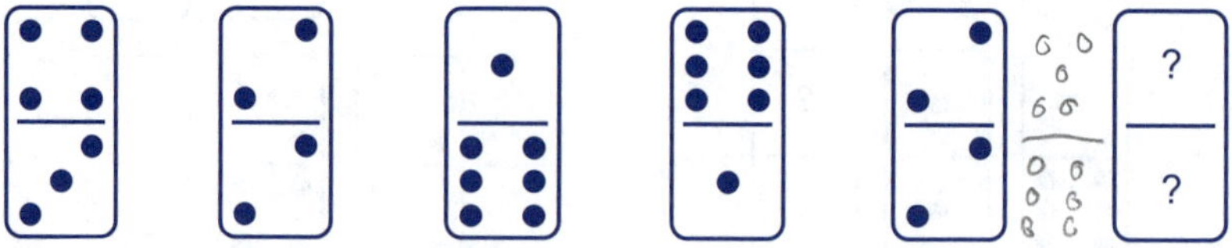

3.

4.

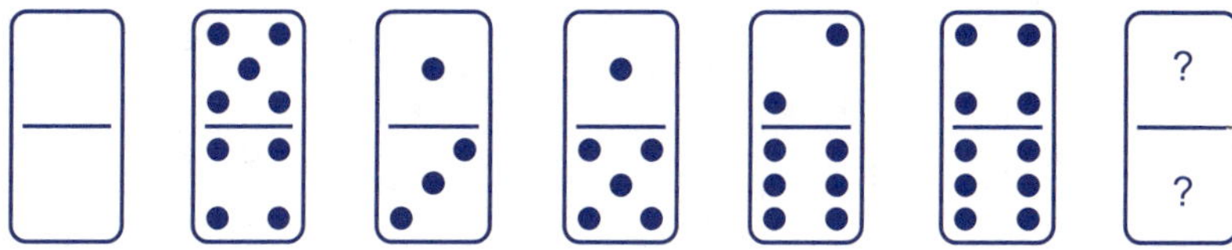

5.

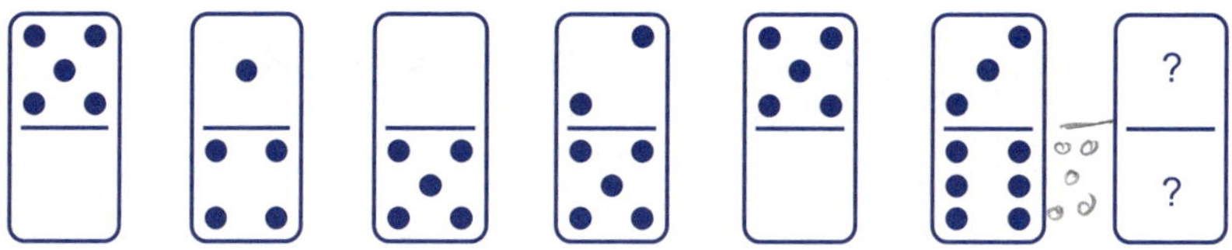

6.

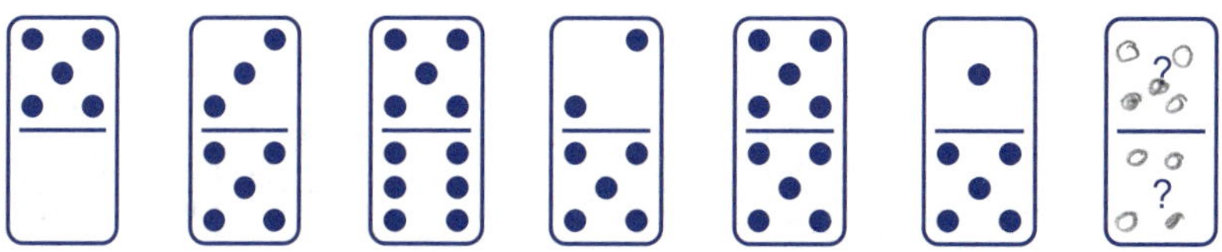

7.

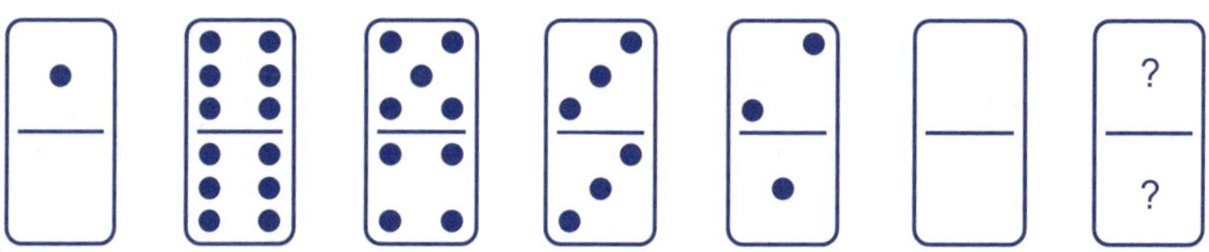

8.

9.

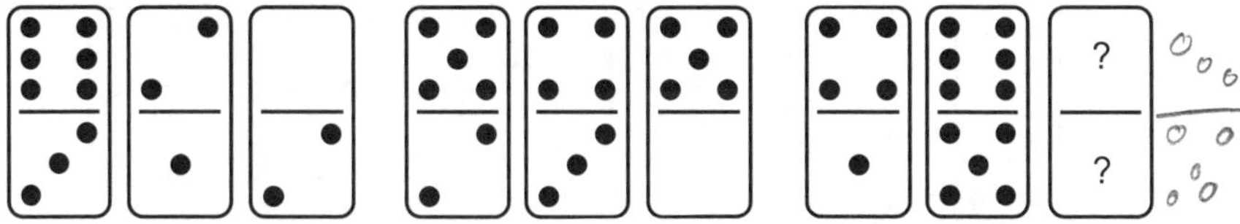

10.

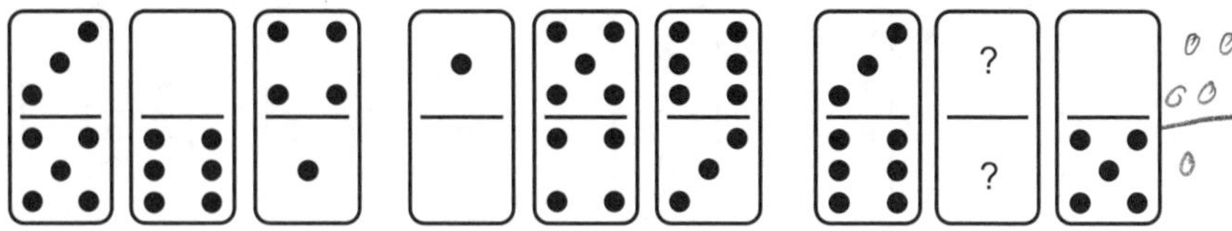

11.

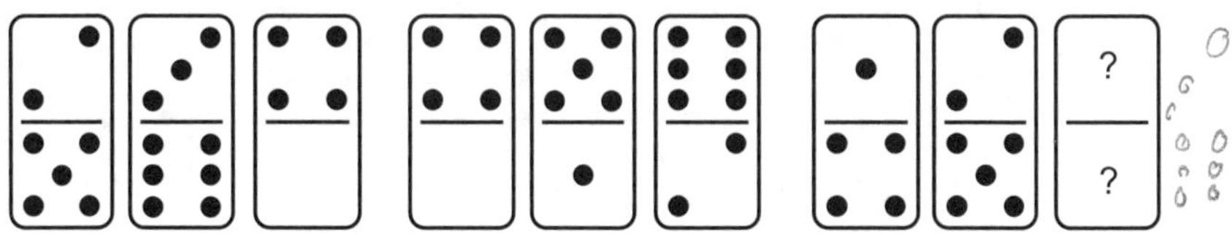

12.

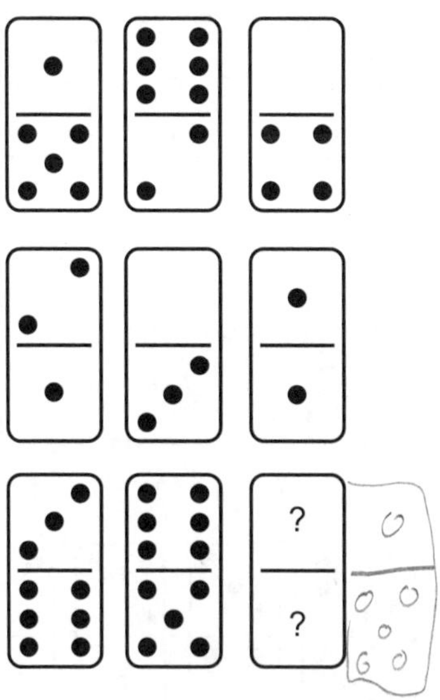

13.

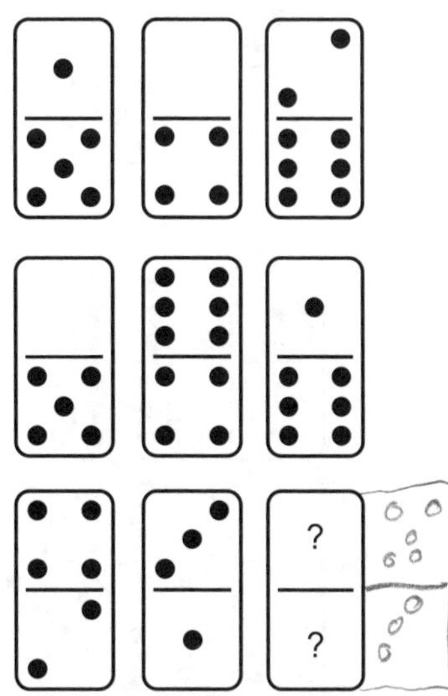

14.

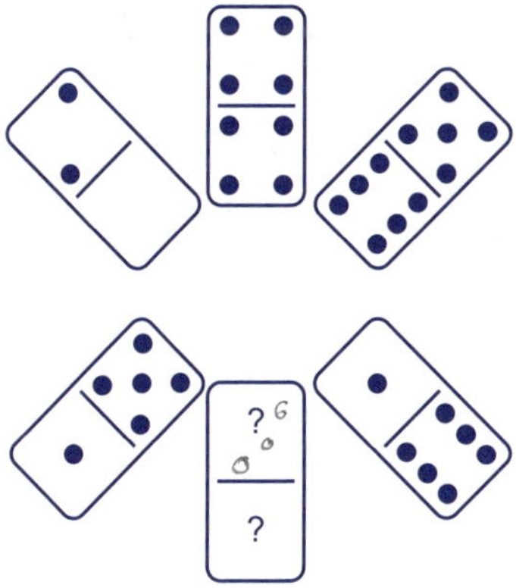

15.

16.

Exercice 7

1.

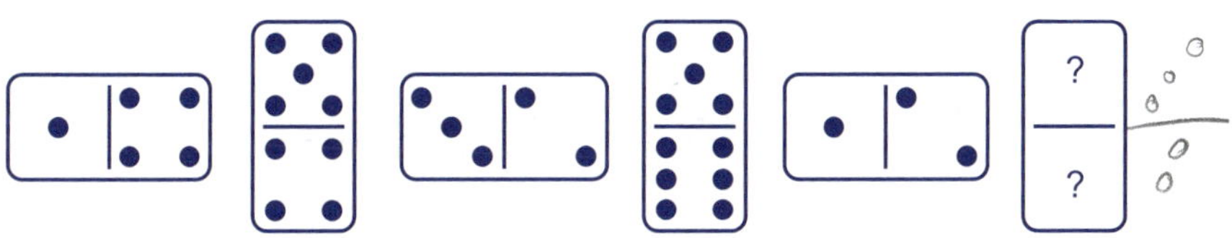

2.

3.

4.

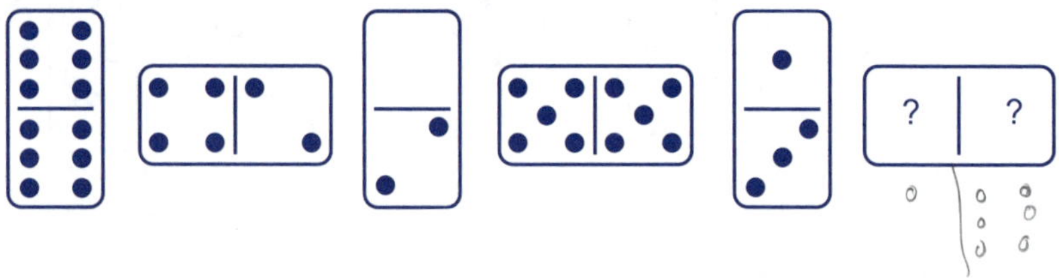

5.

6.

7.

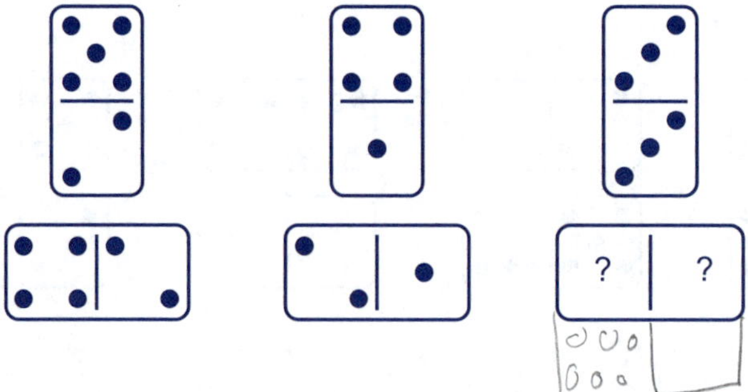

8.

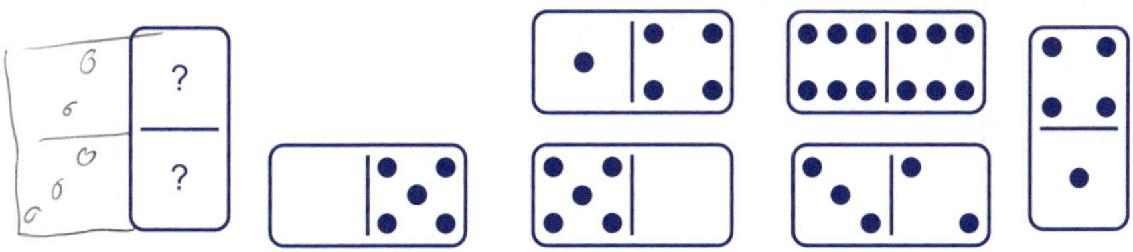

9.

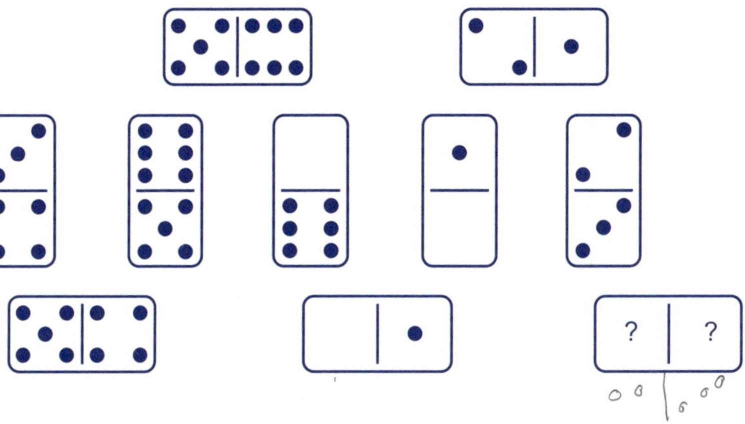

10.

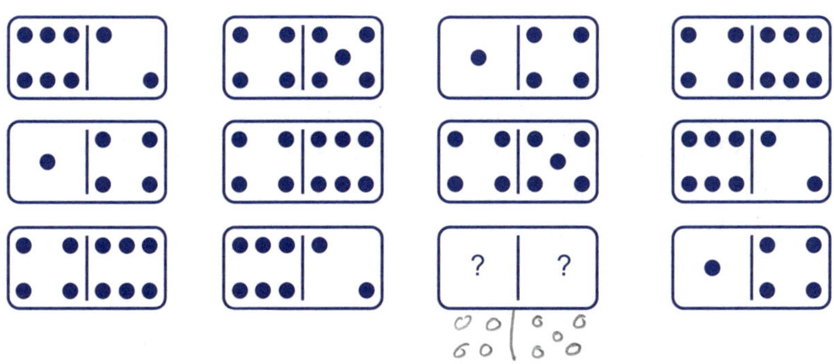

11.

Formes, dominos et cartes

Corrigés

Exercice 1

Pour identifier les formes et les types de progression énoncés dans la correction ci-dessous, veuillez vous référer à la fiche méthode en p. 116.

1. 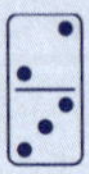
Forme C. Progression croissante 1/3 ou,
Forme D. Progression décroissante 1/1, ou
Forme F. Progression croissante 1/1 en sautant un chiffre d'un domino à l'autre.

2. 
Forme E. Progression croissante 1/1, ou
Forme A. Progression décroissante en sautant 1 chiffre puis 2, de nouveau 1 puis 2… ou
Forme D. Progression croissante 1/2.

3. 
Forme E. 2 séries, une progression décroissante 1/1 et une croissante 1/2, ou
Forme D. Une progression décroissante 1/3 et une décroissante 1/2.

4. 
Forme A. Une progression décroissante 1/3 et une croissante 1/3.
Forme B. Progression décroissante 1/3, ou
Forme D. Une progression croissante 1/1 et une décroissante 1/1.

5. 
Forme E. Progression croissante 1/2, ou
Forme A. Progression : (– 2) puis (– 1) puis (– 2) puis (– 1)…

6. 
Forme A. 2 séries : La progression de la série du haut est de type décroissante 1/3 et celle de la série du bas : décroissante 1/2.

7. 
Forme F. Progression croissante 1/2, ou
Forma A. Progression décroissante 1/3, ou
Forme D. Progression croissante 1/1.

8. 
Forme D. 2 progressions : une progression croissante 1/1 et une progression décroissante 1/2.

9.  Forme A. Répétition des opérations (– 3) puis (– 1), ou
Forme D. Progression croissante 1/3, ou
Forme E. Progression décroissante 1/2.
Une autre forme peut être trouvée (progression décroissante 1/1) :

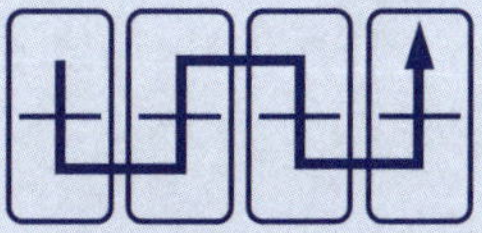

10.  Forme E. une progression croissante 1/3 et une autre décroissante 1/2, ou
Forme D. 2 progressions : une décroissante 1/1 et l'autre croissante 1/3.

11.  Forme D. 2 progressions : une croissante 1/2 et l'autre croissante 1/1.

Exercice 2

1.  Entre les demi-dominos du haut et les demi-dominos du bas, il y a une répétition des opérations (+ 1), (+ 2), (+ 1), (+ 2)…

2.  Entre les demi-dominos du haut, les opérations sont (+ 0), (+ 1), (+ 2), (+ 3) et (+ 4)*. Idem pour les demi-dominos du bas.

> ⚠ *Ne pas oublier que les chiffres des dominos tournent en boucle c'est-à-dire qu'après le 6 vient le 0. Autrement dit, si à un demi domino 6 nous ajoutons + 2, le chiffre trouvé sera 1.

3.  Entre les demi-dominos du haut, les opérations sont (+ 2), (+ 3), (+ 2), (+ 3)… Idem pour les demi dominos du bas.

4. 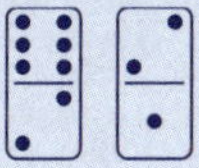 Alternance des opérations (× 2) et (× 3) : pour le 1er, 3e et 5e domino, il faut multiplier par 2 le demi-domino du bas pour trouver celui du haut ; pour le 2e et le 4e domino, il faut multiplier par 3 le demi-domino du bas pour trouver celui du haut.

5. 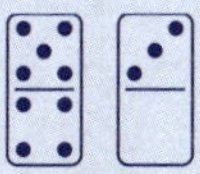 Alternance des opérations (+ 3) et (+ 1) : pour le 1er, 3e et 5e domino, il faut additionner + 3 au demi-domino du bas pour trouver celui du haut ; pour le 2e et le 4e domino, il faut additionner + 1 au demi-domino du bas pour trouver celui du haut.

Exercice 3

1.  Alternance de dominos 5/2 et 2/5.

2.  Axe de symétrie au milieu des 6 dominos.

3.  Il faut regrouper les dominos 2 par 2 et observer un axe de symétrie entre chacun de ces binômes.

4. 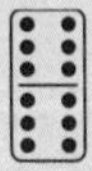 Le domino 6/6 se répète tous les 2 dominos.

5.  Symétrie d'axe horizontal au milieu des 6 dominos.

6.  La logique se fait entre :
   – les demi-dominos de gauche (suite progressive) ;
   – les demi-dominos de droite : répétition du 2.

7. 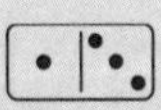 La 1re et la 2e ligne sont composées des mêmes dominos.

8.  Chaque domino se retrouve trois fois.

9.  Chaque domino se retrouve 3 fois.

10.  Sur les lignes obliques, les dominos sont identiques.

Exercice 4

1.  Les dominos sont regroupés par 3. Dans chaque trinôme, il faut additionner le 1er et le 2e demi-dominos du haut pour trouver le 3e demi domino du haut. Idem pour les demi-dominos du bas.

2.   Dans un domino, il faut multiplier le demi domino du bas par 2 pour trouver le demi-domino du haut.

3. 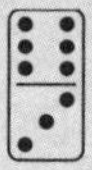 Raisonnement par colonne : il faut additionner la partie haute du 1[er] domino avec la partie haute du 2[e] domino pour trouver la partie haute du 3[e] domino. Pour la 1[re] colonne nous avons donc : 0 + 1 = 1. Idem pour les demi-dominos du bas. (*cf.* figure p. 117).

4. 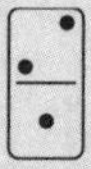 Le raisonnement est à trouver dans chaque ligne. Il faut faire la soustraction des deux premiers demi-dominos pour trouver le 3e. Ainsi pour la 1re ligne nous avons : 6 – 2 = 4.

5. 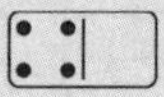 Multiplication comme le montre la figure ci-contre. La réponse 6/5 est également acceptée avec une logique d'addition (*cf.* corrigé de la question 7 de l'exercice 5).

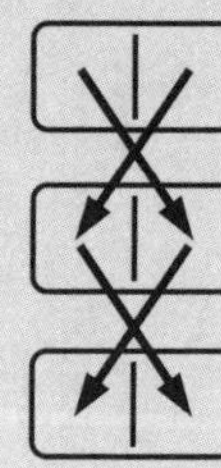

6. 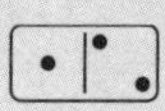 Multiplication comme le montre la figure ci-contre.

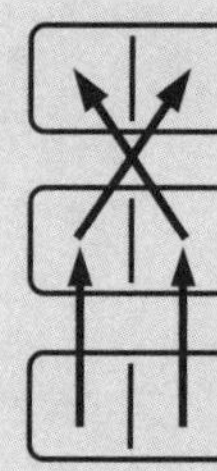

7. 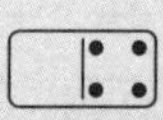 Multiplication comme le montre la figure ci-contre.

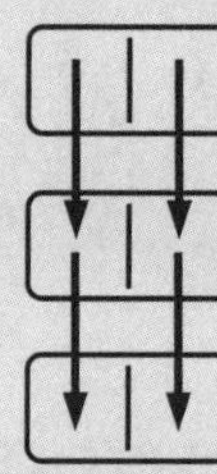

8.  Multiplication comme le montre la figure ci-contre.

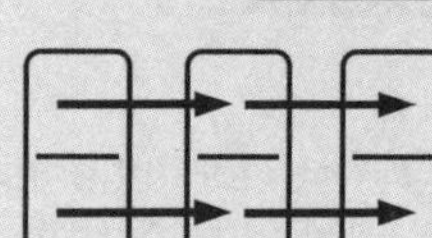

9.  La somme des deux valeurs de chaque domino décroît régulièrement.

10.  Addition comme le montre la figure ci-contre.

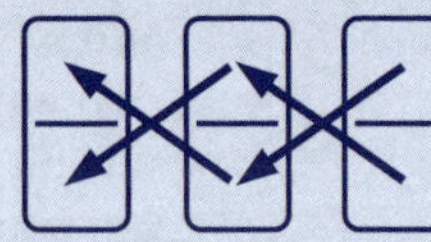

11. 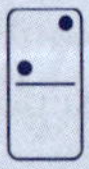 Addition comme le montre la figure ci-contre.

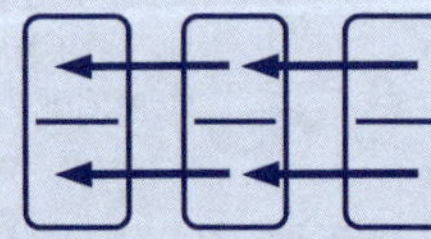

12. 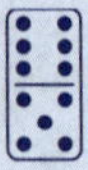 Addition comme le montre la figure ci-contre.

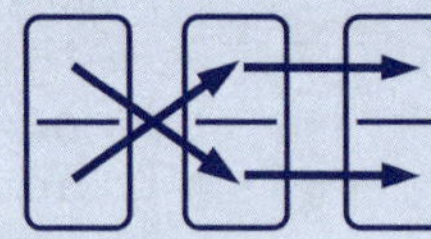

13. 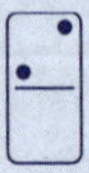 Multiplication comme le montre la figure ci-contre.

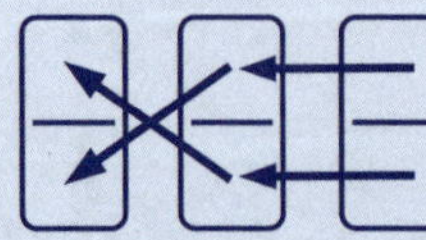

14.  Addition comme le montre la figure ci-contre.

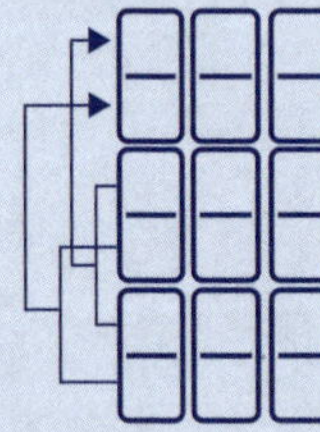

15. 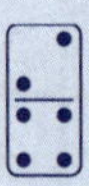 Multiplication comme le montre la figure ci-contre.

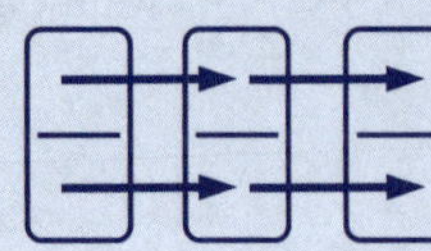

Exercice 5

Pour identifier les formes et les types de progression énoncés dans la correction ci-dessous, veuillez vous référer à la fiche méthode en p. 116.

1.  Alternance des dominos 3/6 et 5/4.

2.  Il y a une symétrie d'axe vertical au milieu des 6 dominos.

3.  Forme D. 2 progressions : une progression croissante 1/1 et une décroissante 1/1.

4.  Forme E. 2 progressions : une progression croissante 1/1 et une décroissante 1/1.
Forme D. 2 progressions : une croissante 1/2 et une décroissante 1/2.

5.  Forme A. La progression pour les demi dominos du haut et celle pour les demi dominos du bas est la même : décroissante 1/1.

6.  Multiplication comme le montre la figure ci-contre :

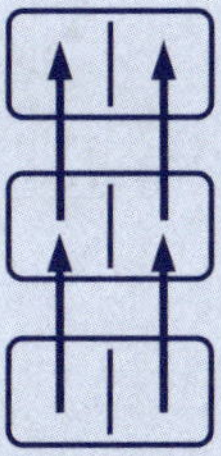

7. 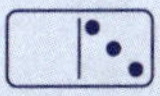 Addition comme le montre la figure ci-contre :

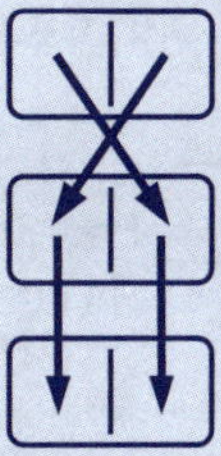

8.  Un même domino se répète 3 fois.

9.  En regroupant les dominos *3 par 3*, on observe qu'un chiffre se répète 3 fois. La disposition des dominos est une fausse piste.

10.  Cette série est présentée en 3 groupes de 3 dominos. Dans chaque groupe on retrouve les mêmes dominos mais, dans le 2e groupe, les parties haute et basse des dominos sont inversées.

11.  Forme D. Cette série est présentée en 3 groupes de dominos. On trouve une progression décroissante 1/1 entre les premiers dominos de chaque groupe ; une progression croissante 1/2 entre les 2e dominos de chaque groupe et une progression décroissante 1/2 entre les 3e dominos de chaque groupe.

12.  La somme des demi-dominos du haut est toujours égale à 4 et la somme des demi dominos du bas est égale à 8.

13.  Le domino du milieu (0/0) représente un point de symétrie.

14. 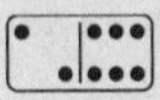 Forme B. Progression croissante 1/3.
Forme D. Deux progressions : décroissante 1/1 pour les dominos de la 1re ligne et croissante 1/1 pour les dominos de la 2e ligne.

15. 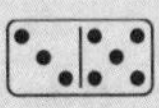 Les dominos sont positionnés de façon symétrique.

16.  Dominos verticaux : il y a un facteur 2 entre les demi-dominos du haut et également un facteur 2 entre les demi-dominos du bas. Idem concernant les parties gauche et droite des dominos horizontaux.

Exercice 6

> Pour identifier les formes et les types de progression énoncés dans la correction ci-dessous, veuillez vous référer à la fiche méthode en p. 116.

1.  Forme A. Progression croissante 1/2, ou Variante de la forme F (fig. ci-contre). Progression croissante 1/1.

2.  Axe de symétrie au milieu des 6 dominos.

3.  Forme A. Progression croissante 1/3, ou
Forme D. Progression décroissante 1/1.
Forme F avec alternance des opérations (+ 1) (+ 2).

4.  Forme E. Une progression décroissante 1/3 et une progression décroissante 1/2, ou
Forme D. Une progression croissante 1/1 et une progression croissante 1/3.

5.  Répétition du domino 5/0 ou 0/5 (alternativement).

6.  Forme D. Une progression décroissante 1/1 et une répétition du chiffre 5.
Forme E. Une progression croissante 1/3 et une répétition du chiffre 5.

7.  Forme F. Progression décroissante 1/1 avec une répétition du 3e, 6e et 9e chiffre, ou
Forme D. Progression décroissante 1/3.

8.  Forme D. Progression croissante 1/3,
Forme E. Progression décroissante 1/2.
Une autre forme peut être trouvée :

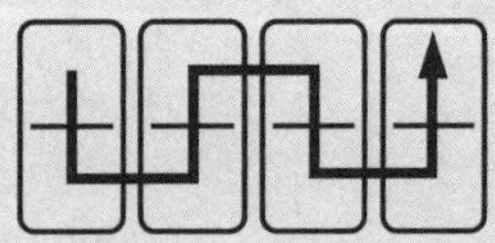

9.  Les dominos sont regroupés par 3. La logique se trouve entre les 1ers demi-dominos de chaque trinôme puis entre les 2e et entre les 3e.

10.  Les dominos sont regroupés par 3. Dans chaque trinôme, on retrouve une ligne formée des chiffres 0, 3 et 4 et une autre ligne formée des chiffres 1, 5 et 6.

11.  Les dominos sont regroupés par 3. Dans chaque trinôme, les demi-dominos du haut se suivent. Idem pour les demi-dominos du bas.

12.  Addition. Le raisonnement est à trouver dans chaque colonne : additionner la partie haute du 1er domino avec la partie haute du 2e domino pour trouver la partie haute du 3e domino. Pour la 1re colonne nous avons donc : 1 + 2 = 3. Idem pour les demi-dominos du bas. (*cf.* fiche méthode).

13.  Le raisonnement est à trouver dans chaque ligne. Il faut soustraire 1 au 1er domino pour trouver le 2e et additionner 2 au 2e domino pour trouver le 3e.

14.  En partant du domino 4/4 :
Progression croissante 1/1 (dans le sens horaire) entre les demi dominos les plus à l'extérieur.
Progression croissante 1/2 (dans le sens horaire entre les demi-dominos les plus à l'intérieur).

15.  Forme E. Une partie haute s'associe à une partie basse du domino suivant qui lui s'associe avec la partie haute du domino d'après et ainsi de suite. En partant du domino 0/0 et dans le sens horaire : une progression croissante 1/1 et une décroissante 1/1.

16.  Addition comme le montre la figure ci-contre :

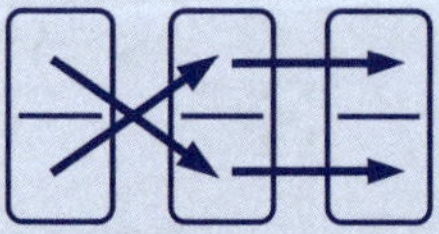

Exercice 7

1. 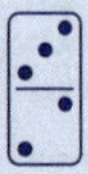 L'addition des points du domino horizontal égale la partie haute du domino vertical alors que la multiplication de ces mêmes points égale la partie basse.

2. 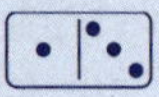 Les 1re et 2e lignes sont composées des mêmes dominos.

3. 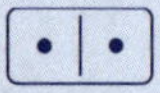 La somme des demi-dominos par colonne égale : 11 – 10 – 9 – 8, etc.

4. 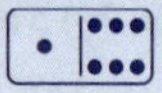 Lire cette série de gauche à droite (et les dominos verticaux de bas en haut). Avec cette lecture il fallait reconnaître la suite 6-4-2-0-5-3-1 (décroissante ½) mais dans laquelle un chiffre sur deux se répète.

5. 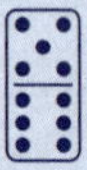 La multiplication des points du 1er domino égale la partie haute du domino suivant et l'addition égale la partie basse.

6. 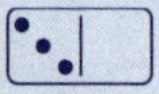 Les chiffres en haut et en bas sont les mêmes mais décalés d'un demi-domino.

7. 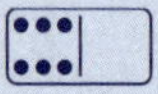 Soustraire 3 au demi-domino du haut (vertical) pour trouver la partie droite du domino horizontal et multiplier par 2 le demi-domino du bas pour trouver la partie gauche.

8.  Progression en boucle à partir du domino 1/4. Progression décroissante 1/2 entre les demi-dominos de gauche (*cf.* figure ci-dessous) et croissante 1/2 entre les demi-dominos de droite (ou haut).

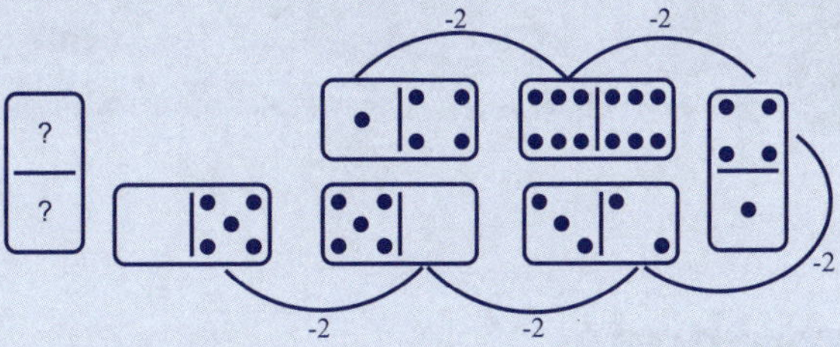

9. 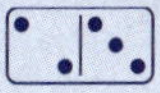 En partant du domino de gauche (3/4) et en suivant les dominos « bout à bout » nous obtenons les suites de 3 demi-dominos suivantes : 3-4-5 puis 4-5-6 puis 5-6-0, etc. Ainsi les 3 demi-dominos se suivent et chaque groupe commence par le demi-domino du milieu du groupe précédent.

10.  Chaque domino se retrouve trois fois.

11.  Soustraire 4 au demi-domino de droite (horizontal) pour trouver la partie basse du domino vertical et multiplier par deux la partie gauche pour obtenir la partie haute du domino vertical.

6 Séries de cartes

Fiche méthode

Avec les séries de cartes, deux logiques seront à déterminer, la logique concernant la valeur des cartes et celle concernant la couleur des cartes.

Logiques concernant la valeur des cartes

Operations entre les valeurs des cartes

Addition

Dans cet exemple nous observons un raisonnement par ligne : la valeur de la 3e carte est égale à l'addition des valeurs des 1re et 2e cartes.

Multiplication

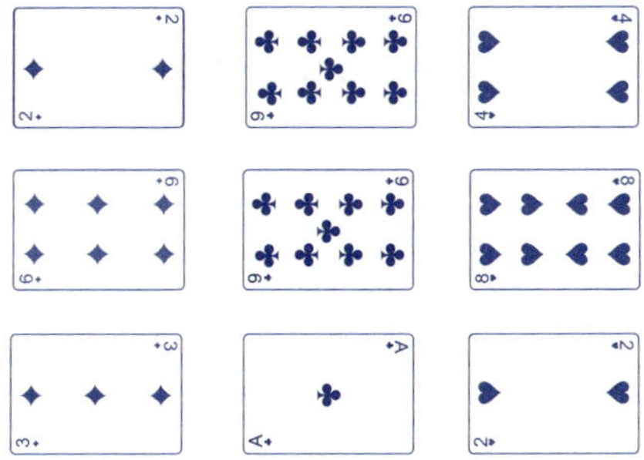

Dans cet exemple, nous avons un raisonnement par colonne : la valeur de la 2e carte est égale à la multiplication des valeurs des 1re et 3e cartes.

Somme de chaque ligne

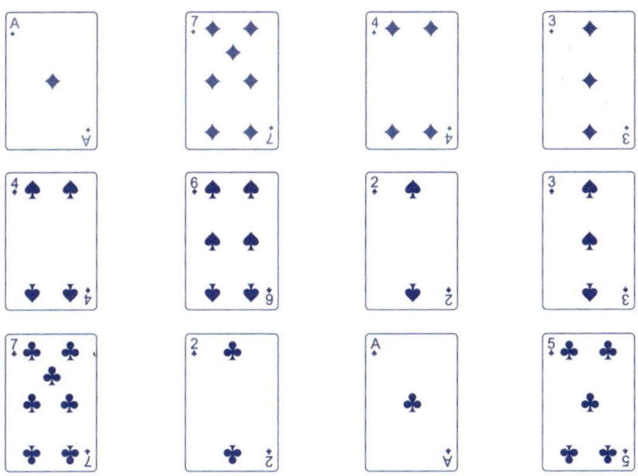

Dans cet exemple, la somme des valeurs de toutes les cartes d'une ligne est toujours égale à 15.

Somme de chaque colonne

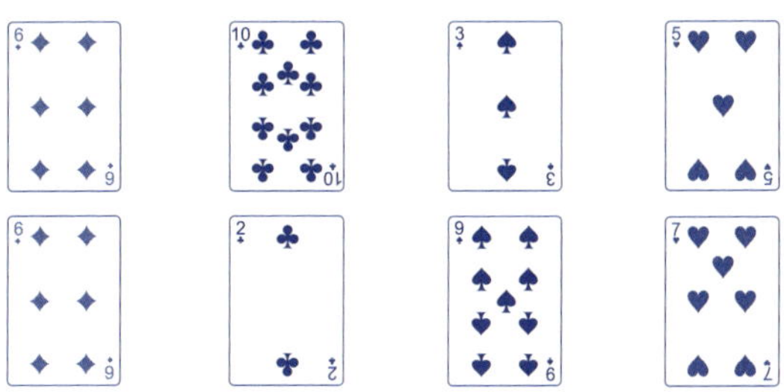

Dans cet exemple, la somme des valeurs de toutes les cartes d'une colonne est toujours égale à 12.

La somme de chaque colonne (ou ligne) forme une suite logique

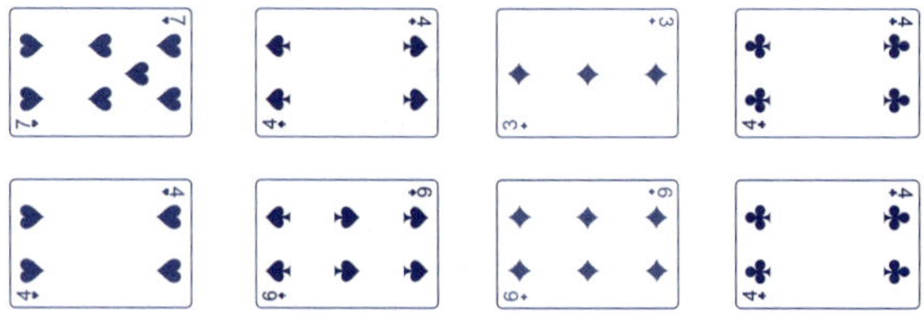

Dans cet exemple, la somme des valeurs des cartes de chaque colonne diminue de 1 à chaque colonne.

Symétrie

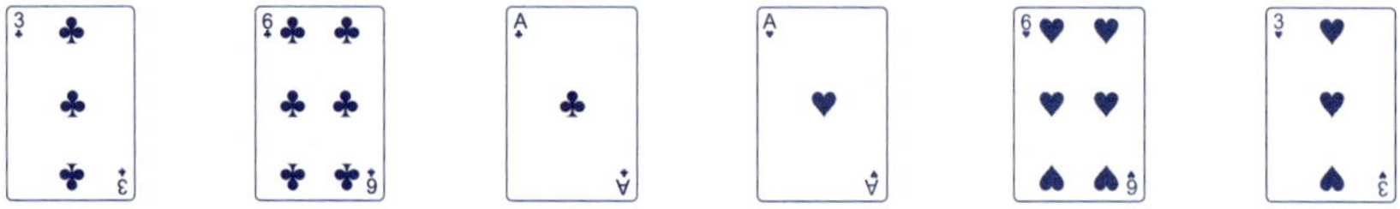

Dans cet exemple, la série présente une symétrie d'axe vertical.

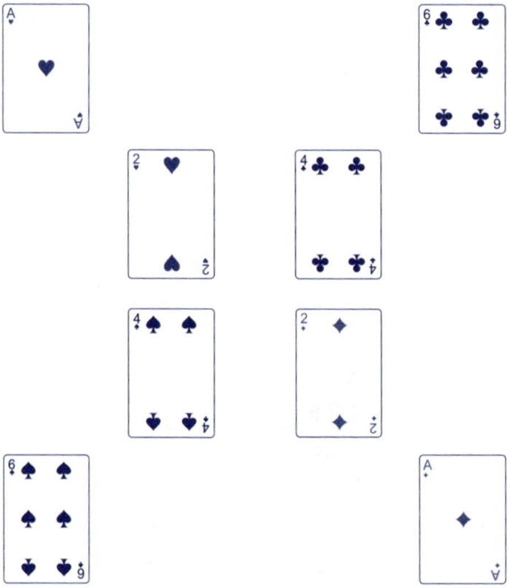

Dans cet exemple, la série présente un point de symétrie centrale.

Similarité

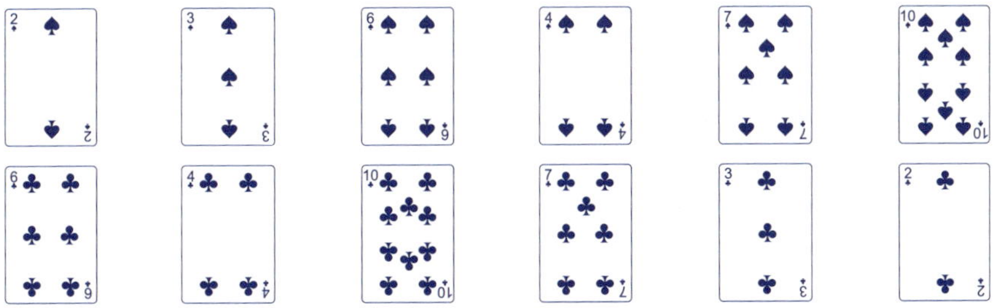

Dans cet exemple, les valeurs des cartes de la ligne du haut sont similaires à celles de la ligne du bas (mais pas dans le même ordre).

Suite logique

Dans cet exemple, il faut ajouter 2 pour passer d'une carte à l'autre.

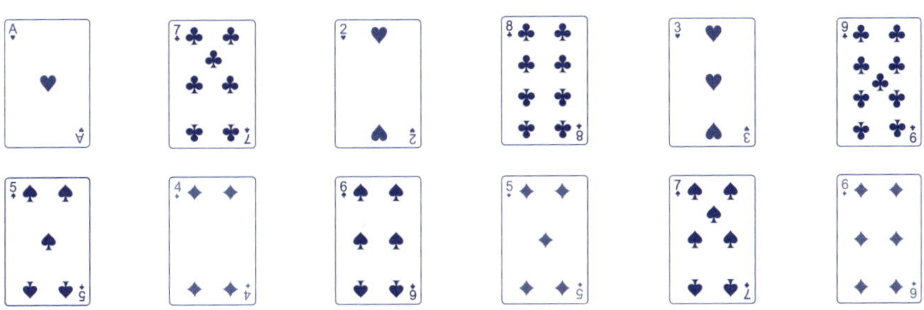

Dans cet exemple, nous avons un raisonnement par ligne : la suite se trouve en regardant une carte sur deux (ici, la couleur des cartes indique ce raisonnement). Ce type de logique peut prendre plusieurs formes : nous vous invitons à traiter la partie des « dominos » pour vous entraîner à repérer ces différentes formes.

Logiques concernant la couleur des cartes

Un jeu de cartes présente 4 couleurs : cœur, carreau, pique et trèfle. La logique concernant la couleur des cartes est souvent moins complexe que celle à déterminer pour les valeurs. Citons par exemple :

- chaque ligne présente toujours la même couleur ;
- chaque colonne présente toujours la même couleur ;
- sur une ligne (ou une colonne) toutes les couleurs sont présentes.

Remarque : dans une série de cartes, la disposition de la couleur des cartes peut quelque fois vous aider à déterminer la logique concernant la valeur des cartes. Ceci n'est pas toujours le cas surtout lorsque le niveau de difficulté des exercices augmente.

Exercices d'entraînement

Dans les exercices suivants, vous devez trouver les cartes manquantes.

Exercice 1

1.

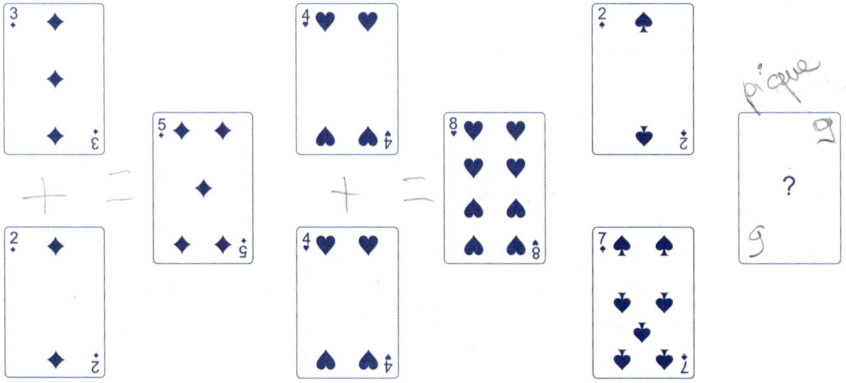

2.

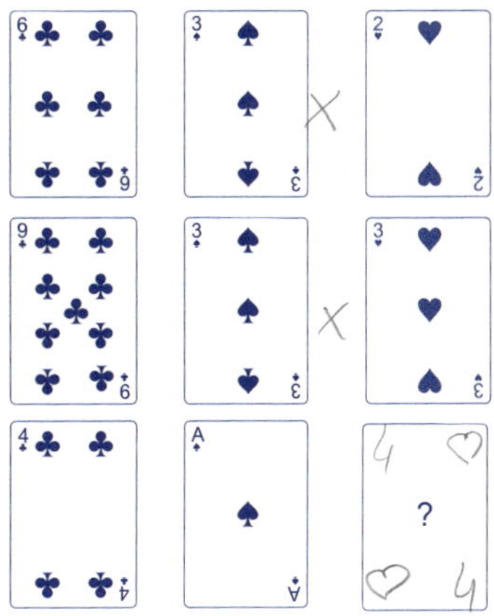

3.

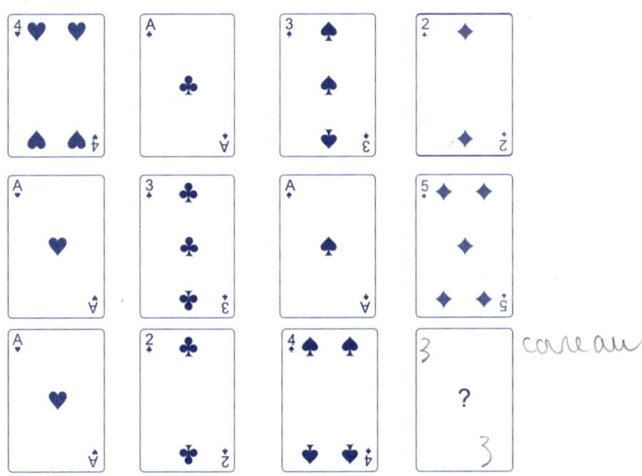

4.

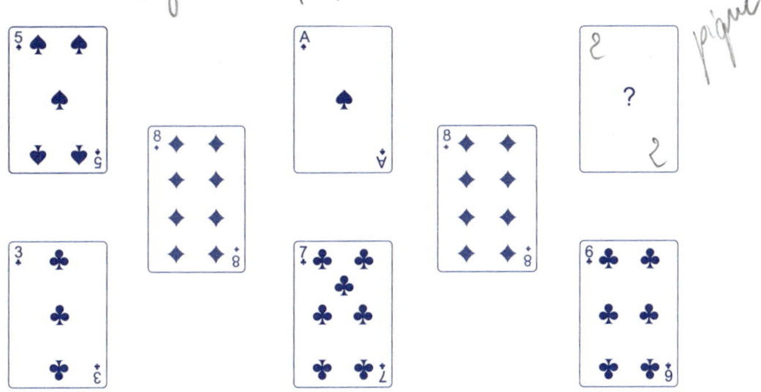

5.

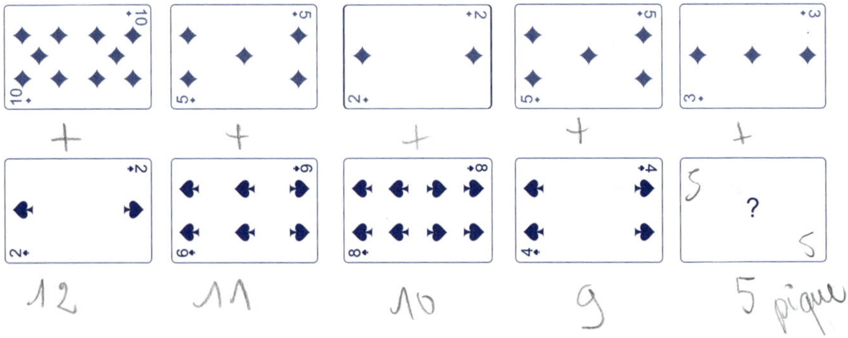

Exercice 2

1.

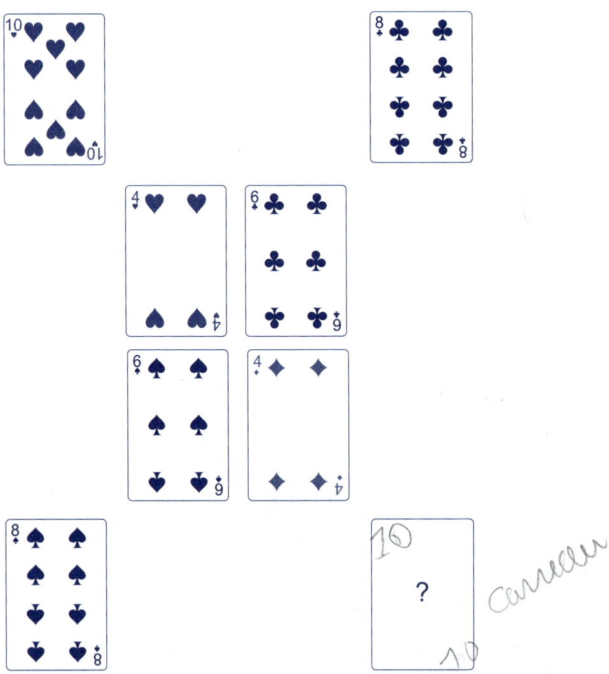

2.

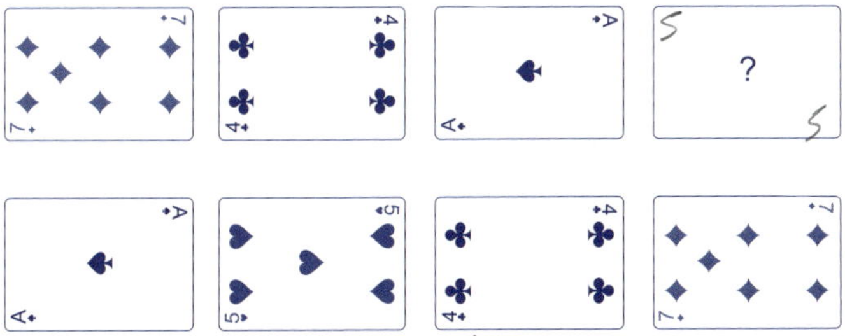

3.

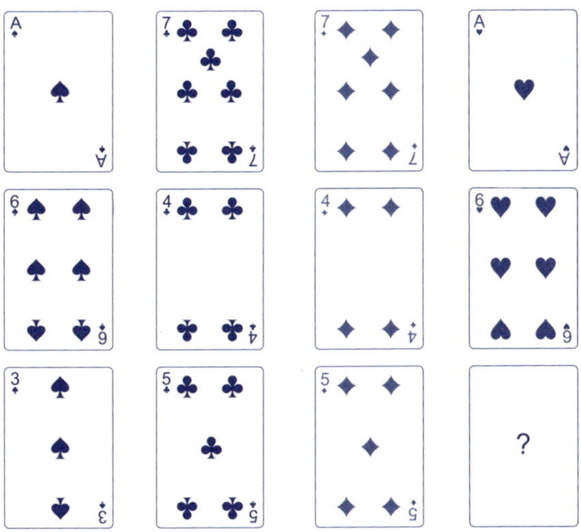

4.

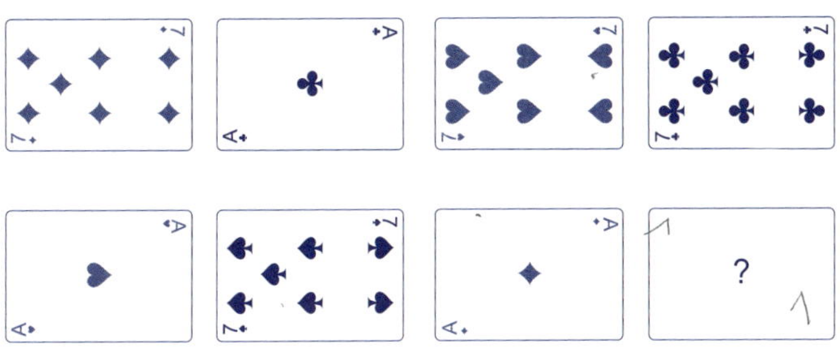

5.

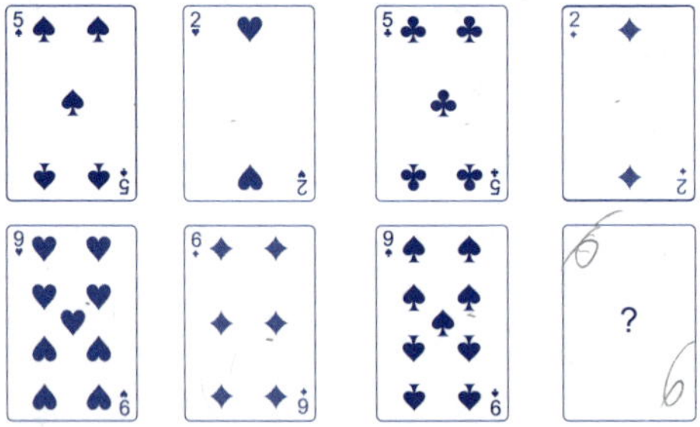

Exercice 3

1.

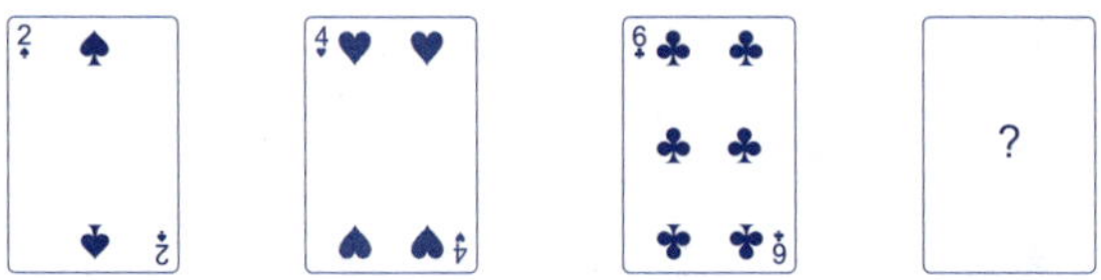

2.

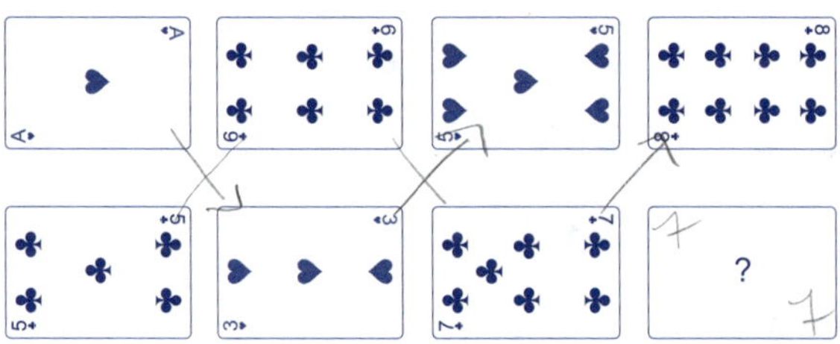

3.

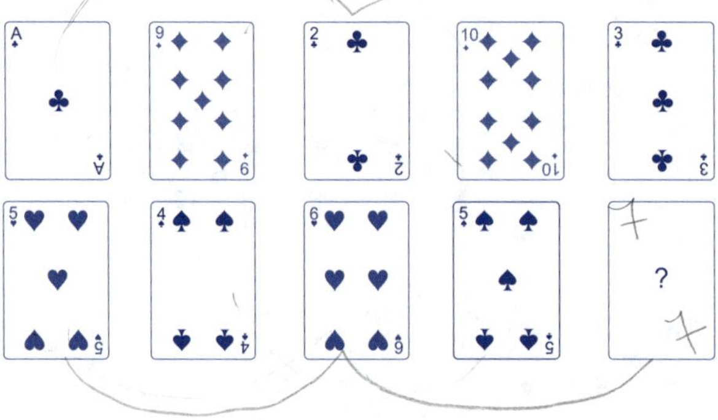

4.

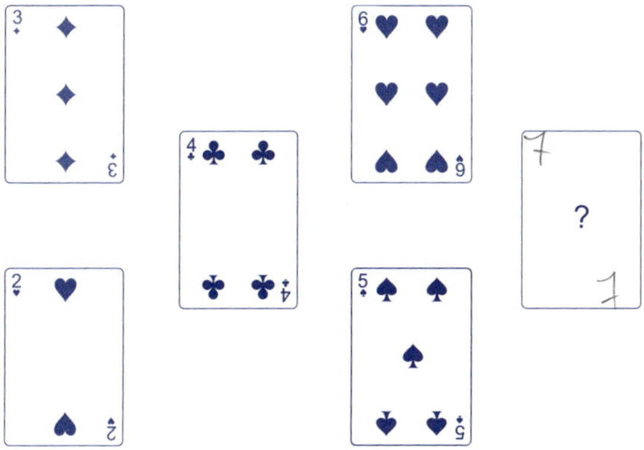

5.

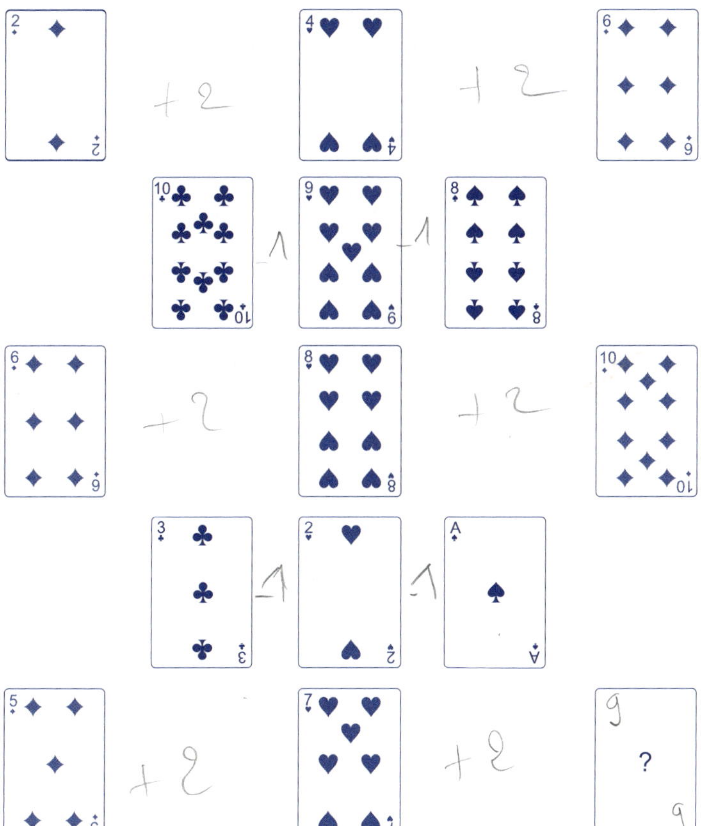

Exercice 4

1.

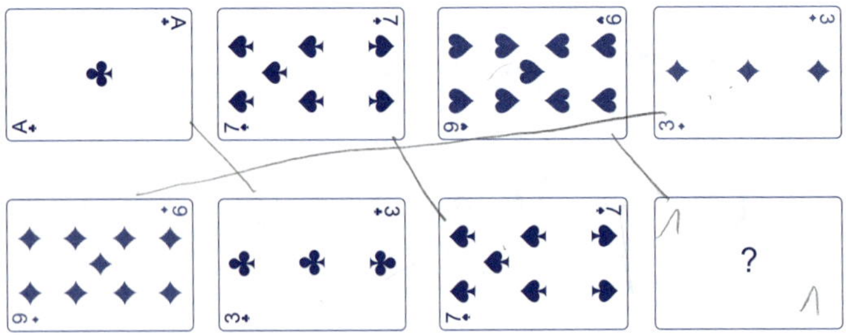

2.

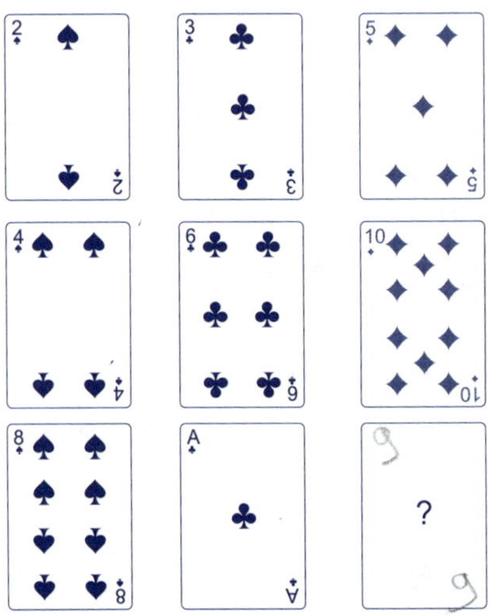

3.

4.

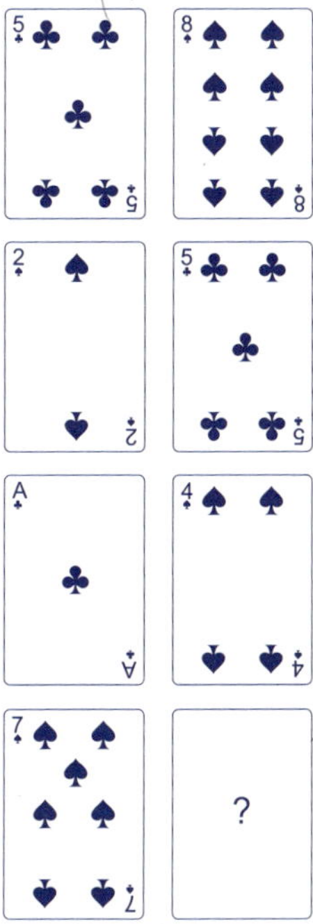

5.

Exercice 5

1.

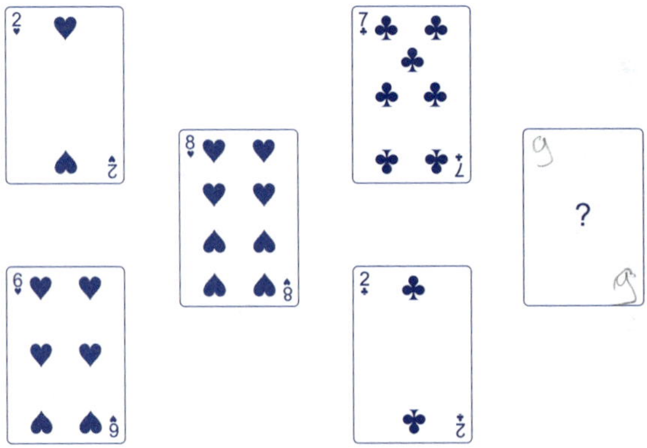

2.

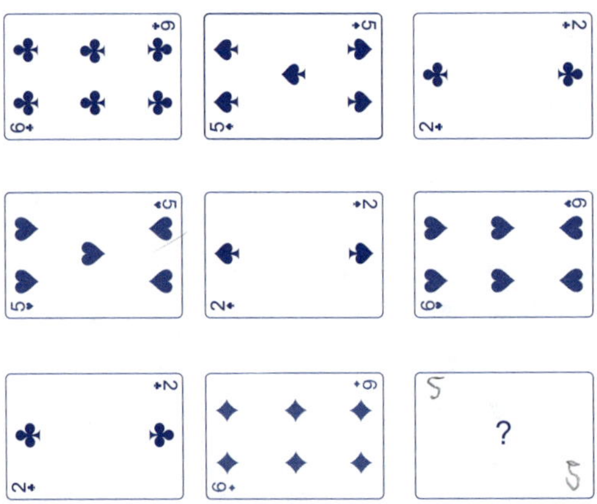

3.

4.

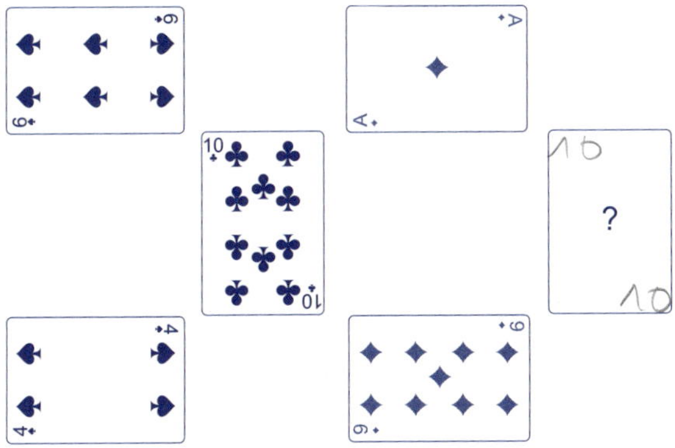

5.

Exercice 6

1.

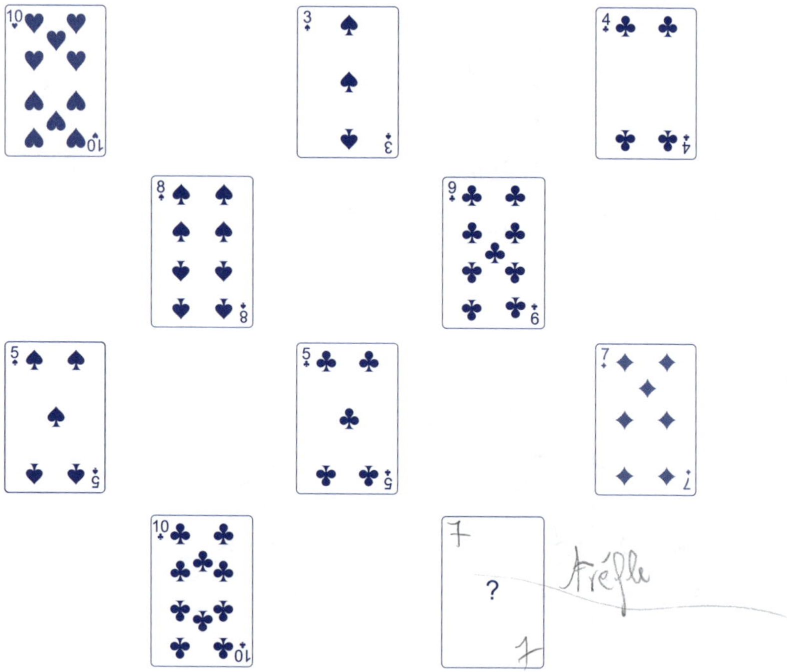

2.

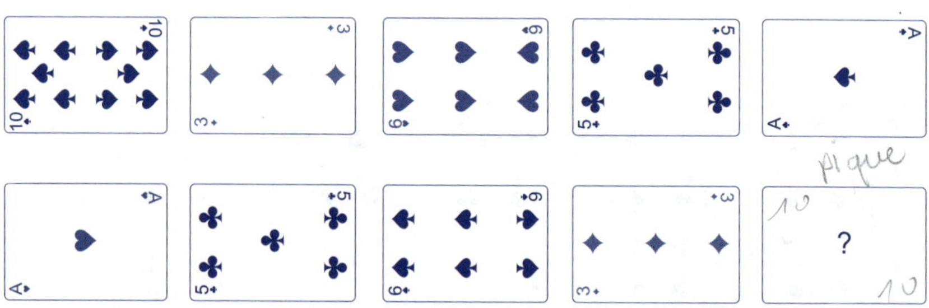

3.

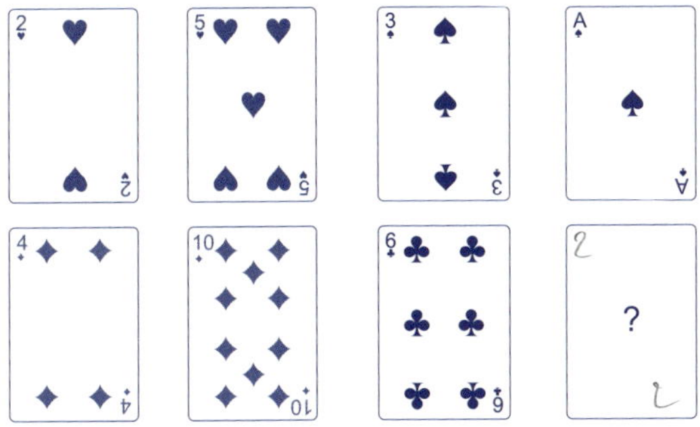

4.

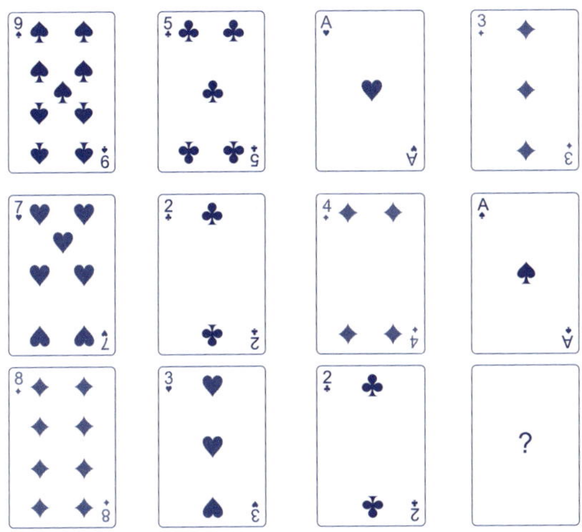

5.

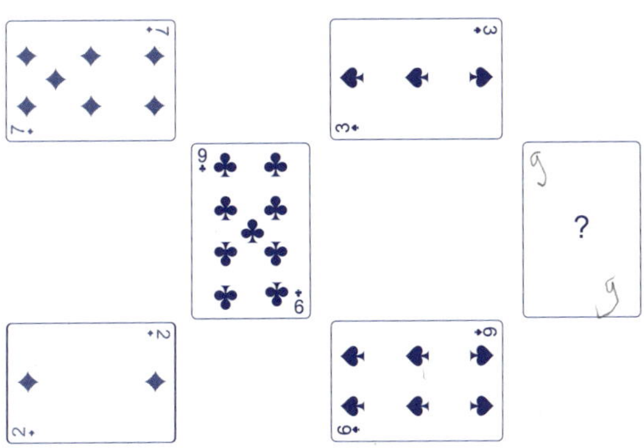

Exercice 7

1.

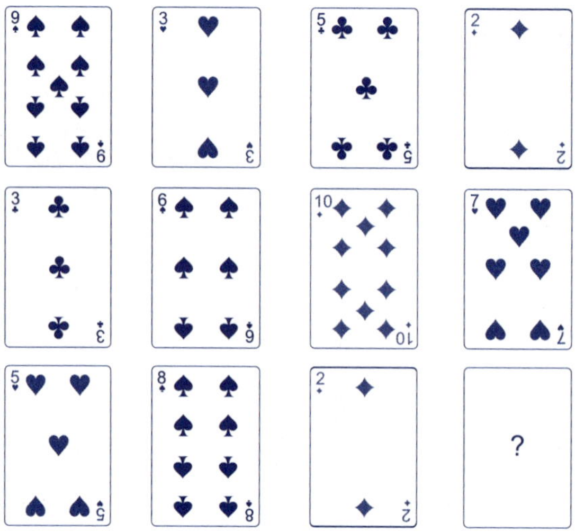

2.

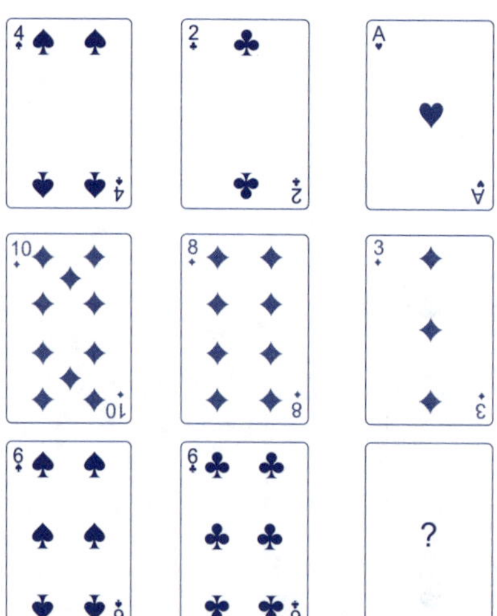

3.

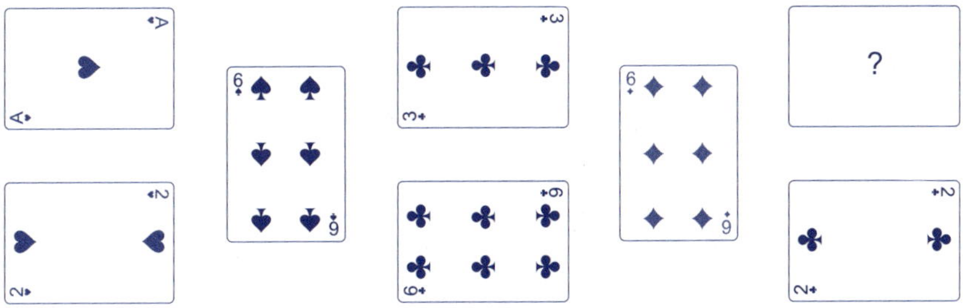

4.

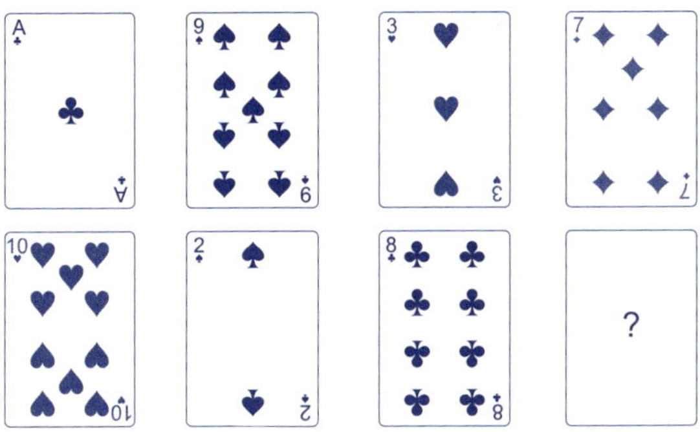

5.

Exercice 8

1.

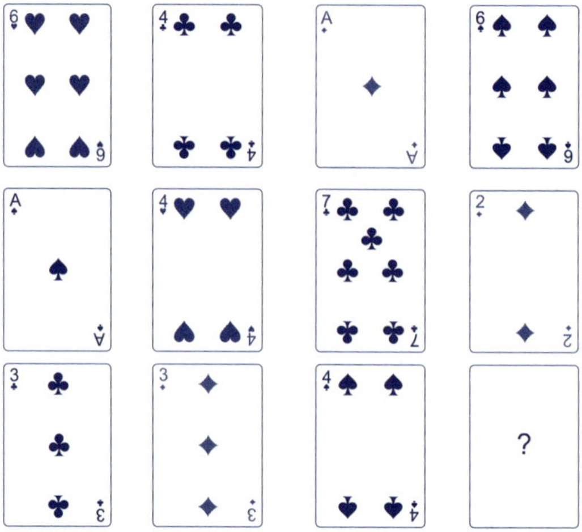

2.

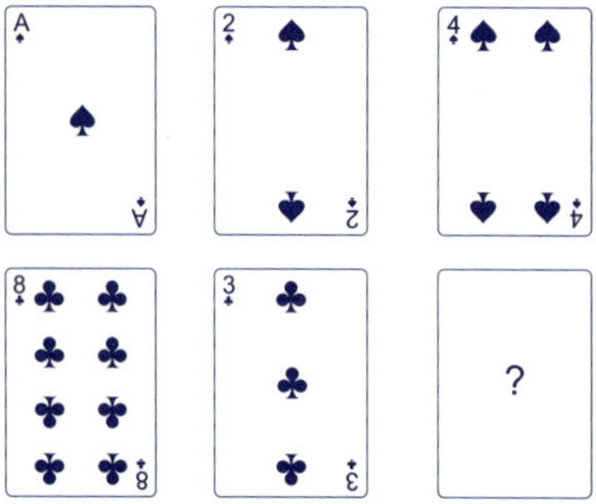

3.

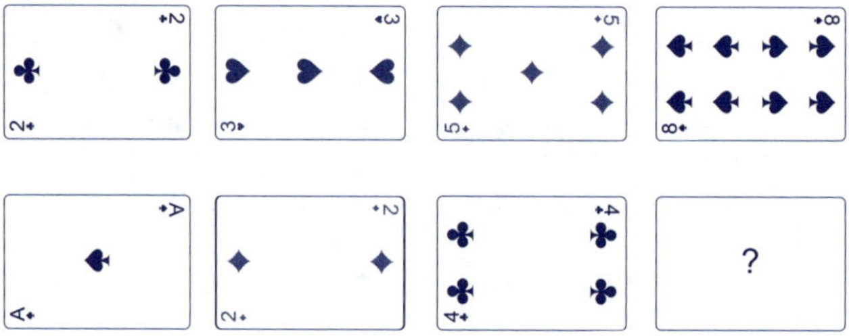

4.

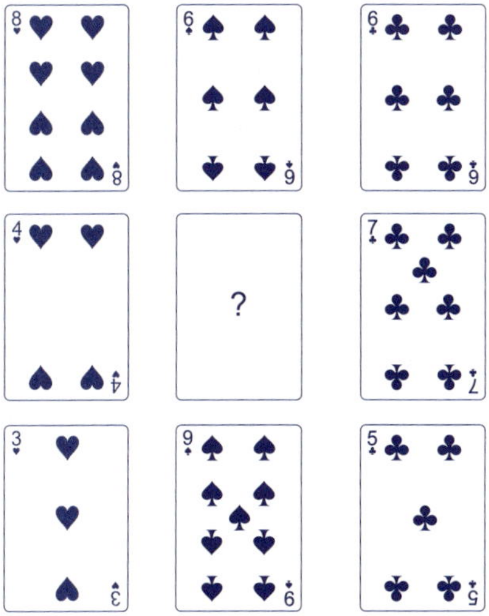

5.

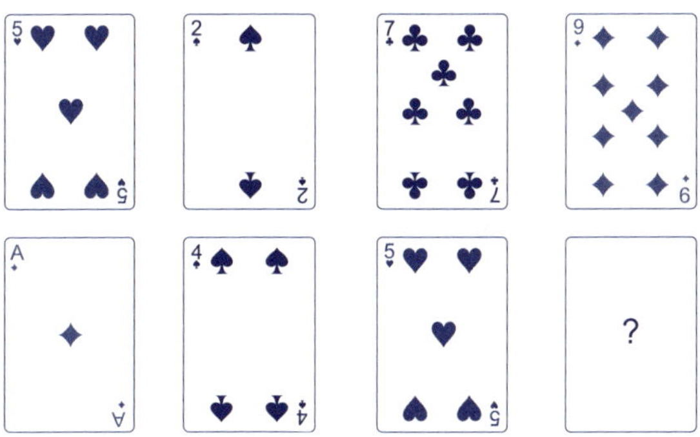

Exercice 9

Trouver la carte manquante.

1.

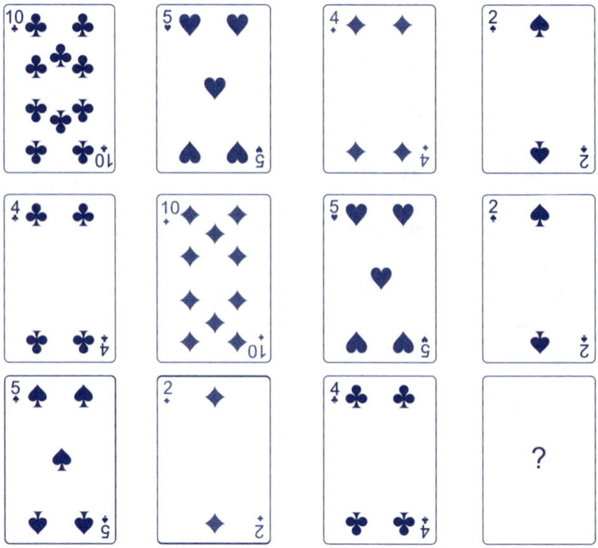

2.

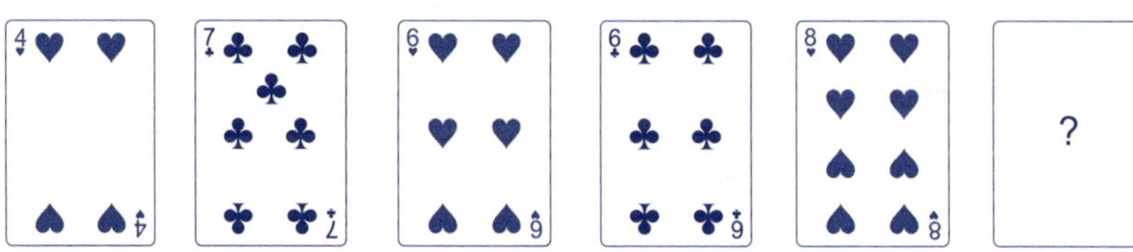

3.

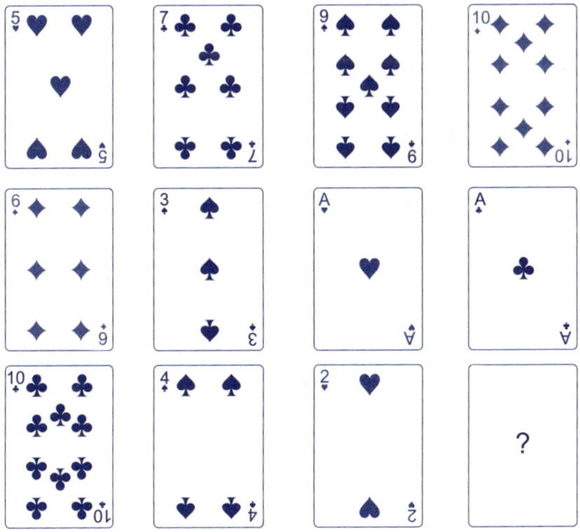

4.

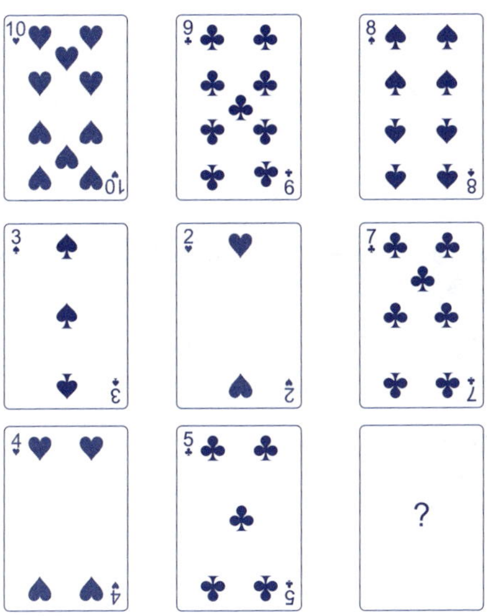

5.

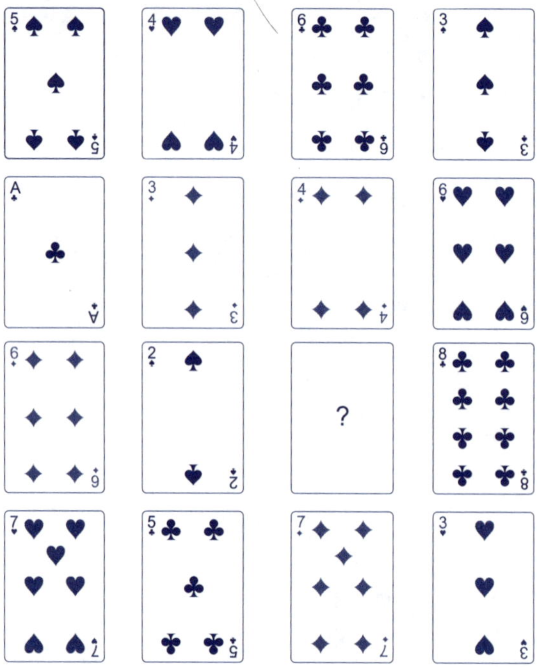

6.

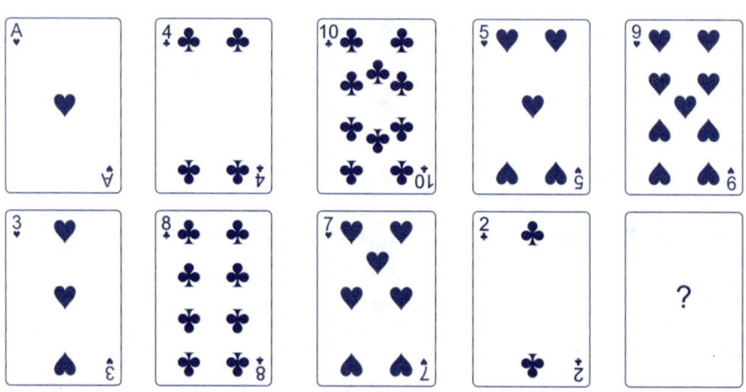

166

Corrigés

Exercice 1

1. **9 de pique.** Les cartes sont à regrouper par 3. Ces 3 cartes sont de même couleur. L'addition des 2 cartes à gauche égale la carte de droite.
2. **4 de cœur.** Sur chaque colonne, les couleurs sont identiques. Le raisonnement est ensuite par ligne : la 1re carte est la multiplication des 2e et 3e cartes.
3. **3 de carreau.** Sur chaque colonne, les couleurs sont identiques. Sur chaque ligne, la somme des cartes égale 10.
4. **2 de pique.** Sur chaque ligne, les couleurs sont identiques. Sur chaque colonne, la somme des cartes égale 8.
5. **5 de pique.** Sur chaque ligne, les couleurs sont identiques. En faisant la somme des cartes de chaque colonne, nous obtenons une suite : 12, 11, 10, 9 et 8.

Exercice 2

1. **10 de carreau.** Concernant la valeur des cartes, il existe un point de symétrie au milieu de la figure ; dans cette symétrie, les valeurs sont identiques et les couleurs changent : de cœur en carreau et de trèfle en pique.
2. **5 de cœur.** Sur chaque ligne, les cartes sont identiques.
3. **3 de cœur.** Sur chaque colonne les couleurs sont identiques. Concernant les valeurs, présence d'une symétrie d'axe vertical*.
4. **1 de pique.** Présence de tous les 7 (cœur, carreau, trèfle et pique) et de tous les as sauf celui de pique.
5. **6 de trèfle.** Sur chaque ligne, toutes les couleurs sont présentes. Concernant les valeurs, alternance du 5 et 2 sur la 1re ligne et du 9 et 6 sur la 2e ligne.

* **Rappel sur les symétries** : si l'on vous propose deux figures et que par un pliage de votre feuille vous pouvez superposer ces deux figures, alors vous êtes en présence d'une symétrie. Les symétries sont le plus souvent des :

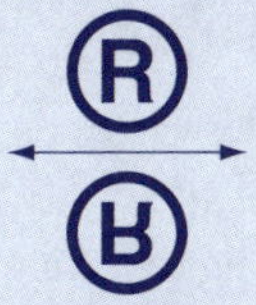

Symétrie verticale

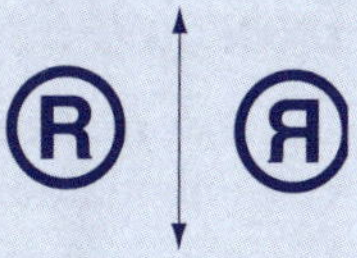

Symétrie horizontale

– symétries verticales (l'axe de symétrie est lui horizontal) ;
– symétries horizontales (ou symétrie d'axe vertical).

Exercice 3

1. **8 de carreau.** La valeur des cartes est la suite : 2, 4, 6 et 8 (opération (+ 2)). Concernant la couleur, il manque le carreau.
2. **7 de cœur.** En regardant les cartes de même couleur, on observe la suite 5, 6, 7, 8 (opération (+ 1)) et 1, 3, 5 et 7 (opération (+ 2)).
3. **7 de cœur.** Raisonnement par ligne : en regardant les cartes de même couleur sur la 1re ligne, on observe les suites 1, 2, 3 et 9, 10 et sur la 2e ligne, les suites : 4, 5 et 5, 6 et 7. Il fallait donc regarder une carte sur deux.
4. **7 de carreau.** On observe la suite : 2, 3, 4, 5, 6 et 7. Pour les couleurs, il faut suivre l'ordre cœur, carreau, trèfle, pique indiqué par le raisonnement sur les valeurs.
5. **9 de carreau.** Sur chaque colonne les couleurs sont identiques. Concernant les valeurs, il s'agit d'un raisonnement par ligne : opération (+ 2) entre deux cartes pour les 1re, 3e et 5e lignes et opération (– 1) entre deux cartes pour les 2e et 4e lignes.

Exercice 4

1. **1 de cœur.** Concernant les valeurs, les cartes de la 1re ligne sont identiques à celle de la 2e ligne. Concernant les couleurs : sur chaque ligne toutes les couleurs sont présentes.
2. **9 de carreau.** Sur chaque colonne les couleurs sont identiques. Concernant les valeurs, on observe un raisonnement en ligne : l'addition des deux 1res cartes égale la 3e carte.
3. **7 de cœur.** La couleur est toujours identique et on observe une suite : 1, 3, 5 et 7 (opération (+ 2) entre deux cartes).
4. **10 de trèfle.** Sur chaque colonne, il y a une alternance des couleurs pique et trèfle. Concernant les valeurs, il s'agit d'un raisonnement en ligne : ajouter 3 à la 1re carte pour trouver la 2e carte.
5. **4 de cœur.** Présence d'une symétrie d'axe vertical. Concernant les couleurs, elles sont identiques dans chaque colonne.

Exercice 5

1. **9 de trèfle.** Regrouper les cartes en fonction de leur couleur ; on observe alors une addition : 2 + 6 = 8 et 7 + 2 = 9.
2. **5 de trèfle.** Sur chaque ligne il y a une alternance au niveau des couleurs et sur chaque ligne on retrouve les valeurs 6, 5 et 2.
3. **3 de carreau.** La couleur change à chaque carte et seul le carreau manque. Concernant les valeurs on observe une suite 9, 7, 5 et 3 (opération (– 2) entre deux cartes).
4. **10 de cœur.** D'une colonne à l'autre, la couleur change et seul le cœur manque. Concernant les valeurs, la somme de chaque colonne égale 10.

5. **7 de trèfle.** Sur chaque colonne, les couleurs sont identiques. Concernant les valeurs, ils sont identiques sur une ligne oblique.

Exercice 6

1. **7 de carreau.** Sur une oblique, les couleurs sont les mêmes. Concernant les valeurs, la somme de chaque ligne égale 17.
2. **10 de cœur.** Sur chaque ligne, la suite de couleurs est : pique, carreau, cœur, trèfle, pique, etc. Concernant les valeurs, il y a un point de symétrie entre la 1re et la 2e ligne.
3. **2 de trèfle.** Concernant les couleurs, il y a 2 cœurs puis 2 piques sur la 1ère ligne et 2 carreaux puis 1 trèfle sur la 2e ligne, il faut donc compléter avec un trèfle. Concernant les valeurs, le raisonnement se fait en colonne : la valeur de la 1re carte multipliée par 2 donne la valeur de la 2e carte.
4. **3 de pique.** Sur chaque ligne, les 4 couleurs sont présentes. Concernant les valeurs, la 1re de chaque ligne est égal à la somme des 3 autres.
5. **9 de cœur.** Les couleurs changent à chaque colonne, seul le cœur manque. Concernant les valeurs, la somme de chaque colonne égale 9.

Exercice 7

1. **8 de trèfle.** Sur chaque ligne toutes les couleurs sont présentes. Concernant les valeurs, la somme de chaque colonne égale 17.
2. **2 de cœur.** Le raisonnement se fait par colonne : les couleurs des 1re et 3e cartes sont les mêmes. Concernant les valeurs, la carte du milieu se trouve en additionnant la 1re et 3e carte.
3. **1 de trèfle.** Sur chaque colonne les couleurs sont identiques. Concernant les valeurs soit on remarque une similarité des cartes soit on observe que les cartes verticales correspondent à la multiplication de 2 cartes qui l'entourent : $2 \times 3 = 6$ et $1 \times 6 = 6$.
4. **4 de carreau.** Sur chaque ligne toutes les couleurs sont présentes, seul le carreau manque. Concernant les valeurs, on observe une progression en « zigzag » avec la suite 10, 9, 8, 7 (opération (– 1)) et la suite 1, 2, 3 et 4 (opération (+ 1)). Autre logique : chaque colonne égale 11.
5. **10 de carreau.** Sur chaque oblique : les couleurs sont identiques et il faut ajouter 2 pour passer d'une carte à l'autre.

Exercice 8

1. **5 de cœur.** Concernant les couleurs, sur chaque ligne, on retrouve les 4 couleurs. Concernant les valeurs : la somme de chaque colonne forme une suite : 10, 11, 12 et 13.

2. **10 de trèfle**. Sur chaque ligne les couleurs sont identiques. Concernant les valeurs il s'agit d'une addition en « zigzag » : 1 + 3 = 4 et 8 + 2 = 10.
3. **7 de cœur.** Sur chaque ligne, toutes les couleurs sont représentées, seul le cœur manque. Concernant les valeurs, deux logiques peuvent être déterminées : un raisonnement par colonne dans lequel il faut ajouter 1 à la carte du bas pour trouver celle du haut et un raisonnement par ligne avec des séries dans lesquelles les opérations entre chaque terme de la série forment une suite : pour passer d'une carte à l'autre, il faut ajouter 1, puis 2 puis 3.
4. **3 de pique.** Les couleurs sont identiques dans chaque colonne. Concernant les valeurs, on observe que les valeurs qui sont en « face à face » ont toujours une différence égale à 3. Par exemple 8 – 5 = 3 ; 9 – 6 = 3 ; 6 – 3 = 3 ; 7 – 4 = 3, etc.
5. **9 de trèfle.** Sur chaque ligne, toutes les couleurs sont présentes. Concernant les valeurs, le raisonnement est également par ligne : 1er chiffre + 2^{e} chiffre = 3^{e} chiffre et 2e chiffre + 3^{e} chiffre = 4^{e} chiffre.

Exercice 9

1. **10 de cœur**. En ne regardant que les valeurs, les lignes présentent les mêmes cartes. Concernant les couleurs, on retrouve les 4 couleurs sur chaque ligne.
2. **5 de trèfle**. Il faut ajouter 2 pour passer d'une carte de cœur à une autre et soustraire 1 pour passer d'une carte de trèfle à une autre.
3. **2 de carreau**. Sur chaque ligne on retrouve les 4 couleurs. Concernant les valeurs, la somme des cartes sur chaque oblique égale 10.
4. **6 de pique**. Sur chaque colonne les couleurs des 1re et 3e cartes sont identiques. Concernant les valeurs, en partant du 10, on retrouve la série décroissante 10-9-8-7-6-5-4-3 et 2 dans le schéma suivant :

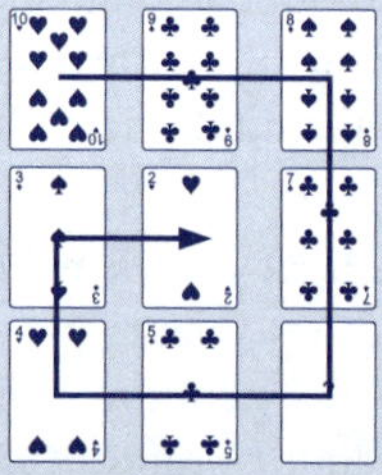

5. **10 de pique**. Regrouper les cartes selon leurs couleurs ; en additionnant la valeur des cartes d'une même couleur, le résultat est toujours égal à 20.
6. **6 de trèfle**. Toutes les valeurs de 1 à 10 sont présentent sauf le 6. Concernant la couleur, les valeurs impairs sont des cartes de cœur alors que les paires sont des cartes de trèfle.

Problèmes

Séries de problèmes

7

À savoir

Les problèmes abordés dans cette partie correspondent à des exercices fréquemment rencontrés dans les parties « logiques » des concours administratifs. Ils ne sont en aucun cas représentatifs des exercices rencontrés dans les parties « mathématiques » (présentes dans certains concours administratifs) pour lesquelles nous vous invitons, si nécessaire, à vous référer à des ouvrages traitant ce sujet.

En effet, même si les exercices suivants peuvent faire appel à des calculs, ils sollicitent davantage votre logique qu'un niveau de mathématiques élevé. Toutefois vous devez connaître entre autres : les 4 opérations (addition, soustraction, multiplication et division), les fractions, les pourcentages, les calculs portant sur le temps ainsi que les résolutions d'équations allant jusqu'à 3 inconnues.

Vous trouverez dans les pages suivantes un entrainement intensif sur des thèmes fréquemment rencontrés dans les concours administratifs. Ces exercices vous sont présentés avec un niveau progressif de difficulté et sont suivis de corrections détaillées.

Exercices d'entraînement

Exercice 1

1. Avant hier, le coq a chanté à 6 h 55 et hier à 7 h 15. Ce matin il a chanté à 7 h 30. À quelle heure chantera-t-il demain ?

❒ **a.** 7 h 50 ❒ **b.** 7 h 45 ❒ **c.** 7 h 40 ❒ **d.** 7 h 35

2. Zoé doit vendre des tickets de tombola. Les tickets sont numérotés de 0 à 20. Il lui reste 3 tickets. Combien en a-t-elle vendu ?

❒ **a.** 16 ❒ **b.** 17 ❒ **c.** 18 ❒ **d.** 19

3. Lors d'un marathon, Paul dépasse le 2e. Quelle place a-t-il ?

❒ **a.** 1er ❒ **b.** 2e ❒ **c.** 3e ❒ **d.** 4e

4. Quel nombre est le double du cinquième du double de 50 ?

❒ **a.** 100 ❒ **b.** 40 ❒ **c.** 30 ❒ **d.** 50

5. Si nous sommes lundi 5 juillet, quel jour sera le 10 août ?

❒ **a.** Lundi ❒ **b.** Mardi ❒ **c.** Mercredi ❒ **d.** Dimanche

6. Ce matin à 8 h, M. Laval, vigneron, doit faire livrer 1 500 bouteilles de vins (rouge, rosé, blanc) de 75 cl chacune. Pour cela, il met les bouteilles dans des cartons de 20 × 50 cm. Chaque carton peut contenir 6 bouteilles. Il met ensuite les cartons dans des camions qui achemineront le vin jusqu'au destinataire. Un camion peut transporter 100 cartons. Toutes les bouteilles doivent partir ce soir à 19 h. De combien de camions M. Laval a-t-il besoin ?

❒ **a.** 1 ❒ **b.** 2 ❒ **c.** 3 ❒ **d.** 4

Exercice 2

1. Pour chaque groupe de 9 enfants d'une colonie de vacances, il faut 1 moniteur. Combien faut-il de moniteurs pour 46 enfants ?

❒ **a.** 5 ❒ **b.** 6 ❒ **c.** 7 ❒ **d.** 8

2. Dans un carton se trouvent 20 feutres bleus et 20 feutres rouges. Jean prend des feutres au hasard, sans regarder la couleur. Combien doit-il en prendre pour être sûr d'avoir 2 feutres de la même couleur (sans reposer ceux qu'il a déjà tirés).

❒ **a.** 3 ❒ **b.** 4 ❒ **c.** 6 ❒ **d.** 12

3. Parmi ces 5 amis, trouver le plus jeune sachant que :

– Boris est plus jeune qu'Adèle ;
– Dora est plus âgée qu'Adèle mais plus jeune que Cyril ;
– Boris est plus âgé qu'Eric.

❒ **a.** Dora ❒ **b.** Cyril ❒ **c.** Boris ❒ **d.** Eric

4. Le marathon de Pradines a eu lieu. Le 1er est arrivé à 14 h 23 et le dernier à 18 h 54. Combien de temps s'est-t-il écoulé entre l'arrivée du 1er et du dernier concurrent ?

❒ **a.** 4 h 31 ❒ **b.** 4 h 21 ❒ **c.** 5 h 31 ❒ **d.** 3 h 21

5. Une classe maternelle apprend une chanson. Les enfants apprennent 2 phrases par jour. Sachant qu'il y a 16 phrases, en combien de temps les enfants auront-ils appris la chanson ?

❒ **a.** 8 jours ❒ **b.** 16 jours ❒ **c.** 4 jours ❒ **d.** 20 jours

6. Rémi a 1 000 feuilles blanches. Il empile des paquets de 100 feuilles blanches les unes sur les autres séparées par des feuilles de couleurs. De plus, il commence et termine sa pile par une feuille de couleur. Sachant qu'une feuille colorée fait 1 mm d'épaisseur et qu'un paquet de 100 feuilles blanches fait 10 mm d'épaisseur, quelle est la hauteur de la pile de feuilles ?

❒ **a.** 110 mm ❒ **b.** 100 mm ❒ **c.** 111 mm ❒ **d.** 112 mm

Exercice 3

1. Virginie a mis 1 heure pour lire un livre de 120 pages. En combien de temps lira-t-elle un livre de 176 pages ?

❒ **a.** 56 min ❒ **b.** 1 h 26 ❒ **c.** 1 h 28 ❒ **d.** 1 h 48

2. Sophie est ostéopathe. Chaque année elle double son temps de travail. Aujourd'hui, elle débute sa 3e année et travaille un quart temps. Dans combien de temps aura-t-elle un temps plein ?

❒ **a.** 1 an ❒ **b.** 2 ans ❒ **c.** 3 ans ❒ **d.** 4 ans

3. Caroline veut s'offrir un voyage de 2 semaines dans les îles. Ce voyage coûte 2 550 €. Elle gagne 1 520 € par mois, dépense 1 145 € et rembourse un crédit de 125 € par mois. Au bout de combien de mois pourra-t-elle s'offrir son voyage ?

❒ **a.** 11 mois ❒ **b.** 12 mois ❒ **c.** 14 mois ❒ **d.** 16 mois

4. Dans une course de quarts, Paul double le dernier ; en quelle position arrive-t-il ?

❒ **a.** Dernier ❒ **b.** Avant dernier
❒ **c.** On ne peut pas savoir ❒ **d.** Impossible

5. Combien il y a-t-il de secondes dans 2 h 20min ?

❒ **a.** 1 600 s ❒ **b.** 3 700 s ❒ **c.** 6 400 s ❒ **d.** 8 400 s

6. Jean a trié son jeu de cartes. Il n'a gardé que les cartes de 8 à 10 dans chacune des 4 couleurs (trèfle, pique, cœur, carreau). Il tire les cartes au hasard. Au bout de combien de tirages (sans remettre en jeu les cartes déjà tirées) est-il sûr d'avoir une paire c'est-à-dire deux cartes avec le même numéro ?

❒ **a.** 2 ❒ **b.** 3 ❒ **c.** 4 ❒ **d.** 6

Exercice 4

1. Écrire avec des chiffres le nombre suivant : cent quarante neuf milliard sept cent quatre vingt dix huit millions cent soixante dix mille quatre cent quatre vingt douze ?

2. Un bus peut véhiculer 60 enfants. Le collège Arthur Rimbaud veut effectuer une sortie avec 130 enfants. Combien faut-il louer de bus ?

3. M. Lançon est photographe. Aujourd'hui il prend la photo du mariage de Valérie et Paul dans la cour du château de Bagneux. Outre les mariés, il y a sur la photo leurs parents respectifs, la tante Noémie et ses quatre enfants, le vieil oncle Louis et son chien, le frère de Paul et ses deux enfants et le frère de Valérie avec sa fiancée. Combien d'êtres vivants il y avait-il dans la cour du château.

4. Le jour du résultat du concours de sélection, les lauréats vont choisir la ville où ils veulent être affectés sachant qu'il n'y a qu'un seul poste par ville. Les lauréats vont choisir les uns après les autres suivant l'ordre de leur classement. Sachant que :

– Valentin est mieux classé que Thibaut ;
– Marie est mieux classée que Thomas ;
– Cécile est mieux classée que Valentin mais moins bien que Thomas.

qui a le plus de chance d'obtenir la ville où il souhaite travailler ?

5. L'an dernier Paul a mis toutes ses boules de pétanques dans un seau. Il sait qu'il y a 6 boules de 670 g, 6 boules de 680 g et 6 boules de 690 g. Combien doit-il en prendre pour être sûr d'avoir deux boules du même poids ?

6. Julie s'est acheté un pull et une jupe ; elle en a eu pour 110 € : Sachant que le pull coute 10 € de plus que la jupe, combien a couté la jupe ?

Exercice 5

1. Lors d'une course, 10 mètres avant la ligne d'arrivée, Jean est dépassé par 3 coureurs mais 5 mètres avant l'arrivée, il dépasse un concurrent, il est alors 5e et finira à cette place. Quelle place avait-il à 10 mètres de l'arrivée avant de se faire dépasser par les 3 coureurs ?

❒ **a.** 5e ❒ **b.** 4e ❒ **c.** 3e ❒ **d.** 2e

2. Quel nombre est la moitié du quart de la moitié du centième de 1 600 ?

❒ **a.** 1 ❒ **b.** 8 ❒ **c.** 16 ❒ **d.** 32

3. Dans une loterie, 100 tickets ont été vendus. Les tickets sont numérotés de 1 à 100. Combien de tickets ont le chiffre 1 dans leur numéro ?

❒ **a.** 13 ❒ **b.** 12 ❒ **c.** 11 ❒ **d.** 20

Cet après-midi, le docteur Vallo recevait 5 patients en consultation. Il a commencé à 15 h 15 avec M. A. puis avait rendez-vous à 15 h 45 avec M. B., à 16 h 20 avec M. C et à 17 h avec M. D. Le docteur Vallo a fini ses consultations avec Mme E. à 18 h 00. Sachant qu'une consultation dure 20 minutes :

4. À quelle heure avait initialement rendez-vous Mme E. sachant qu'elle a eu 10 minutes de retard.

❒ **a.** 17 h 40 ❒ **b.** 17 h 10 ❒ **c.** 17 h 30 ❒ **d.** 17 h 20

5. Combien de temps le docteur Vallo n'aura pas été en consultation avec un patient ?

❒ **a.** 60 min ❒ **b.** 1 h 05 ❒ **c.** 1 h 50 ❒ **d.** 55 min

Problèmes

6. Dans une classe de 30 élèves, chaque élève a 2 bulletins avec écrit sur chaque bulletin le nom d'un des deux candidats au titre de délégué de classe. Après le vote viennent les résultats : 24 voix pour le candidat 1 et 11 pour le candidat 2 ! Combien d'élèves ont triché ?

❒ **a.** 10 ❒ **b.** 5 ❒ **c.** 7 ❒ **d.** 6

Exercice 6

1. Claire donne un mot de passe à 2 amis. Ces 2 amis le répètent chacun à 2 amis qui font de même. Combien de personnes connaissent le mot de passe ?

❒ **a.** 6 ❒ **b.** 7 ❒ **c.** 14 ❒ **d.** 15

2. David achète 60 CD pour 240 €. Il les revend par lot de 4 CD à 28 € le lot. Quel sera son bénéfice s'il vend 6 lots.

❒ **a.** 3 € ❒ **b.** 72 € ❒ **c.** 168 € ❒ **d.** 640 €

3. Ludo entraîne 10 enfants au badminton ; il veut faire 5 équipes de 2 joueurs. Pour cela, il possède 2 jetons verts, 2 rouges, 2 bleus, 2 oranges et 2 jaunes. Il donne un jeton au hasard à chacun des 10 enfants. Ceux qui auront la même couleur seront dans la même équipe. Combien doit-il distribuer de jetons pour être certain d'avoir au moins une équipe de formée.

❒ **a.** 10 ❒ **b.** 2 ❒ **c.** 6 ❒ **d.** 3

4. Si une baguette coûtait 3 francs (0,46 €) en 2000 et 0,85 € en 2006, quel est le pourcentage d'augmentation du prix d'une baguette ? (arrondir au dixième près).

❒ **a.** 184 % ❒ **b.** 84,8 % ❒ **c.** 39 % ❒ **d.** 120 %

5. M. Roger compare les prix d'un aspirateur dans 4 magasins. Dans quel magasin l'aspirateur est-il le moins chère sachant que :

– l'aspirateur est plus cher dans le magasin 4 que dans le 1 ;
– l'aspirateur est moins cher dans le magasin 4 que dans le 2 ;
– l'aspirateur du magasin 1 n'est pas le moins cher.

❒ **a.** 1 ❒ **b.** 2 ❒ **c.** 3 ❒ **d.** 4

6. Quel est le 99e nombre impair ?

❒ **a.** 99 ❒ **b.** 100 ❒ **c.** 197 ❒ **d.** 199

Exercice 7

1. Tous les ans, M. Vincent augmente son capital de 20 %. Aujourd'hui son capital est de 100 000 €, quel sera son capital dans 3 ans ?

❒ **a.** 20 000 € ❒ **b.** 120 000 € ❒ **c.** 144 000 € ❒ **d.** 172 800 €

2. Gregory a presque fini ses partiels. Il a eu 12/20, 8/20, 9/20 et 13/20. Combien doit-il avoir à son dernier examen pour avoir la moyenne générale (10/20) ?

❒ **a.** 8/20 ❒ **b.** 10/20 ❒ **c.** 12/20 ❒ **d.** 14/20

3. La liste des admis à un concours présente 30 admis et 100 étudiants sont sur liste d'attente. Sachant qu'1 admis sur 6 se désiste. Combien de personnes vont être admises après avoir été sur liste d'attente ?

❒ **a.** 4 ❒ **b.** 5 ❒ **c.** 6 ❒ **d.** 7

4. Dans une compétition de patinage artistique, il y a 13 candidats. Dix ont déjà concourus, leurs noms figurent donc sur le tableau de classement. Les 3 dernières candidates à concourir sont Amanda, Cécile et Marie. La compétition continue : Cécile prend la 7e place. Puis Marie arrive à la 5e place. Amanda passera en dernier pour se qualifier à la 2e place. À quelle place termine Cécile ?

❒ **a.** 7e ❒ **b.** 8e ❒ **c.** 9e ❒ **d.** 10^{e}

5. Barnabé est deux fois plus âgé que Tom. Cédric a 42 ans soit deux fois l'âge de Barnabé et Tom réunis. Quel est l'âge de Tom?

❒ **a.** 7 ans ❒ **b.** 14 ans ❒ **c.** 20 ans ❒ **d.** 22 ans

6. Boris, Marc et Clémence sont colocataires. Boris paie 1/3 du loyer, Marc paie 1/4 du loyer et Clémence paie le reste. Qui paie le plus chère ?

❒ **a.** Boris ❒ **b.** Marc ❒ **c.** Clémence ❒ **d.** Impossible

Exercice 8

1. Quels sont les 3 nombres consécutifs dont la somme est égale à 90 ?

2. Jean et Pierre ont reçu un héritage de 50 000 €. Sachant que Jean a eu 8 000 € de plus que Pierre, combien Pierre a-t-il eu en héritage ?

3. Thomas prend des photos dans une réserve africaine. Il rencontre un couple d'éléphants, une famille de 6 lions, 3 girafes qui boivent au point d'eau, un couple de perruches et un serpent. Thomas prend 3 photos des éléphants, 4 photos de la famille de lions, 2 photos des girafes, 5 photos du couple de perruches et 4 photos du serpent. A chaque fois que Thomas a pris une photo d'une espèce animale, tous les animaux de cette espèce étaient sur la photo. Thomas regarde ensuite ses photos et s'amuse à compter le nombre de pattes sur toutes les photos. Quel nombre obtient-il ?

4. Un directeur découvre des graffitis sur le mur de son école ; il interroge les élèves :
   - Karine qui est en 6e dit : « c'est un garçon » ;
   - Paul qui est en 6e dit : « c'est un 5e » ;
   - Valérie qui est en 5e dit : « c'est pas moi » ;
   - Félix qui est en 5e dit : « c'est une fille ».

   Un seul élève a menti, lequel ?

5. Un joueur double sa mise à chaque pari et à chaque pari, il rejoue tout son argent. Sa 1re mise est de 5 €. Au bout de combien de paris aura-t-il plus de 150 € en poche ?

6. Le prix d'un article était de 150 €. Il a augmenté de 10 % puis diminué de 10 %. Quel est son prix ?

Exercice 9

1. Voici les habitants de la rue Cotton du côté des numéros impairs : elle commence au numéro 1 par l'habitation d'Adrien. 5 maisons séparent l'habitation de Benoît et de Charles et 7 maisons séparent l'habitation de Charles et de Daniel et 8 maisons séparent celles d'Adrien et de Charles. Sachant que Daniel est plus proche d'Adrien ou de Benoît que de Charles, à quel numéro habite Benoit ?

   ❐ **a.** 4 ❐ **b.** 5 ❐ **c.** 6 ❐ **d.** 7

2. Un collier coûte deux fois plus cher qu'un bracelet et un bracelet est cinq fois plus cher qu'un médaillon. La somme dépensée pour acheter ces trois bijoux est de 1 600 €. Combien coûte un bracelet ?

   ❐ **a.** 600 ❐ **b.** 900 ❐ **c.** 500 ❐ **d.** 400

3. Jérémy a x pantalons. Quand il les regroupe par lots de 7, 8 ou 9, il en reste toujours 1 seul. Combien a-t-il de pantalons ?

❒ **a.** 8 ❒ **b.** 16 ❒ **c.** 254 ❒ **d.** 505

4. Camille nage plus vite que Joël. En moyenne, toutes les 30 secondes de nage, Camille prend 5 secondes d'avance sur Joël. Si Joël réalise sa course en 5 minutes 5 secondes, en combien de temps Camille a fait cette course ?

❒ **a.** 4 min 55 s ❒ **b.** 4 min 50 s ❒ **c.** 4 min 10 s ❒ **d.** 4 min 15 s

5. 5 amis participent à une course :

a. Olivier est devant Benoît et Ingrid

b. Benoît est derrière Ingrid mais devant Joëlle

c. Pierre est avant-dernier.

Quel est le classement de Benoît ?

❒ **a.** 1er ❒ **b.** 2e ❒ **c.** 3e ❒ **d.** 5e

Exercice 10

1. Le prix d'une perceuse a augmenté de 50 % puis diminué de 50 % pour augmenter de nouveau de 50 %. Quel est alors le pourcentage d'augmentation de cette perceuse par rapport à son prix de départ ?

❒ **a.** 0 % ❒ **b.** 10 % ❒ **c.** 12,5 ❒ **d.** 100 %

2. Un père et son fils sont venus aider le grand-père à repeindre sa palissade. Ils ont mis une journée à la repeindre. Sachant que le père peint aussi vite que le grand-père et le fils réunis et que le grand-père peint deux fois plus vite que le petit fils, en combien de temps le grand-père aurait-il repeint sa palissade s'il avait été seul ?

❒ **a.** 2 jours ❒ **b.** 3 jours ❒ **c.** 4 jours ❒ **d.** 5 jours

3. Karine est la propriétaire d'un magasin de vêtements ouvert 7 jours sur 7. Dimanche soir, Karine regarde son stock, elle a 100 vêtements dans son magasin. Tous les jours, à partir de lundi, elle vendra 20 vêtements dans la journée. Tous les matins, à partir de mardi matin, elle reçoit avant l'ouverture 25 vêtements qu'elle met immédiatement en vente. Quel jour a-t-elle 120 vêtements en vente dans son magasin ?

❒ **a.** Mardi ❒ **b.** Mercredi ❒ **c.** Jeudi ❒ **d.** Vendredi

4. Lola pèse ses pots de confitures : le pot A pèse le même poids que les pots B et C réunis. Le pot B pèse le même poids que les pots C et D réunis. Sachant que le pot A pèse 900 g et que le pot D pèse 100 g, combien pèse le pot C ?

❒ **a.** 200 g ❒ **b.** 300 g ❒ **c.** 400 g ❒ **d.** 500 g

5. Mme Durand rend les copies du contrôle d'histoire. Quelle note a eu Zoé sachant que :

– Louis a 6 pts de plus que Romain mais 3 pts de moins que Léo.
– Corinne a eu 16/20 soit 2 pts de plus que Louis.
– Ghislaine a 5 pts de plus que Zoé mais 2 de moins que Romain.

❒ **a.** 1/20 ❒ **b.** 3/20 ❒ **c.** 8/20 ❒ **d.** 15/20

Exercice 11

1. Anaïs, Benjamin, Céline, David, Émilie, Fabien et Gabin font partis d'une chorale. Ils sont placés les uns à côtés des autres. D'après les indications suivantes, placer ces 7 amis dans l'ordre :

❒ Il y a une personne entre Émilie et Céline
❒ Fabien est au milieu
❒ Lorsqu'on regarde la chorale, Benjamin est à gauche de Gabin.
❒ Anaïs est entre David et Émilie
❒ Gabin est entre deux personnes

2. Lucien, directeur d'un centre de loisirs a recruté 6 animateurs (A, B, C, D, E, F). Les animateurs vont travailler par deux. Pour créer une dynamique, le directeur souhaite changer les binômes tous les jours. Au bout de combien de jours, tous les animateurs auront-ils travaillé ensemble ?

3. Dans un lycée, la moitié des élèves est en seconde, un cinquième des élèves est en 1re et 36 élèves sont en terminale. Combien d'élèves y a-t-il dans ce lycée ?

4. La combinaison du coffre fort est un nombre de 4 chiffres consécutifs. La somme de ces 4 chiffres égale 14. Trouver cette combinaison sachant que :

– le 1er chiffre est le double du 2e.
– Le 2e chiffre additionné au 3e est égal au 4e.
– L'addition du 1er et du 2e chiffre est le double du 3e chiffre.

5. Une chatte fait une portée de 4 chatons en moyenne et il y a autant de chance qu'un chaton soit un mâle qu'une femelle. M. Durand veut faire un élevage de chats de race. Il achète alors une chatte en gestation et calcule le nombre moyen de chats (chats et chatons) qu'il aura à la 4e génération si chaque chatte ne fait qu'une portée. Combien trouve-t-il ?

Exercice 12

1. André, Bernard, Cédric, Daniel et Émile habitent dans l'allée du château. Leurs maisons sont côte à côte et sont au numéro 1, 2, 3, 4 et 5. Nous appellerons « voisins » les personnes qui habitent juste à côté. Qui habite au N° 3 sachant que :

– Daniel est le voisin de Bernard et Émile
– Cédric n'habite pas au N° 5
– André est le voisin de Bernard
– Éric n'habite pas au N° 1
– Il y a 2 maisons entre Bernard et Cédric

❒ **a.** Cédric ❒ **b.** Daniel ❒ **c.** André ❒ **d.** Émile

2. Cécile écrit son mémoire de fin d'études. La 1re semaine, il lui reste 2/3 du mémoire à écrire. La 2e semaine, son mémoire fait deux fois plus de pages que la 1re semaine. Il lui reste encore 60 pages à écrire. Combien de pages doit faire le mémoire de Cécile ?

❒ **a.** 120 ❒ **b.** 140 ❒ **c.** 160 ❒ **d.** 180

3.

Sachant que : ♛ + ♞ = ♝
♞ + ♜ = ♟
que vaut : ♛ + ♟ - ♝ = ?

❒ **a.** ♛ ❒ **b.** ♜ ❒ **c.** ♟ ❒ **d.** ♞

4. 5 enfants sont nés cette année pendant les mois de janvier, mars, mai, juillet et août.

– Christelle et Céline ne sont pas nées en été.
– Antoine est né en premier.
– Céline n'est pas née en mars.
– Zoé n'est pas née en août.

Parmi les propositions suivantes, laquelle est juste :

- ❐ **a.** Zoé est né en juillet et Antoine en janvier
- ❐ **b.** Céline est né en mars et Christelle en mai.
- ❐ **c.** Thomas est né en août et Christelle en mai
- ❐ **d.** Zoé est né en mars et Christelle en juillet.

5. Dans un tournoi de tennis tous les joueurs doivent se rencontrer une fois. Sachant qu'il y a huit joueurs, combien de matchs vont être joués ?

❐ **a.** 16 ❐ **b.** 24 ❐ **c.** 28 ❐ **d.** 64

6. Un journaliste a noté l'ordre des coureurs 500 mètres avant l'arrivée. Il note ensuite qu'à l'arrivée :

- celui qui était premier est deux places derrière celui qui était 3ᵉ ;
- celui qui était deuxième est une place derrière celui qui était quatrième et quatre places devant celui qui était 6ᵉ ;
- celui qui était cinquième est une place derrière celui qui était troisième et deux places devant celui qui était sixième.

Qui est arrivé en premier ? celui qui a 500 mètres était le :

❐ **a.** deuxième ❐ **b.** troisième ❐ **c.** quatrième ❐ **d.** cinquième

7. Zoé mesure 50 cm plus 2/3 de sa taille ($Z = 50 + 2/3\ Z$) ; quelle est sa taille ?

❐ **a.** 100 cm ❐ **b.** 150 cm ❐ **c.** 120 cm ❐ **d.** 80 cm

8. Un pâtissier fait 10 gâteaux en 10 minutes. Combien faut-il de pâtissier supplémentaire pour faire 30 gâteaux en 30 minutes.

❐ **a.** 0 ❐ **b.** 1 ❐ **c.** 3 ❐ **d.** 6

Corrigés

Exercice 1

1. **c.** Il a eu 20 minutes de retard, puis 15 minutes ; il aura donc 10 minutes de retard.
2. **c.** Il ne faut pas oublier de compter le ticket N° 0 ; elle avait donc 21 tickets à vendre, il lui en reste 3, elle en a donc vendu 18 (21 – 3 = 18).
3. **b.** S'il dépasse le 2e alors il prend sa place.
4. **b.** Dans ce type d'exercice, il faut commencer les calculs en partant de la fin de l'énoncé. Le double de 50 est 100. Le cinquième de 100 est 20 (100 / 5 = 20). Le double de 20 est 40.
5. **b.** Entre deux semaines, il faut ajouter 7 ; sachant que le mois de juillet compte 31 jours, nous aurons les lundis : 12, 19 et 26 juillet puis 2 et 9 août. Ainsi le 10 août sera un mardi.

Rappelons qu'une année compte 365 jours et que :
- janvier ; mars ; mai ; juillet ; août ; octobre et décembre comptent **31 jours**.
- avril, juin, septembre, novembre comptent **30 jours**.
- février compte **28 jours**, sauf pour les années bissextiles qui arrivent une fois tous les 4 ans (comme en 2012) pour lesquelles le mois de février compte 29 jours.

6. **c.** Cet exercice contient des informations parasites c'est-à-dire qui ne sont pas nécessaires à sa résolution. Pour savoir combien de cartons sont nécessaires, il faut faire l'opération suivante : 1500 / 6 = 250 cartons. Il faudra transporter 250 cartons, or un camion peut en transporter 100, il faudra donc 3 camions.

Exercice 2

1. **b.** Avec 46 enfants nous pouvons faire plus de 5 groupes de 9 enfants (46 / 9 = 5,11) ; il faudra donc 6 moniteurs.
2. **a.** Jean peut prendre un rouge en 1er, puis un bleu en 2e. Obligatoirement le prochain feutre sera d'une des deux couleurs, soit la couleur du 1er soit du 2e. En tirant 3 feutres il est donc sûr d'avoir 2 feutres de même couleur.

3. **d.** Du plus jeune au plus âgé, nous trouvons d'après la 1re indication : Boris – Adèle ; d'après la 2e indication : Boris – Adèle – Dora – Cyril ; et d'après la 3e indication : Eric – Boris – Adèle – Dora – Cyril.

4. **a.** En calcul mental, nous pouvons poser :
– 37 minutes, temps entre 14 h 23 et 15 h
– 3 heures, temps entre 15 h et 18 h
– 54 minutes, temps entre 18 h et 18 h 54
Au total 3 h et 91 minutes. 91 minutes équivaut à 1 h (60 minutes) et 31 minutes En faisant le compte nous obtenons 4 h 31 min.

5. **a.** Sachant que pour apprendre 2 phrases il faut 1 jour, pour apprendre 16 phrases il faudra 8 jours :

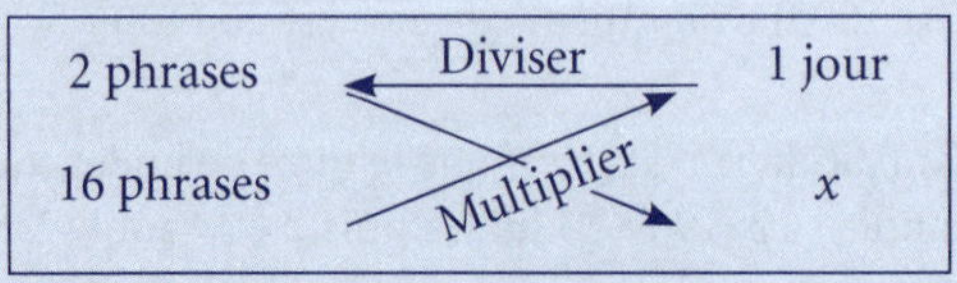

Produit en croix :
$x = (16 \times 1) / 2$
$x = 8$ jours

6. **c.** Il faudra 11 feuilles colorées de 1mm d'épaisseur soit 11 mm d'épaisseur et 10 paquets de 100 feuilles de 10 mm d'épaisseur soit 100 mm d'épaisseur, au total la pile fera 11 mm + 100 mm = 111 mm d'épaisseur.

Exercice 3

1. **c.** Sachant que pour lire 120 pages Virginie met 1 h soit 60 minutes, elle mettra 88 minutes pour lire 176 pages, soit 1 h 28 min :

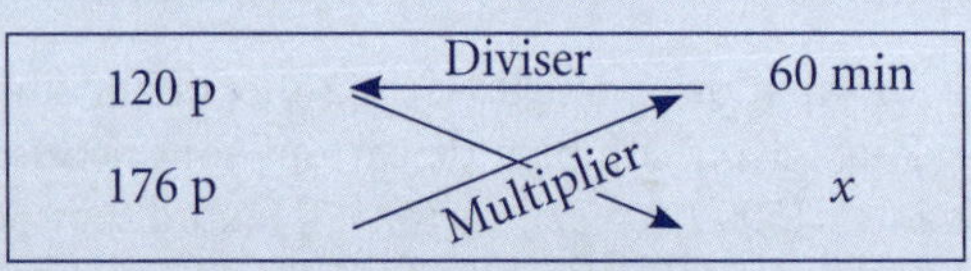

Produit en croix :
$x = (176 \times 60) / 120$
$x = 88$ min = 1h28

2. **b.** Sachant qu'elle a un quart temps, dans un an elle aura un mi–temps puis une année plus tard, un temps plein.

3. **a.** Calculons l'argent qu'il reste à Caroline à la fin du mois : 1 520 – (1 145 + 125) = 250 €. Pour s'offrir un voyage à 2 550 €, il lui faudra : 2 550 / 250 = 10,2 mois. Il faut donc plus de 10 mois soit 11 mois.

4. **d.** Il est impossible d'être derrière le dernier d'une course !

5. **d.** Sachant qu'une heure correspond à 60 minutes, 2 h correspondent à 120 min. Dans 2 h 20 min il y a donc 120 + 20 = 140 min. Combien de secondes se trouvent dans 140 minutes ?

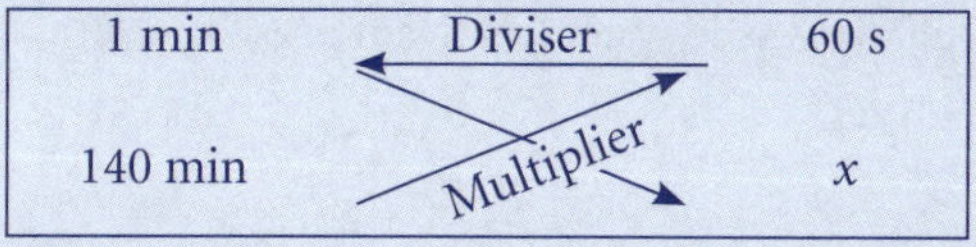

Produit en croix :

$x = (140 \times 60) / 1$

$x = 8\ 400$ s

6. **c.** S'il a de la chance, les 2 premières cartes qu'il tirera auront le même numéro. Faire appel au facteur chance n'est pas « être sûr » ; pour être sûr, il faudra qu'il ait déjà tiré chaque numéro présent dans le jeu c'est-à-dire un 8, un 9 et un 10 (soit 3 cartes) pour être sûr qu'à la prochaine carte tirée, il puisse constituer une paire car cette carte sera forcément un 8, un 9 ou un 10.

Exercice 4

1. **149 798 170 492.**
2. **3 bus.** Un bus pouvant transporter 60 enfants, nous n'avons pas besoin de poser la division pour savoir que pour 120 enfants, il faudrait 2 bus complets donc pour 130 enfants il faudra 3 bus.
3. **19 personnes.** Ne pas oublier le chien et le photographe !
4. **Marie.** Du mieux classé au moins bien classé :
   – la 1re indication nous permet de noter : Valentin-Thibault ;
   – la 2e indication nous permet de noter : Marie-Thomas ;
   – la 3e indication nous permet de noter : Thomas-Cécile-Valentin.

   En partant de cette 3e indication, nous pouvons associer les indications 1 et 2 pour compléter l'ordre : Marie-Thomas-Cécile-Valentin-Thibaut.
5. **4 boules.** La consigne « être sûr » signifie qu'on ne peut laisser de place au hasard. En effet, si Paul est chanceux, les 2 premières boules qu'il prendra seront de même poids. S'il n'a pas de chance, il prendra à chaque fois une boule de poids différent et ceci autant de fois qu'il y a de poids différents. Ici il y a 3 poids différents donc il pourra tirer 3 premières boules de poids différents mais au delà, il prendra forcément une boule d'un poids identique à l'une des 3 premières. Aussi, nous pouvons être sûrs que s'il prend 4 boules, il y en aura obligatoirement 2 de même poids. Ceci est valable si au départ il y a le même nombre de boules de chaque poids c'est-à-dire qu'il y a autant de chance de prendre une boule de 670 g ou de 680 g ou encore de 690 g. En généralisant ce type d'exercice, nous pouvons dire qu'il s'agit de compter le nombre de catégories différentes (ici différents poids) et d'ajouter 1. Si nous avions un même nombre de boules de 670 g, de 680 g, de 690 g, de 700 g, de 710 g, de 720 g, il faudrait alors prendre 7 boules pour être sûr d'en avoir 2 du même poids.

6. **50 €**. Soit J = Jupe et P = Pull, posons le système suivant :

$$\begin{cases} P + J = 110 & (1) \\ P = J + 10 & (2) \end{cases}$$

Nous voyons que les équations sont composées de 2 inconnues. Pour résoudre ce système, il faut réduire une des équations à une seule inconnue. Pour cela nous voyons que le P de (1) peut être remplacé par son égalité donné dans (2) c'est-à-dire par J + 10 ; Ainsi (1) devient : **(J + 10)** + J = 110 ; 2J = 100 et J = 50 €.

Exercice 5

1. **c.** Représentons les autres coureurs de l'énoncé par des croix et Jean par son classement :

	6^e	5^e	4^e	3^e	2^e	1er
À l'arrivée	x	5^e	x	x		
À 10 m de l'arrivée	6^e	x	x	x		
À plus de 10 m	x	x	x	3^e		

2. **a.** Partons de la fin de l'énoncé. Le centième de 1 600 est 16. La moitié de 16 est 8 ; le quart de 8 est 2 ; la moitié de 2 est 1.

3. **d.** Nous avons :

   1–10–11–12–13–14–15–16–17–18–19–21–31–41–51–61–71–81–91–100

4. **c.** Le docteur a fini à 18 h ; la consultation de Mme E a duré 20 minutes donc a commencé à 17 h 40 avec 10 minutes de retard ; autrement dit Mme E avait rendez-vous à 17 h 30.

5. **b.** 10 min + 15 min + 20 min + 20 min = 65 minutes soit 1 h 05.

Consult M. A	Pause	Consult M. B	Pause	Consult M. C
15 h 15- 15 h 35	10 min	15 h 45- 16 h 05	15 min	16 h 20- 16 h 40

Pause	Consult M. D	Pause	Consult Mme. E
20 min	17 h 00- 17 h 20	20 min	17 h 40- 18 h 00

6. **b.** Il y a eu 24 + 11 = 35 bulletins au lieu de 30 bulletins. Avec 5 bulletins en trop nous pouvons dire que 5 élèves ont triché.

Exercice 6

1. **d.** Nous pouvons schématiser les échanges comme ci-dessous. Ainsi, il y a 14 amis plus Claire, soit 15 personnes.

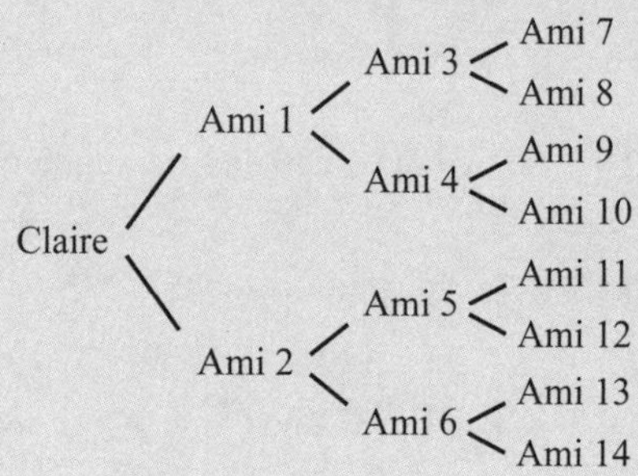

2. **b.** David achète un CD 4 € (240 € / 60 CD = 4 €). Il revend un CD 7 € (28 € / 4 CD = 7 €). Il fait alors un bénéfice de 3 € par CD vendu. S'il vend 6 lots, c'est-à-dire 24 CD (4 CD × 6 lots), il gagne 24 × 3 € = 72 €.
3. **c.** Nous avons 5 couleurs différentes donc dans la situation la plus extrême, il commencera par distribuer un jeton de chaque couleur, donc 5 jetons et ce ne sera qu'au 6e jeton distribué qu'apparaitra obligatoirement une couleur qui aura déjà été donnée.
4. **b.** La référence est le prix en 2000 soit 0,46 €. En termes de pourcentage cette référence s'écrit 100 %. Si 0,46 € représente 100 % alors 0,85 € représente (0,85 × 100) / 0,46 soit 184,8 %. Il y a donc par rapport au prix de départ une augmentation de 84,8 %.

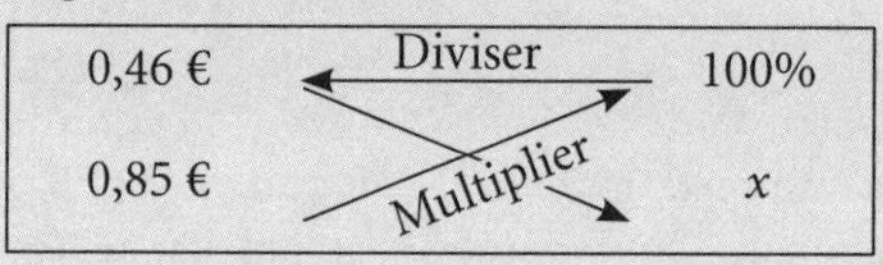

Produit en croix :

$x = (0{,}85 \times 100) / 0{,}46$

$x = 184{,}8\ \%$

Il est également possible de dire que le prix a augmenté de 0,39 € (0,84 – 0,46) et de chercher le pourcentage que cela représente par rapport à la référence de 0,46 €. Le produit en croix serait (0,39 × 100) / 0,46 = 84,8 %.

> Une augmentation de 100 % du prix reviendrait à doubler le prix de départ c'est-à-dire 0,92 € ; cela nous donne un ordre d'idée du pourcentage à trouver, il sera inférieur à 100 % puisque le prix en 2006 est de 0,85 € (inférieur à 0,92 €).

5. **c.** En classant du moins cher au plus cher, la 1re indication nous permet de poser : 1–4 ; la 2e indication : 1–4–2 ; la 3e indication nous dit que le magasin 1 n'est pas le moins cher, c'est donc obligatoirement le magasin restant, le 3 qui est le moins cher.

6. **c.** Les chiffres impairs sont 1–3–5–7–9 ; 9 est le 5ᵉ chiffre impair ; ainsi 19 sera le 10ᵉ nombre impair, 29 le 15ᵉ, etc. en continuant le raisonnement on trouve que 189 est le 95ᵉ nombre impair et 197 sera le 99ᵉ nombre impair.

Exercice 7

1. **d.** Si aujourd'hui son capital est de 100 000 €, dans un an, il aura augmenté de 20 % soit :

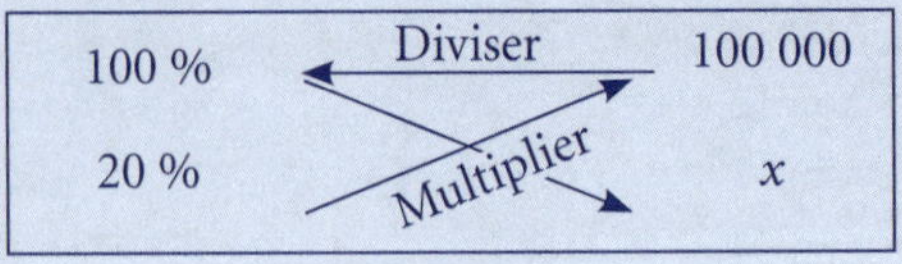

Produit en croix :

$x = (20 \times 100\,000) / 100$

$x =$ **20 000 €**

Son capital aura augmenté de 20 000 €, il sera de 120 000 €. La 2ᵉ année, son capital aura augmenté de 20% soit :

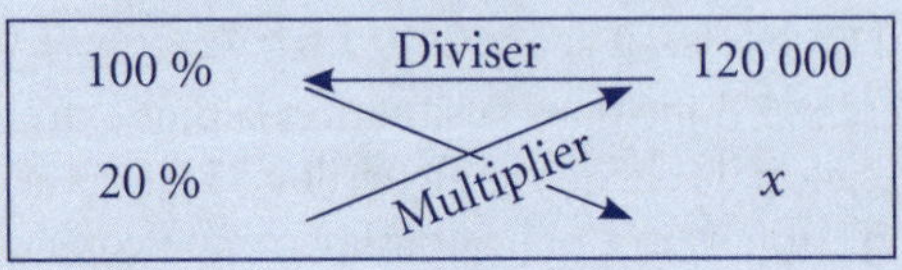

Produit en croix :

$x = (20 \times 120\,000) / 100$

$x =$ **24 000 €**

Son capital sera alors de 144 000 €. La 3ᵉ année il augmentera de :

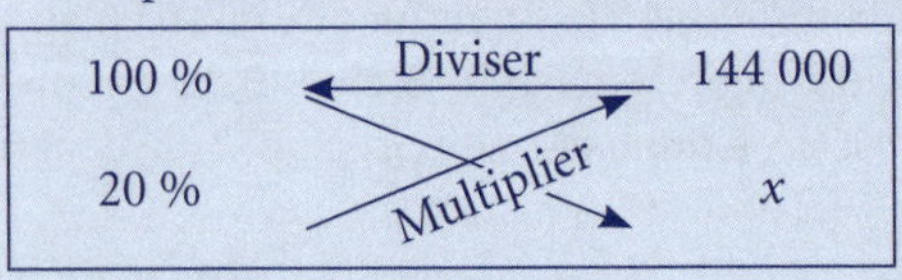

Produit en croix :

$x = (20 \times 144\,000) / 100$

$x =$ **28 800 €**

Son capital sera de **172 800 €.**

2. **a.** La moyenne des 5 notes doit être égale à 10/20. Il doit donc avoir 50 points au total car sa moyenne serait alors de 50pts / 5 notes = 10 pts. Il a déjà obtenu 12 + 8 + 9 + 13 = 42 points. Il lui manque donc 8 points pour avoir la moyenne. Il devra avoir 8/20 à son dernier examen.

3. **b.** Si une personne sur 6 se désiste, sur 30 personnes il y aura :

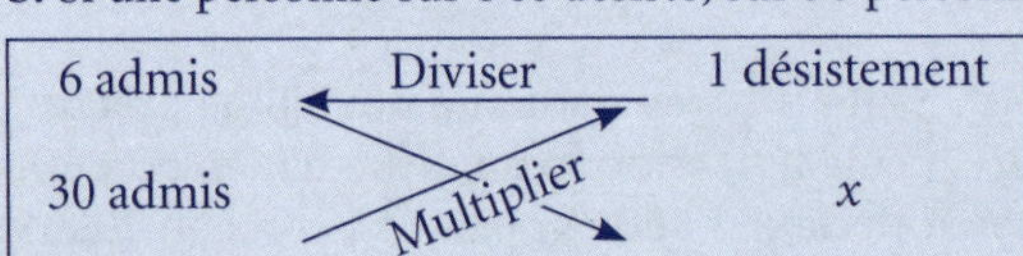

Produit en croix :

$x = (30 \times 1) / 6$

$x =$ **5 désistements**

Sur 30 admis, 5 se désisteront : les 5 premiers sur liste d'attente seront admis.

4. **c.** 10 concurrents sont déjà passés puis Cécile se classe 7ᵉ. Lorsque Marie passe et se classe 5ᵉ, Cécile prend alors la 8ᵉ place. Puis Amanda prend la 2ᵉ place, Cécile recule encore d'une place, elle est alors 9ᵉ.

5. **a.** Il est possible de tester rapidement les solutions proposées ou poser un système d'équation. Pour cela il faut transcrire l'énoncé sous forme d'équation :

– « Barnabé est deux fois plus âgé que Tom » s'écrit : $B = 2T$
– « Cédric a 42 ans soit deux fois l'âge de Barnabé et Tom réunis » s'écrit : $2 \times (B + T) = 42$

Nous avons le système d'équation suivant :

$$\begin{cases} B = 2T & (1) \\ 2B + 2T = 42 & (2) \end{cases}$$

Nous cherchons l'âge de Tom ; pour cela il faut exprimer B en fonction de T ; D'après (1), nous pouvons remplacer B par 2T dans l'équation (2) qui devient :

$2 \times (2T) + 2T = 42 \qquad (2)$

$4T + 2T = 42$

$6T = 42$

$T = 42/6$

$T = 7$

Tom a 7 ans.

6. **c.** Pour pouvoir comparer des fractions, il faut ramener les fractions au même dénominateur. Le plus petit dénominateur commun étant 12 :

– Boris paie 1/3 soit 4/12 du loyer ;
– Marc paie 1/4 soit 3/12 du loyer.

À eux deux ils paient $4/12 + 3/12 = 7/12$. L'entièreté du loyer représente 12/12, aussi Clémence qui doit payer le restant paiera $12/12 - 7/12 = 5/12$. Elle paie donc plus (5 parts contre 3 et 4) que Marc ou Boris.

Exercice 8

1. **29–30–31.** Il est demandé 3 nombres **consécutifs**. La façon la plus simple de les identifier est de faire la moyenne de 90 c'est-à-dire 90 / 3 = 30. Ces 3 nombres seront donc proches de 30.

2. **21 000 €.** Il faut traduire l'énoncé sous forme d'équation. Notons P pour l'héritage de Pierre et J pour l'héritage de Jean :

$$\begin{cases} P + J = 50\,000 & (1) \\ J = P + 8\,000 & (2) \end{cases}$$

Nous voyons que les équations sont composées de 2 inconnues. Pour résoudre ce système, il faut réduire une des équations à une seule inconnue. Pour cela nous voyons que le J de (1) peut être remplacé par son égalité donné dans (2) c'est-à-dire par P + 8000 ; Ainsi (1) devient : P + **(P + 8000)** = 50 000 ; 2P = 42 000 et P = 21 000 €.

3. **164 pattes**. Sans compter le serpent qui n'a pas de pattes, Thomas a pris :
   – 3 photos de 2 éléphants qui ont 4 pattes soit 24 pattes ($3 \times 2 \times 4$)
   – 4 photos de 6 lions qui ont 4 pattes soit 96 pattes ($4 \times 6 \times 4$)
   – 2 photos de 3 girafes qui ont 4 pattes soit 24 pattes ($2 \times 3 \times 4$)
   – 5 photos de 2 perruches qui ont 2 pattes soit 20 pattes ($2 \times 5 \times 2$)

   A total il y a 24 + 96 + 24 + 20 = 164 pattes sur l'ensemble des photos.

4. **Félix**. Conseil : repérer deux enfants qui sont en contradiction car cela implique que c'est un de ces deux enfants qui ment. Par exemple Karine et Félix sont en contradiction. Sachant qu'un seul enfant ment, si c'est Karine alors nous savons que c'est une fille et que d'après Paul elle est en 5e, donc que c'est Valérie ; or Valérie dit que ce n'est pas elle. Ce n'est donc pas Karine qui a menti, c'est donc Félix. Vous pouvez vérifier que Félix est bien le menteur et vous trouverez que c'est également lui qui a fait les graffitis !

5. **5 paris**. Son 1er pari lui rapporte $5 \times 2 = 10$ €. Son 2e pari lui rapporte $10 \times 2 = 20$ €. Au 3e pari il aura $20 \times 2 = 40$ €, au 4^{e} $40 \times 2 = 80$ € et au 5^{e} $80 \times 2 = 160$ €.

6. **148,5 €**. Attention dans ce type d'exercice, le 2e pourcentage s'applique au prix qui a augmenté et non à 150 €, autrement dit : l'article a 150 € augmenté de 10 %. Il faut calculer ce que représente 10 % de 150 € et l'ajouter au prix de départ :

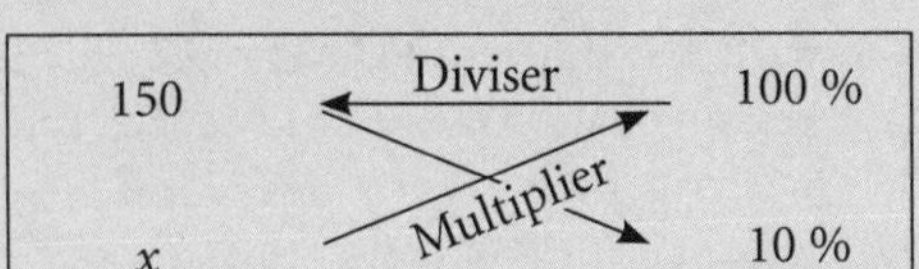

Produit en croix :
$x = (10 \times 150) / 100$
$x = 15$ €

Le prix augmenté de 10% est de 150 + 15 = 165 €.

Si on diminue ce prix de 10%, nous obtenons une réduction de 16,5 € :

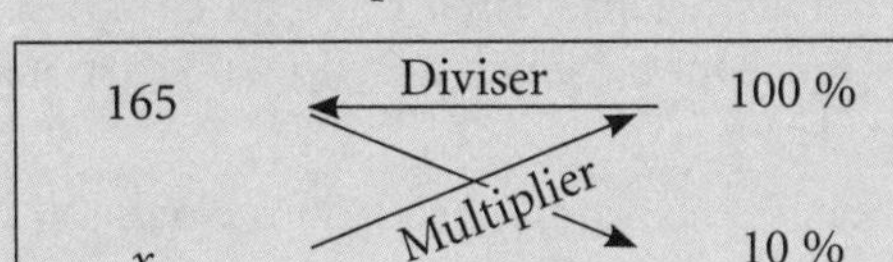

Produit en croix
$x = (10 \times 165) / 100$
$x = 16,5$ €

Le nouveau prix est donc de 165 – 16,5 = 148,5 €.

Exercice 9

1. **d.** Attention les maisons ont des numéros impairs donc 1–3–5–7, etc. ! Commençons par les informations qui n'ont qu'une seule possibilité à savoir qu'Adrien habite au N°1 et qu'Adrien et Charles sont séparés par 8 maisons :

A									C
N°1	N°3	N°5	N°7	N°9	N°11	N°13	N°15	N°17	N°19

Sachant que « 7 maisons séparent l'habitation de Charles et de Daniel » et que « Daniel est plus proche de Adrien… que de Charles », nous pouvons positionner Daniel :

A	D								C
N°1	N°3	N°5	N°7	N°9	N°11	N°13	N°15	N°17	N°19

Sachant que « 5 maisons séparent l'habitation de Benoît et de Charles » et que « Daniel est plus proche de… Benoît que de Charles », nous pouvons positionner Benoit :

A	D		B						C
N°1	N°3	N°5	N°7	N°9	N°11	N°13	N°15	N°17	N°19

2. **c.** Il faut retranscrire l'énoncé sous forme d'équations :

$$\begin{cases} C = 2B & (1) \\ B = 5M & (2) \\ C + B + M = 1\,600 & (3) \end{cases}$$

Nous voyons que les équations sont composées de 3 inconnues. Pour résoudre ce système, il faut réduire une des équations à une seule inconnue. Choisissons l'équation (3) : il faut la réduire à une seule inconnue. Pour déterminer quelle inconnue garder il faut regarder les 2 premières équations. Dans ces 2 équations C dans (1) et M dans (2) sont toutes les deux exprimées en fonction de **b.** Nous choisissons d'exprimer l'équation (3) avec la seule l'inconnue **b.** Pour cela il faut remplacer C par 2B (d'après (1)) et M par B/5 (d'après (2)). L'équation (3) devient :

$$2B + B + \frac{B}{5} = 1\,600$$

Problèmes

En rapportant au même dénominateur nous obtenons :

$$\frac{10}{5}B+\frac{5}{5}B+\frac{1}{5}B=1600$$

$$\frac{16}{5}B=1600$$

$$B=\frac{1600\times 5}{16}$$

$$B=\frac{16\times 100\times 5}{16}$$

$$B=100\times 5$$

$$B=500$$

3. **d.** Il faut trouver un nombre divisible à la fois par 7, 8 et 9 et lui ajouter 1. Pour trouver un tel nombre, il suffit de multiplier $7 \times 8 \times 9 = 504$. Ainsi diviser 504 par 7 revient à faire 8×9 ; le diviser par 8 revient à faire 7×9 et le diviser par 9 revient à faire 7×8. Nous devons ajouter 1, c'est-à-dire le pantalon qui reste toujours seul quelque soit les lots, donc $504 + 1 = 505$.

4. **d.** Dans 5 minutes, il y a 10 fois 30 secondes. Camille a donc pris 10×5 secondes soit 50 secondes d'avance; 5 minutes 5 secondes moins 50 secondes donne 4 minutes 15 secondes.

5. **c.** Les indications a et b nous permettent de déterminer le classement suivant (du mieux classé au moins bien classé) : Olivier – Ingrid – Benoît – Joëlle. L'indication c nous donne le classement définitif suivant : Olivier – Ingrid – Benoît – Pierre – Joëlle. Benoît est donc 3e.

Exercice 10

1. **c.** Posons arbitrairement le prix de 100 € pour la perceuse.

Augmentation de 50 % la 1re année : le prix à augmenté de $x = 50 \times 100 / 100$ soit de 50 €. Prix de la 1re année : 150 €	100 € x		100 % 50 %
Diminution de 50 % la 2e année : le prix à diminué de $x = 50 \times 150 / 100$ soit de 75 €. Prix de la 2e année : 75 €	150 € x		100 % 50 %
Augmentation de 50 % la 3e année : le prix à augmenté de $x = 50 \times 75 / 100$ soit de 37,5 €. Prix de la 3e année : 112,5 €	75 € x		100 % 50 %

Le prix initial de 100 € a augmenté à 112,5 € soit de 12,5 €. Le prix initial de référence correspondant à 100 %, 12,5 € représente : $x = 12{,}5 \times 100 / 100 = 12{,}5$ %	100 € 12,5		100 % x %

Le prix a donc augmenté de 12,5 %.

2. **b.** Deux possibilités pour résoudre cet exercice : soit grâce à un schéma, soit en posant les équations. Commençons par poser les équations : nous savons que le père (P), le fils (F) et le grand-père (GP) ont peint une palissade entière ; il nous faut savoir quelle quantité de palissade le grand-père a peint à lui seul :

$$\begin{cases} (1) \quad P + GP + F = 1 \text{ Palissade} \\ (2) \quad P = GP + F \\ (3) \quad GP = 2F \end{cases}$$

Pour résoudre ce système, nous devons réduire l'équation à une seule inconnue. Pour cela nous voyons que dans les équations (2) et (3) les 2 inconnues P et F sont exprimées plus ou moins directement en fonction de GP.

(3) devient (3′) : $F = \dfrac{GP}{2}$

Nous nous servons de l'équation (3) pour remplacer « F » de l'équation (2) par $\dfrac{GP}{2}$,

(2) devient (2′) :

$$P = GP + \frac{GP}{2}$$

$$P = \frac{2}{2}GP + \frac{1}{2}GP$$

$$P = \frac{3}{2}GP$$

En remplacant dans (1) P et F par leur expression établi dans (2′) et (3′), nous obtenons :

$$\frac{3}{2}GP + GP + \frac{GP}{2} = 1 \qquad (1)$$

$$\frac{3}{2}GP + \frac{2}{2}GP + \frac{1}{2}GP = 1$$

$$\frac{6}{2}GP = 3GP = 1$$

$$GP = \frac{1}{3}$$

Ainsi, le grand père a peint 1/3 de la palissade en 1 journée. S'il avait été seul, il lui aurait donc fallu 3 journées.

Cet exercice peut se résoudre plus rapidement grâce à un schéma. Nous pouvons schématiser : « le père peint aussi vite que le grand-père et le fils réuni » par :

PÈRE	GRAND-PÈRE + FILS

De plus, le grand-père peint deux fois plus vite que le fils, soit :

PÈRE	GRAND-PÈRE	FILS

La fraction peinte par le père est de 3/6 :

PÈRE	GRAND-PÈRE	FILS

Ainsi, nous voyons que le père peint 3/6e de la palissade, le grand-père peint 2/6e de la palissade et le fils 1/6e de la palissade. Si en 1 journée le grand-père peint 2/6e soit 1/3 de la palissade, il lui aurait fallu 3 journées pour peindre la totalité de la palissade à lui seul.

3. **d.** L'énoncé demande le jour où elle a 120 vêtements en vente, donc à n'importe quel moment de la journée. Ainsi lundi matin, elle a 100 vêtements et 80 le soir ; mardi matin, elle a 105 vêtements et 85 le soir ; mercredi matin, elle en a 110 et 90 le soir ; le jeudi matin elle en a 115 et 95 le soir et enfin le vendredi elle en a 120 le matin et 100 le soir. C'est donc vendredi matin qu'elle aura 120 vêtements en vente.

4. **c.** Il faut transcrire l'énoncé en équations :

   A = B + C comme A pèse 900 g : B + C = 900 (1)
   B = C + D comme D pèse 100 g : B = C + 100 (2)

   Nous sommes donc en présence d'un système de 2 équations à 2 inconnues ; il faut réduire une des équations à une seule inconnue. Pour cela, il faut remplacer B dans l'équation (1) par son expression dans (2) c'est-à-dire par C + 100. (1) devient alors :

   (C + 100) + C = 900
   2C + 100 = 900
   2C = 800
   C = 400

5. **a.** Du mieux noté au moins bien noté :

   – l'indication 1 nous permet de noter : Léo-(3) – Louis-(6) – Romain ;

   – l'indication 2 nous permet de noter : Corinne = 16 – Louis = 14 ;

   En recoupant les informations sur Louis, nous pouvons poser :

   Léo = 17 – Corinne = 16 – Louis = 14 – Romain = 8

   La 3e indication complète l'ébauche ci-dessus en recoupant les informations sur Romain (Ghislaine a 8 – 2 = 6 points donc Zoé a 6 – 5 = 1 point).

   Voici les notes attribuées à chaque élève :

Zoé	Guislaine	Romain	Louis	Corinne	Léo
1/20	6/20	8/20	14/20	16/20	17/20

Exercice 11

1. **Benjamin – Gabin – Céline – Fabien – Émilie – Anaïs – David.** Pour réaliser ce type d'exercice, il est conseillé de réaliser une grille afin d'y placer les différentes possibilités de placement. Pour simplifier l'exercice nous n'utiliserons que les initiales des prénoms.

   Dans un 1er temps, nous pouvons placer F au milieu et les différentes possibilités de placer A, D et E.

1	D	A	E	F			
2				F	D	A	E
3	E	A	D	F			
4				F	E	A	D

Reprenons maintenant l'indication « Il y a une personne entre Émilie et Céline » : cette indication élimine les possibilités 2 et 3. Il reste 1 et 4 :

1	D	A	E	F	C		
4			C	F	E	A	D

Reprenons à présent les indications « Lorsqu'on regarde la chorale, Benjamin est à gauche de Gabin. » et « Gabin est entre deux personnes. » : ces indications éliminent la 1re possibilité, reste la 4e :

4	B	G	C	F	E	A	D

2. **15 jours.** Sans poser de formule, vous pouvez écrire les différentes possibilités existantes :

AB	BC	CD	DE	EF
AC	BD	CE	DF	
AD	BE	CF		
AE	BF			
AF				

3. **120 élèves.** Il faut retranscrire l'énoncé sous forme d'équation avec une inconnue : le nombre d'élèves dans le lycée que nous appellerons E :

$$E = \frac{1}{2}E + \frac{1}{5}E + 36$$

$$E - \frac{1}{2}E - \frac{1}{5}E = 36$$

$$\frac{10}{10}E - \frac{5}{10}E - \frac{2}{10}E = 36$$

$$\frac{3}{10}E = 36$$

$E = \dfrac{36 \times 10}{3}$ Pour simplifier, remplaçons 36 par 3×12

$$E = \frac{3 \times 12 \times 10}{3}$$

$$E = 12 \times 10$$

$$E = 120$$

4. **4235.** Le mot consécutif est important car nous pouvons trouver l'ordre de grandeur des chiffres. Pour cela il faut diviser 14 par 4 ; cela nous donne 3,5. Les chiffres sont donc des chiffres voisins de 3,5 ; comme ils sont consécutifs, nous pouvons essayer 1 + 2 + 3 + 4 = 10 ; essayons alors 2 + 3 + 4 + 5 = 14. Le code est donc constitué de ces 4 chiffres : 2–3–4–5. Il faut maintenant en déterminer l'ordre. L'indication « le 1er chiffre est le double du 2e » implique que le 1er chiffre est 4 et le 2e est 2. L'indication « L'addition du 1er et du 2e chiffre est le double du 3e chiffre » implique que le 3e chiffre est le 3. Le dernier chiffre est donc le 5 ; ceci est vérifié par l'indication « Le 2e chiffre additionné au 3e est égale au 4e ».

5. **61 chats.** Attention, seules les chattes peuvent avoir des chatons. A la 1re génération, il aura 4 chatons dont 2 femelles ; ces deux femelles feront 4 chatons, soit 8 chatons à la 2e génération dont 4 femelles en tout. Ces 4 femelles auront 4 chatons à la 3e génération soit 16 chatons dont 8 femelles. Ces 8 femelles feront 4 chatons à la 4e génération soit 32 chatons. Au total, sur 4 générations de chats, il y aura 1 + 4 + 8 + 16 + 32 = 61 chats.

Exercice 12

1. **B.** Pour réaliser cet exercice nous vous conseillons de ne retenir que les initiales des prénoms afin de simplifier votre raisonnement et de réaliser une grille afin d'y placer les 6 possibilités de placer B, D, et E dans un 1er temps sachant que D est entre B et E ; puis à partir de cette grille reprendre les différentes indications. D'après l'indication « *Daniel est le voisin de Bernard et Émile* », voici les différentes possibilités de placer B, D et E :

	N° 1	N° 2	N° 3	N° 4	N° 5
1re possibilité	B ou E	D	B ou E		
2e possibilité		B ou E	D	B ou E	
3e possibilité			B ou E	D	B ou E

En prenant l'indication « *il y a 2 maisons entre Bernard et Cédric* » et « *Cédric n'habite pas au N° 5* », nous pouvons positionner C dans les 3 possibilités :

	N° 1	N° 2	N° 3	N° 4	N° 5
1re possibilité	B ou E	D	B ou E	C	
2e possibilité	C	B ou E	D	B ou E	∈
3e possibilité		C	B ou E	D	B ou E

D'après l'indication « *André est le voisin de Bernard* », nous ne pouvons retenir la 1re possibilité, ni la 3e possibilité ; la 2e possibilité devient :

	N° 1	N° 2	N° 3	N° 4	N° 5
2e possibilité	C	~~B ou~~ E	D	B ~~ou E~~	A

Nous avons ainsi déterminé l'ordre : André habite au N° 5, Bernard au N° 4, Cédric au N° 1, Daniel au N° 3 et Émile au N° 2.

2. **D.** La 1re semaine, il lui reste 2/3 du mémoire à écrire, elle en a donc réalisé 1/3. Si la 2e semaine, son mémoire a deux fois plus de pages, elle en a donc réalisé 2 × 1/3, soit 2/3. Il lui reste donc 1/3 à écrire la 2e semaine. Si le tiers restant représente 60 pages alors son mémoire comporte en tout trois fois plus de pages soit 60 × 3 = 180 pages.

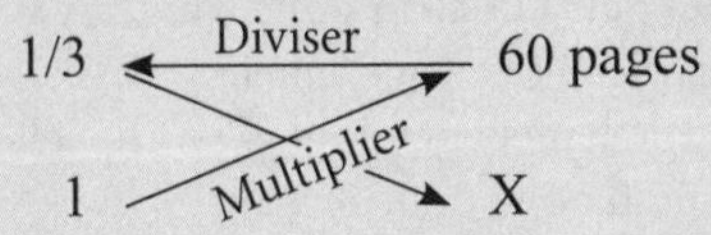

Produit en croix :

X = (1 x 60) / (1/3)

X = 180 pages

3. **B.** Il est possible de remplacer dans la dernière équation

– le ♟ par ♞ + ♜ (d'après la 2e équation)

– le ♝ par ♛ + ♞ (d'après la 1re équation).

La dernière équation devient alors :

♛ + (♞ + ♜) – (♛ + ♞) = ♛ + ♞ + ♜ – ♛ – ♞ = ♜

4. **A.** Pour résoudre cet exercice, vous pouvez construire le tableau suivant :

	Zoé	Christelle	Thomas	Antoine	Céline
Janvier	X_2	X_2	X_2	O_1	X_2
Mars	X_{10}	O_9	X_8	X_2	X_3
Mai	X_6	X_6	X_6	X_2	O_5
Juillet	O_{11}	X_1	X_8	X_2	X_1
Août	X_4	X_1	O_7	X_2	X_1

– L'indication *Christelle et Céline ne sont pas nées en été,* nous permet de poser X_1 dans le tableau (X signifie « non » c'est-à-dire que cette personne n'est pas née ce mois ; O signifie oui).

– L'indication *Antoine est né en premier*, nous permet de mettre O_1 et les huit X_2.

– L'indication *Céline n'est pas née en mars,* nous permet de mettre X_3

– Enfin l'indication *Zoé n'est pas née en août*, nous permet de mettre X_4.

En regardant la colonne « Céline » nous voyons qu'elle ne peut être née qu'en mai, nous pouvons donc mettre O_5 et trois X_6.

En regardant la ligne « août », nous voyons que la seule personne qui peut être née en août est Thomas. Nous mettons donc O_7 et deux X_8.

Enfin, en continuant à lire le tableau nous voyons que Christelle(O_9, X_{10}) est né en mars et que cela ne peut être que Zoé qui est née en juillet (O_{11}).

5. **C.** Le premier joueur va rencontrer les 7 autres joueurs (7 matchs), puis le deuxième joueur rencontrera les 6 autres joueurs (6 matchs), etc. Nous pouvons schématiser le raisonnement comme ci-dessous :

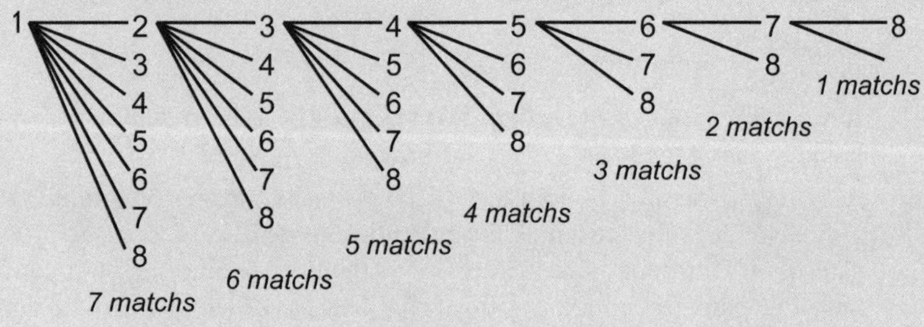

7 + 6 + 5 + 4 + 3 + 2 + 1

= 28 matchs

6. **C.**

La deuxième indication nous oblige à placer celui qui était 2e, 4e et 6e comme ceci :

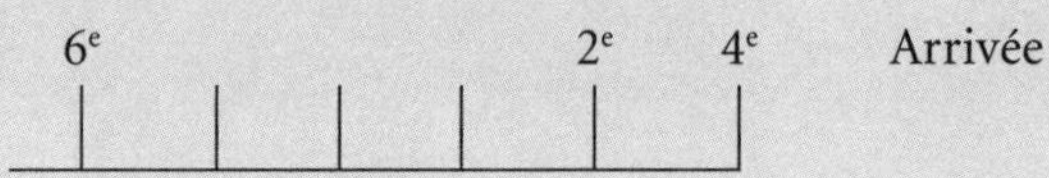

La troisième indication nous permet de placer celui qui était 3e, 5e et par rapport au 6e comme ceci :

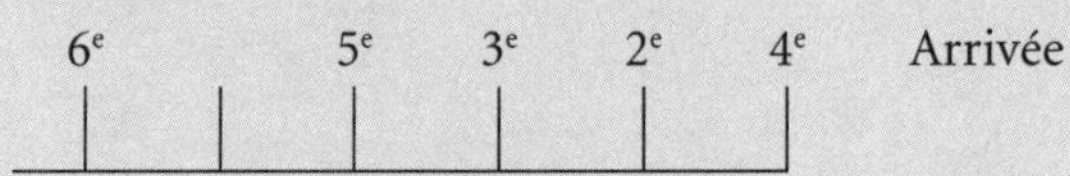

Enfin, la première indication nous permet de placer celui qui était 1er par rapport à celui qui était 3e :

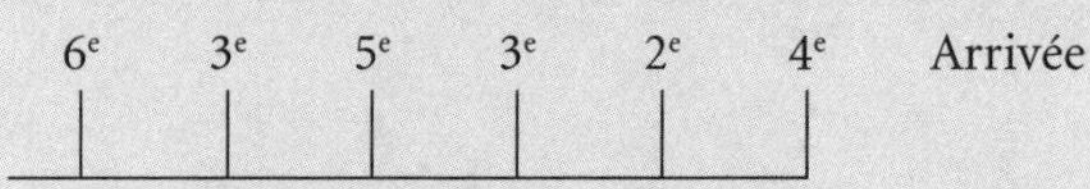

Problèmes

7. **B.** D'apparence compliqué, cet exercice est simple à résoudre ; en effet, si Z = 50 + 2/3 Z, cela signifie que dans cette équation, 50 représente 1/3 de la taille de Zoé :

$$Z = 50 + \frac{2}{3}Z$$

$$\downarrow \quad \downarrow \quad \downarrow$$

$$\frac{3}{3} = \frac{1}{3} + \frac{2}{3}$$

Taille
totale

Ainsi, si 50 cm représente le tiers de la taille de Zoé, celle-ci est donc 3 fois plus grande : 50 × 3 = 150 cm.

8. **A.** Si un pâtissier met 10 minutes à faire 10 gâteaux, alors en 30 minutes, c'est-à-dire en 3 fois plus de temps, il fera 3 fois plus de gâteaux donc 3 × 10 = 30 gâteaux. Il faut donc un seul pâtissier ; Attention, la question était combien faut-il de pâtissier *supplémentaire*, il n'en faut pas de supplémentaire donc la réponse est zéro.

Concours blancs

Concours blanc 1

00:10

1. Si Lucien habite à Lunel, Martine à Marseille et Virginie à Vienne, où habite Nicole ?

❒ **a.** Nantes ❒ **b.** Nîmes ❒ **c.** Rennes ❒ **d.** Lyon

2. Que manque-t-il à ce proverbe dont les mots ont été mélangés ?

amis les comptes bons les font

❒ **a.** Des ❒ **b.** Un ❒ **c.** Bons ❒ **d.** Pour

3. Compléter cette analogie :

Pages est à livre ce que pièces est à ....

❒ **a.** Salon ❒ **b.** Maison ❒ **c.** Chambre ❒ **d.** Espace

4. Quelle proposition complète cette série ?

3 7 15 31 63 ?

❒ **a.** 72 ❒ **b.** 81 ❒ **c.** 127 ❒ **d.** 141

5. Quelle proposition complète cette série ?

Cheveux 7 Tirage 6 Parapluie 9 Capuchon 8

❒ **a.** Vélo 4 ❒ **b.** Clavier 17 ❒ **c.** Jupe 6 ❒ **d.** Carotte 5

6. Quelle proposition complète cette série ?

10 X 5 V 50 L 1 I 100 ?

❒ **a.** C ❒ **b.** D ❒ **c.** W ❒ **d.** M

7. Compléter cette analogie :

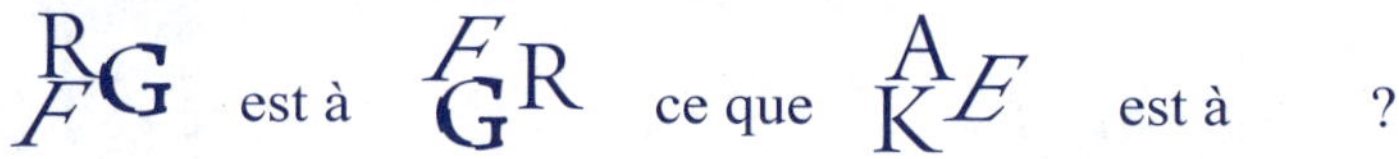

8. Quelle proposition complète cette série ?

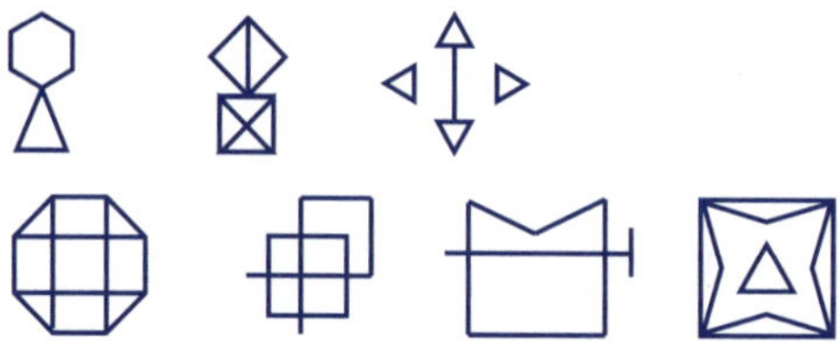

□ a. □ b. □ c. □ d.

9. Cyril emprunte 1 000 € à la banque avec un intérêt de 10 %.

Quelle somme devra-t-il rembourser à la banque ?

❐ **a.** 100 € ❐ **b.** 900 € ❐ **c.** 1 000 € ❐ **d.** 1 100 €

10. Quel domino complète cette série ?

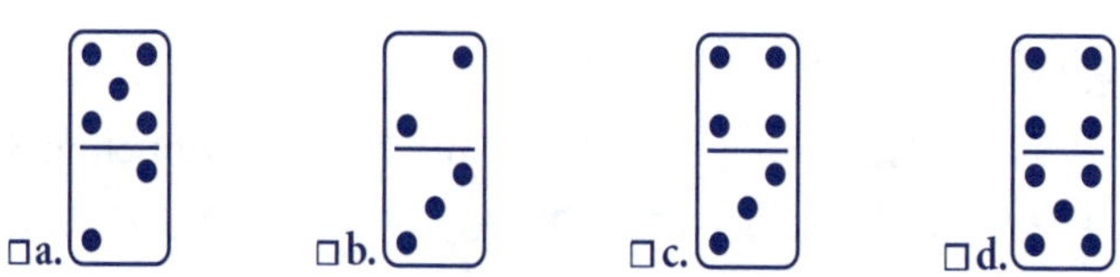

Corrigés

1. **b.** Les deux premières lettres du prénom et de la ville sont identiques.
2. **c.** Il s'agit du proverbe : « les bons comptes font les bons amis ».
3. **b.** Les pages sont les éléments qui constituent un livre et les pièces sont les éléments qui constituent une maison.
4. **c.** (x 2 + 1) entre chaque terme de la série. Autre raisonnement : pour passer d'un terme à l'autre, on commence par additionner 4, puis 8, 16, 32. Il faut donc additionner 64 au dernier terme (63 + 64 = 127).
5. **a.** Chaque mot est associé à un chiffre qui correspond au nombre de lettres qui composent ce mot.
6. **a.** Chaque nombre est suivi d'une lettre correspondant à son écriture en chiffre romain.
7. **d.** Observer le déplacement de la lettre R entre les deux premières figures et répéter ce déplacement avec la lettre A de la 3e figure afin de déterminer la bonne proposition. Faire de même avec les 2 autres lettres.
8. **d.** La logique se trouve en comptant le nombre de traits de chaque figure. La 1ère est constituée de 9 traits, la 2e de 11 traits, la 3e de 13 traits. Nous cherchons donc une figure constituée de 15 traits.
9. **d.** La taux d'intérêt est de 10 % de 1 000 €, soit 100 €.

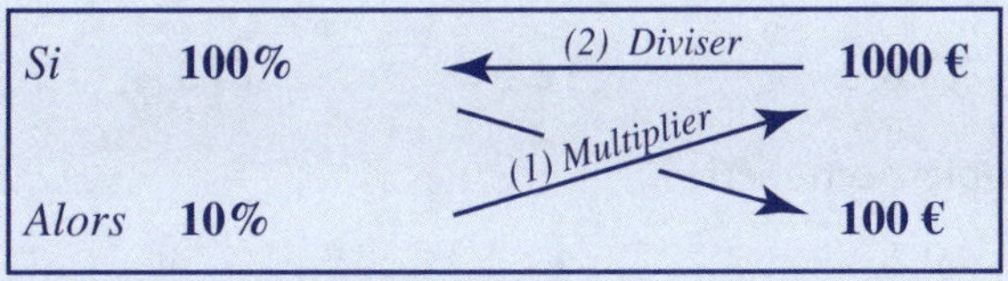

Produit en croix

$$\frac{10 \times 1000}{100} = 100$$

Il devra donc rembourser la somme totale (somme empruntée + intérêt) de 1 000 + 100 = 1 100 €.

10. **d.**

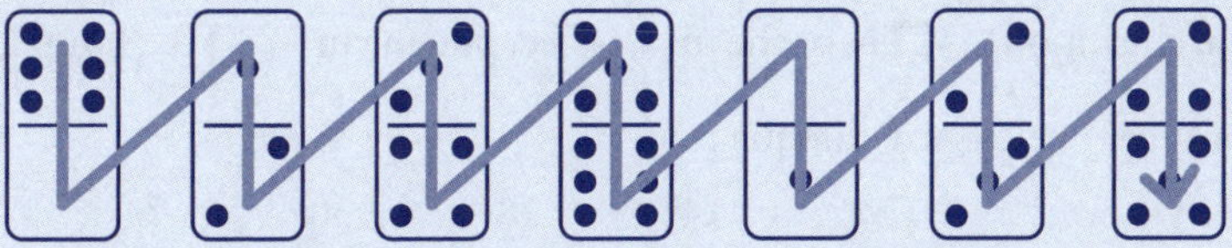

2 Concours blanc

00:10

1. Déterminer la valeur du cadeau en vous servant des 3 égalités ci-dessous :

❐ **a.** 1 ❐ **b.** 2 ❐ **c.** 3 ❐ **d.** 4

2. Quelle lettre complète cette série :

7 S 9 N 8 H 4 ?

❐ **a.** X ❐ **b.** M ❐ **c.** Q ❐ **d.** D

3. Compléter cette analogie :

Pointeau est à taupoin ce que peauchou est à :

❐ **a.** cheaupou ❐ **b.** pacheau ❐ **c.** poucheau ❐ **d.** choupeau

4. Compléter cette série logique :

4 6 12 14 28 30 ?

❐ **a.** 60 ❐ **b.** 65 ❐ **c.** 68 ❐ **d.** 70

5. Si un livre coûte 12 €, une plante 16 €, une casquette 3 €, combien coûte une robe ?

❐ **a.** 14 € ❐ **b.** 18 € ❐ **c.** 20 € ❐ **d.** 31 €

6. Si 46346153 = CASCADES et 82995 = GOMME, à quoi est égal 9533685 ?

❐ **a.** Messager ❐ **b.** Mésange ❐ **c.** Message ❐ **d.** Mimosa

7. Devant une porte d'accès à un sauna se trouvent 4 serviettes, 12 chaussures et 5 sacs. Avec ces informations, combien pouvez-vous dire qu'il y a de personnes au minimum ?

❐ **a.** 5 ❐ **b.** 6 ❐ **c.** 12 ❐ **d.** 21

8. Quel domino complète cette série ?

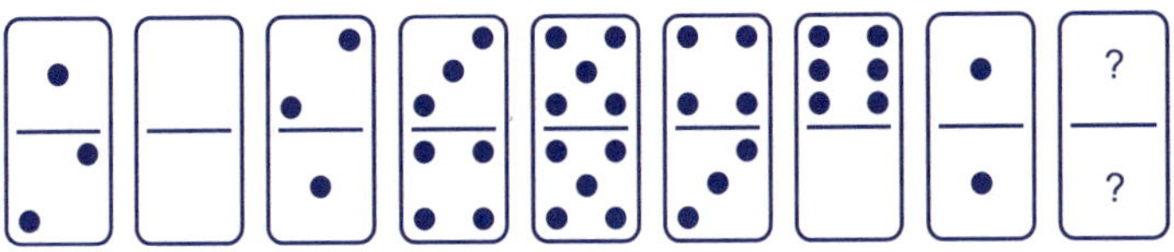

❐ **a.**  ❐ **b.**  ❐ **c.** 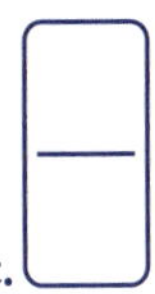 ❐ **d.** 

9. Quelle forme complète cette série :

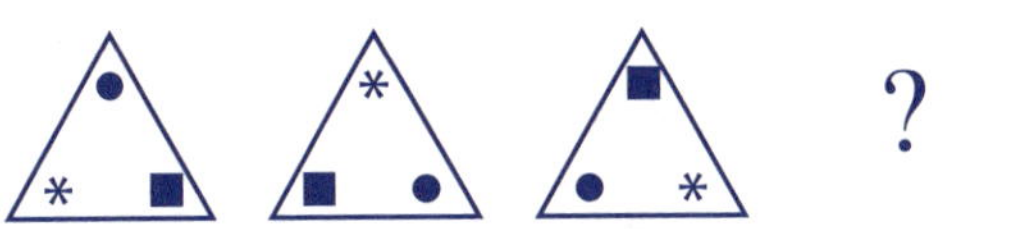

❐ **a.** ❐ **b.** ❐ **c.** ❐ **d.**

10. Quelle proposition se rapproche le plus du proverbe « *L'habit ne fait pas le moine* » ?

❐ **a.** La religion ne peut être que spirituelle.
❐ **b.** Les qualités humaines sont plus importantes que les possessions.
❐ **c.** Les apparences sont trompeuses.
❐ **d.** À chaque métier son uniforme.

Corrigés

1. **b**. Si 4 verres sont égaux à 12, nous savons qu'un verre égal 3. Connaissant la valeur d'un verre, nous savons maintenant que sur la 2e ligne, 2 bonbons valent 10 (13 – 3), donc un bonbon vaut 5. Il suffit donc de résoudre l'égalité de la 3e ligne avec les valeurs déterminées pour trouver que le cadeau égal 2.
2. **c**. Chaque chiffre est suivi d'une lettre correspondant à la première lettre dans l'écriture de ce chiffre. Par exemple, 7 s'écrit **S**ept.
3. **d**. Il existe une inversion des deux syllabes des termes proposés.
4. **a**. Alternance des opérateurs (+2) et (x2) entre chaque terme de la série.
5. **b**. Le prix correspond au rang alphabétique de la 1ère lettre du mot qui lui est associé.
6. **c**. À chaque chiffre du nombre correspond une lettre du mot.

C A S C A D E S → 4 6 3 4 6 1 5 3

G O M M E → 8 2 9 9 5

9 5 3 3 6 8 5 → M E S S A G E

7. **b**. Il faut choisir la plus grande quantité annoncée mais 12 chaussures correspondent à 6 paires de chaussures, donc un minimum de 6 personnes.
8. **a**. Les dominos sont à regrouper par 3 : le domino du milieu représente un axe de symétrie.

9. **a**. Tous les symboles tournent d'un angle dans le sens des aiguilles d'une montre.
10. **c**.

Concours blanc 3

00:10

1. Compléter cette série :

1	5	7
2	6	8
4	8	?

❒ **a.** 10 ❒ **b.** 11 ❒ **c.** 12 ❒ **d.** 13

2. Un train met 3 h 30 min pour faire Paris, Montpellier. Sachant que la distance entre ces deux villes est de 700 Km, déterminer la vitesse moyenne de ce train.

❒ **a.** 150 Km/h ❒ **b.** 200 Km/h ❒ **c.** 350 Km/h ❒ **d.** 410 Km/h

3. Nora lit un livre de 120 pages. Sachant qu'elle lit une page en 30 secondes, combien de temps lui faudra-t-il pour lire ce livre ?

❒ **a.** 1 h ❒ **b.** 6 h ❒ **c.** 10 h ❒ **d.** 60 h

4. Quel mot continue cette suite logique :

Course Balance Surprise Téléphone

❒ **a.** Disparition ❒ **b.** Criminel ❒ **c.** Colère ❒ **d.** Lampadaire

5. Compléter cette série de lettres :

C K D M E O F Q G ? ?

❒ **a.** H R ❒ **b.** R H ❒ **c.** S H ❒ **d.** S I

6. Compléter cette série :

Étranger 5 Sucette 19 Vélo 22 Repas 18 ?

❐ **a.** Biberon 2 ❐ **b.** Linge 13 ❐ **c.** Main 4 ❐ **d.** Cheveux 16

7. Compléter cette série :

S 8 J 17 F 21 T 7 W ?

❐ **a.** 3 ❐ **b.** 4 ❐ **c.** 10 ❐ **d.** 12

8. Quelle proposition complète cette série ?

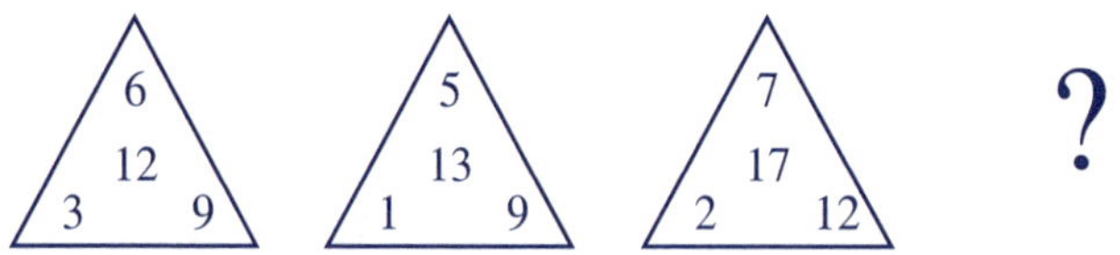

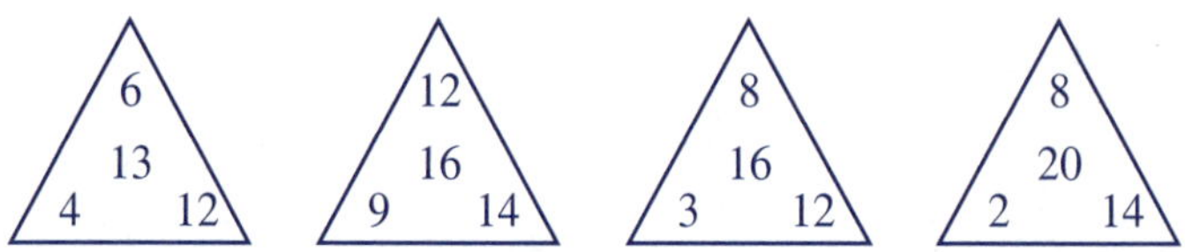

❐ **a.** ❐ **b.** ❐ **c.** ❐ **d.**

9. Quel nombre complète cette série ?

12 11 5 17 ?

❐ **a.** 8 ❐ **b.** 10 ❐ **c.** 22 ❐ **d.** 25

10. Trouver l'intrus :

❐ **a.** ❐ **b.** ❐ **c.** ❐ **d.**

Corrigés

1. **a**. Raisonnement en ligne. Ajouter 4 au 1er chiffre pour trouver le 2e ; puis ajouter 2 au 2e chiffre pour trouver le 3e.

2. **b.**

$$\text{Vitesse} = \frac{\text{Distance}}{\text{Temps}} = \frac{700 \text{ Km}}{3{,}5 \text{ h}} = 200 \text{ Km/h}$$

3. **a**. Pour simplifier les calculs, nous pouvons dire que Nora lit 2 pages en 1 minute, ainsi pour lire 120 pages, elle mettra : 120/2 = 60 minutes.

4. **d.** Le nombre de lettres de chaque mot, augmente régulièrement.

5. **c.** Il existe 2 séries en lisant une lettre sur deux :

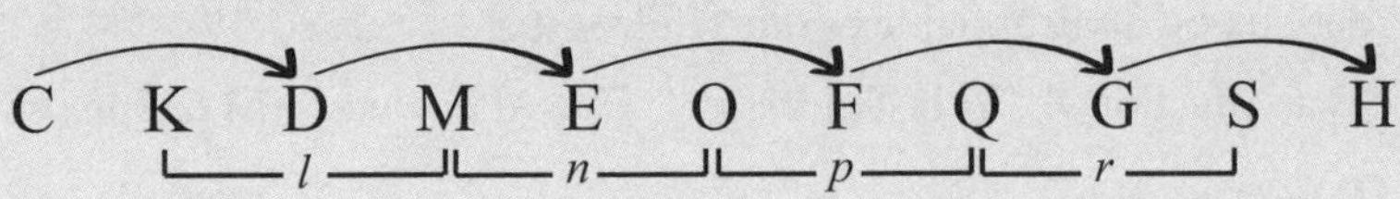

6. **a**. Chaque mot est associé à un chiffre qui correspond au rang alphabétique de la 1ère lettre du mot.

7. **b**. Chaque lettre est suivie d'un nombre correspondant à son rang dans l'alphabet inversé.

8. **d.**

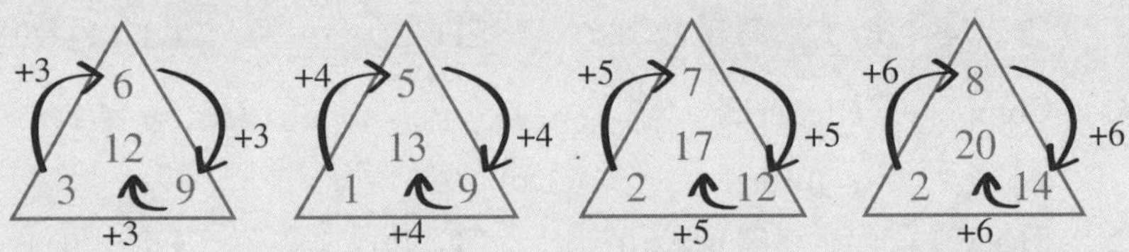

9. **a**. Le nombre associé à chaque forme correspond au nombre de petits carrés qui composent cette forme.

10. **b**. Toutes les figures sont des rotations de la figure de gauche sauf la proposition b. qui a subit une symétrie.

4 Concours blanc

00:10

1. Compléter cette analogie :

Sérieux est à raisonnable ce que tendre est à ....

❒ **a.** Affection ❒ **b.** Tendresse ❒ **c.** Affectueux ❒ **d.** Enlacement

2. Compléter cette série :

IX N XV Q VI S XII D IV ?

❒ **a.** Q ❒ **b.** R ❒ **c.** S ❒ **d.** T

3. Compléter cette série :

10 4 13 8 16 12 19 16 ? ?

❒ **a.** 14 16 ❒ **b.** 22 20 ❒ **c.** 21 19 ❒ **d.** 14 20

4. Compléter cette série :

W 24 0 16 A 2 L 13 ?

❒ **a.** F 9 ❒ **b.** K 10 ❒ **c.** L 14 ❒ **d.** S 20

5. Compléter cette série :

Chemise 14 Lit 6 Oreiller 16 Numéro 12 ?

❒ **a.** Moquette 10 ❒ **b.** Soucoupe 15 ❒ **c.** Cadenas 14 ❒ **d.** Jambon 13

6. Quelle forme complète cette série ?

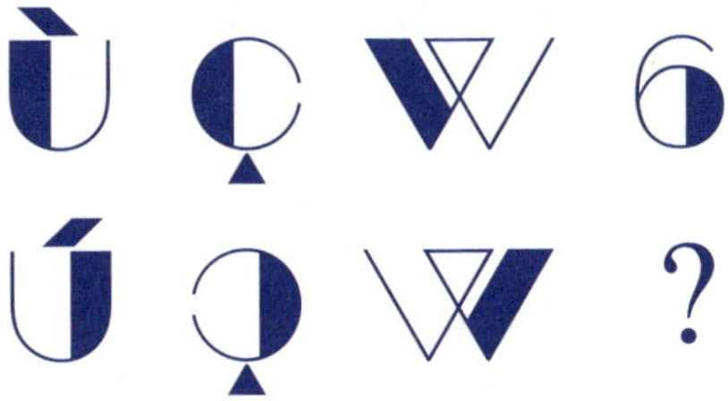

❑ **a.**  ❑ **b.**  ❑ **c.**  ❑ **d.** 

7. Quelle proposition continue cette série ?

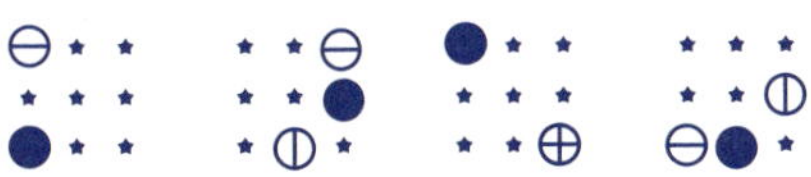

 ❑ **a.**  ❑ **b.**  ❑ **c.**  ❑ **d.**

8. Quel domino complète cette série ?

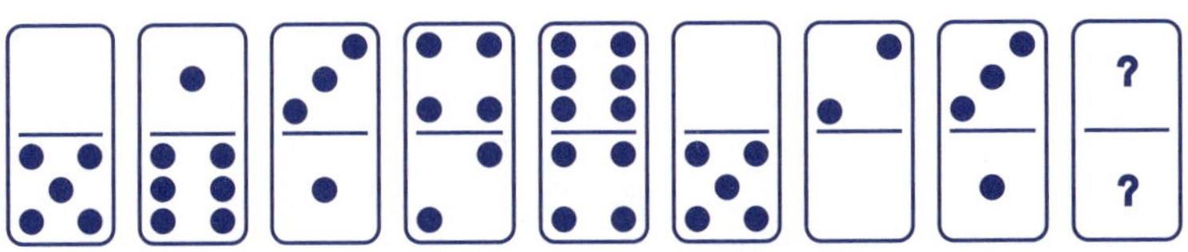

❑ **a.**  ❑ **b.**  ❑ **c.**  ❑ **d.** 

9. Thomas doit avoir la moyenne pour passer en classe supérieure. Sachant qu'il a eu 16/20, 4/20, 12/20, combien doit-il avoir dans sa dernière matière pour passer en classe supérieure ?

❑ **a.** 7/20 ❑ **b.** 8/20 ❑ **c.** 9/20 ❑ **d.** 10/20

10. Un potier fabrique 100 pots en 18 jours. Combien de temps mettront 6 potiers pour fabriquer 100 pots ?

❑ **a.** 108 jours ❑ **b.** 6 jours ❑ **c.** 3 jours ❑ **d.** 2 jours

Corrigés

1. **c.** Les deux premiers termes sont des synonymes. De plus ce sont des adjectifs. Nous recherchons donc un synonyme de tendre qui soit également un adjectif.

2. **a.** Les groupes de 2 lettres correspondent à des chiffres romains. Ils sont suivis d'une lettre correspondant à la 1ère lettre dans l'écriture de ce chiffre. Par exemple dans « IX N », « IX » correspond au chiffre 9 qui s'écrit « **N**euf ».

3. **b.** En lisant un chiffre sur deux, on observe deux séries :

   1ère série :

   10 (+3) 13 (+3) 16 (+3) 19 (+3) **22**

   2e série :

   4 (+4) 8 (+4) 12 (+4) 16 (+4) **20**

4. **d.** Chaque lettre est suivie d'un nombre correspondant à son rang dans l'alphabet auquel il faut ajouter 1.

5. **c.** Chaque mot est suivi d'un nombre correspondant au nombre de lettres qui composent ce mot multiplié par 2.

6. **d.** Les figures l'une au dessus de l'autre sont symétriques suivant un axe vertical. Autrement dit, si vous déplacez la forme du bas à côté de celle du haut, vous observerez qu'elles sont en miroir.

7. **c.** Il faut observer le déplacement de chaque petit rond *d'un carré à l'autre.* Par exemple, le rond avec la barre horizontale se déplace d'un angle dans le sens horaire. Il devra donc se trouver en haut à gauche dans la proposition de réponse (proposition **c.**). Observez que lorsque 2 ronds se trouvent au même emplacement, ils se superposent, ou un des deux est caché par l'autre.

8. **c.**

9. **b.** Il faut faire la moyenne des 4 notes. Cette moyenne doit être égale à 10 (10/20) :

$$\frac{16 + 4 + 12 + X}{4} = 10 \;\; -> \;\; 16 + 4 + 12 + X = 4 \times 10 = 40$$

$$32 + X = 40 \quad \text{soit} \quad X = 8$$

Sa dernière note doit être de 8/20.

10. **c.** Il s'agit d'une question sur les proportionnalités inversées. Avec 6 fois plus de personnes pour faire le même travail, il faudra 6 fois moins de temps :

Il y a 6 fois plus de potiers				*Il faudra 6 fois moins de temps*
	Si	**1 potier**	**→ 18 jours**	
	Alors	**6 potiers**	**→ ? jours**	

Il leur faudra alors 18/6 = 3 jours.

5 Concours blanc

00:10

1. Quelle proposition complète cette série ?

3	5	11	9	3	12	15	8
9	10	33	18	27	24	?	?

❐ **a.** 25 17 ❐ **b.** 31 12 ❐ **c.** 25 31 ❐ **d.** 45 16

2. Quel nombre complète le dernier carré ?

10 16	21 26	7 14	18 22
4 10	15 20	12 19	21 ?

❐ **a.** 25 ❐ **b.** 26 ❐ **c.** 27 ❐ **d.** 28

3. Après une réduction de 10 %, un pull coûte 27 €. Quel était son prix initial ?

❐ **a.** 29 € ❐ **b.** 30 € ❐ **c.** 31 € ❐ **d.** 35 €

4. Trouver la bonne proposition.

□**a.** □**b.** □**c.** □**d.**

5. Quelle proposition complète cette série ?

4	2	3
1	5	3
4	10	?

❒ **a.** 7 ❒ **b.** 8 ❒ **c.** 9 ❒ **d.** 10

6. Si Thomas aime les poires, Caroline aime les abricots et Coralie aime les fraises, qui aime les melons ?

❒ **a.** Vincent ❒ **b.** Lucie ❒ **c.** Paul ❒ **d.** Claire

7. Quelle proposition est une déduction des deux affirmations suivantes ?

Tous les volcans sont en éruption. Or certaines montagnes sont des volcans.

❒ **a.** Certaines montagnes ne sont pas des volcans.
❒ **b.** Certains volcans ne sont pas en éruption.
❒ **c.** Certaines montagnes sont en éruption.
❒ **d.** Tous les volcans sont des montagnes.

8. Compléter cette série :

72 S 83 Q 31 T 15 Q 27 ?

❒ **a.** S ❒ **b.** F ❒ **c.** V ❒ **d.** T

9. Compléter cette série :

Tartine 5 Nez 26 Sœur 18 Crapaud 4 ?

❒ **a.** Hôpital 12 ❒ **b.** Retard 16 ❒ **c.** Boule 6 ❒ **d.** Portail 18

10. Zoé organise sa bibliothèque. Elle range chaque type d'ouvrage dans un casier. Elle dispose de 5 casiers numérotés de 1 à 5 (de gauche à droite). Sachant que :

– Les beaux livres ne sont pas à côté des manuels scolaires ;
– Les romans sont dans le casier à gauche des dictionnaires ;
– Les BD sont plus à droite que les Beaux livres et séparés par 2 casiers.

Dans quel casier sont les manuels scolaires ?

❒ **a.** Casier 1 ❒ **b.** Casier 2 ❒ **c.** Casier 4 ❒ **d.** Casier 5

Corrigés

1. **d**. Raisonnement par colonne avec une alternance des opérations (x3) et (x2) :

	x3	x2	x3	x2	x3	x2	x3	x2
	3	5	11	9	3	12	15	8
	9	10	33	18	27	24	45	16

2. **a**. Dans un carré, l'addition des deux nombres dans la diagonale du carré est égale à l'addition des deux nombres de l'autre diagonale du carré.

3. **b**. Le prix initial (Pi) du pull, moins 10% de ce prix initial égale 27 €, donc :

   Pi – (0,1 x Pi) = 27

   0,9 x Pi = 27

   Pi = 27/0,9 = (9x3) / (9/10) = 30.

4. **c**. En superposant la proposition **c.** à la forme de gauche, vous obtenez une forme complète :

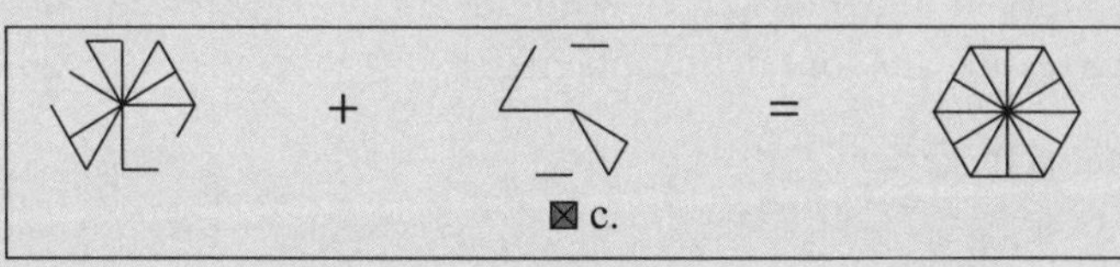

5. **c**. Raisonnement en colonne : la multiplication des deux premiers chiffres égal le 3e chiffre.

6. **d**. Le nombre de lettres du prénom est égale au nombre de lettres du fruit.

7. **c**.

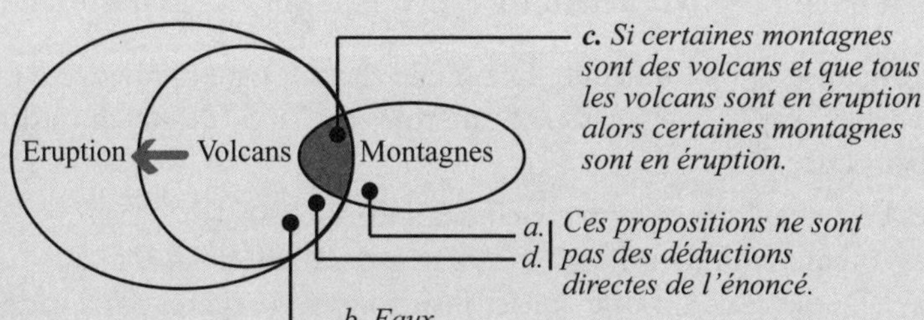

8. **c**. Chaque nombre est suivi d'une lettre correspondant à la première lettre dans l'écriture de ce nombre. Par exemple **72** s'écrit **S**oixante douze.

9. **a**. Chaque mot est suivi d'un nombre correspondant au rang alphabétique de la dernière lettre de ce mot.

10. **d**. Commençons par placer l'indication qui offre le moins de possibilités : « *Les BD sont plus à droite que les Beaux livres et séparés par 2 casiers* » :

Casier 1	Casier 2	Casier 3	Casier 4	Casier 5
Beaux Livres			BD	
	Beaux livres			BD

Complétons ces 2 possibilités avec l'indication : « *Les romans sont dans le casier à gauche des dictionnaires* » :

Casier 1	Casier 2	Casier 3	Casier 4	Casier 5
Beaux Livres	Romans	Dico.	BD	
	Beaux livres	Romans	Dico.	BD

Enfin, traitons la 1ère indication : pour que les beaux livres ne soient pas à côté des manuels scolaires, nous sommes obligés de placer les manuels scolaires dans le casier 5 :

Casier 1	Casier 2	Casier 3	Casier 4	Casier 5
Beaux Livres	Romans	Dico.	BD	**Manuels S.**

6 Concours blanc

00:12

1. Compléter cette suite : 7 15 31 …

❒ **a.** 55 ❒ **b.** 58 ❒ **c.** 63 ❒ **d.** 71

2. Trouver l'intrus :

❒ **a.** 77 ❒ **b.** 98 ❒ **c.** 665 ❒ **d.** 707

3. Compléter cette série : IBJA MDMB QFPC …

❒ **a.** VITD ❒ **b.** RGTD ❒ **c.** YFSD ❒ **d.** UHSD

4. Compléter cette suite : Lisière – Renom – Omelette –…

❒ **a.** Tendresse ❒ **b.** Théière ❒ **c.** Koala ❒ **d.** Oie

5. Si Gisèle est infirmière, Nathalie est pédiatre et Christelle est esthéticienne, quel est le métier d'Eric ?

❒ **a.** Pompier ❒ **b.** Plombier ❒ **c.** Informaticien ❒ **d.** Garagiste

6. Quelle figure continue la série ?

 ?

❒ **a.**  ❒ **b.**  ❒ **c.**  ❒ **d.** 

7. Si un = 1, quatre = 3, sept = 3, à combien est égal dix ?

❒ **a.** 1 ❒ **b.** 2 ❒ **c.** 3 ❒ **d.** 4

8. Compléter cette série : LCDK JUVI ZKLY …

❒ **a.** GSTF ❒ **b.** GDOF ❒ **c.** OGFR ❒ **d.** HSTF

9. Lorsqu'un train quitte la gare, il double sa vitesse à chaque kilomètre parcouru. Après avoir roulé 10 km, il a atteint sa vitesse maximale de 300 km/h. À quelle distance de la gare a-t-il atteint une vitesse de 150 km/h ?

❒ **a.** 3 km ❒ **b.** 5 km ❒ **c.** 9 km ❒ **d.** 150 km

10. Quelle figure complète la série ?

❒ **a.** ❒ **b.** ❒ **c.** ❒ **d.**

Corrigés

1. **c.** Pour passer d'un chiffre à l'autre, il faut multiplier le chiffre par deux et ajouter 1 : 7 *(×2 + 1)* → 15 *(×2 + 1)* → 31 *(×2 + 1)* → 63.
2. **c.** Tous ces nombres sont des multiples de 7 sauf 665.
3. **d.** La logique se trouve entre les premières lettres de chaque groupe soit : I, M, Q, U ; pour passer d'une lettre à l'autre il faut sauter 3 lettres dans l'alphabet ; Idem pour les 2e lettres de chaque groupe : B, D F et H : saut de 1 lettre ; Pour les 3e lettres (J, M, P, S), saut de 2 lettres et enfin les 4e lettres de chaque groupe se suivent dans l'alphabet (A, B, C, D).
4. **d.** Les deux premières lettres des mots sont identiques aux deux dernières lettres du mot qui lui précède : lisièRE – REnom – OMlette – TEndresse.
5. **d.** La logique se trouve entre la première lettre du prénom et la première lettre de la profession : il y a un saut de 1 lettre dans l'alphabet entre ces deux lettres ; par exemple, Gisèle commence par un « G » et Infirmière par un « I » : il y a une lettre (H) dans l'alphabet entre G et I.
6. **a.** Il existe une symétrie d'axe horizontal entre chaque binôme.
7. **b.** Le chiffre correspond au nombre de consonnes des mots.
8. **a.** Dans chaque groupe de 4 lettres, la 1re et la dernière se suivent dans l'alphabet ; De même, la 2e et 3e lettre se suivent dans l'alphabet.
9. **d.** Nous devons trouver la distance parcourue pour atteindre une vitesse de 150 km/h soit *la moitié* de la vitesse maximale (atteinte au bout de 10 km) ; l'énoncé indique que lorsque le train roule 1 kilomètre, il double sa vitesse, donc un kilomètre avant d'atteindre sa vitesse maximale, il aura atteint la moitié de sa vitesse maximale soit 150 km/h ; il lui faudra donc 10 km – 1 km soit 9 km pour atteindre la vitesse de 150 km/h.
10. **c.** Toutes les figures comportent une seule case par colonne.

Concours blanc

7

00:12

1. Compléter cette suite : 2117 2138 2160 2183 …

❒ **a.** 2007 ❒ **b.** 2207 ❒ **c.** 2208 ❒ **d.** 2227

2. Compléter cette suite : 4-2 ; 25-5 ; 49-7 ; …-9

❒ **a.** 54 ❒ **b.** 64 ❒ **c.** 81 ❒ **d.** 101

3. Trouver le domino manquant :

❒ **a.** 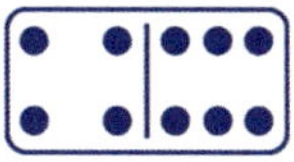 ❒ **b.**  ❒ **c.**  ❒ **d.** 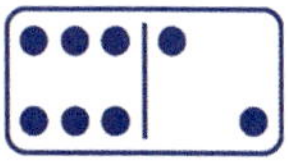

4. Compléter cette suite : RS NP JM FJ …

❒ **a.** BG ❒ **b.** BK ❒ **c.** TG ❒ **d.** AK

5. Parmi ces 4 citations, trouver l'intrus :

❒ **a.** *Mon pauvre zébu ankylosé choque deux fois ton wagon jaune*

❒ **b.** *Voix ambiguë d'un cœur qui, au zéphyr, préfère les jattes de mangues.*

❒ **c.** *Buvez de ce whisky que le patron juge fameux.*

❒ **d.** *Servez un whisky à ces deux petits juges blonds qui fument.*

6. Qui est le fils du grand-père de mon oncle ?

❐ **a.** Mon père
❐ **b.** Mon cousin
❐ **c.** Mon grand-père
❐ **d.** Mon frère

7. Si janvier = 28, février = 20, mars = 32 alors avril = ?

❐ **a.** 13 ❐ **b.** 15 ❐ **c.** 21 ❐ **d.** 35

8. Si Jacques a 34 ans, Véronique a 54 ans, Cécile a 33 ans, quel âge a Thomas ?

❐ **a.** 14 ❐ **b.** 24 ❐ **c.** 42 ❐ **d.** 54

9. Si ❖ ❖ ❖ ❖ ❖ ❖ ❖ ❖ = 16
❖ ❖ □ □ = 14
◆ ◆ ❖ □ □ □ = 23
Alors □ ❖ ❖ ❖ ◆ ◆ ◆ ◆ = ?

❐ **a.** 21 ❐ **b.** 23 ❐ **c.** 27 ❐ **d.** 32

10. Si V = 2, H = 3, E = 4 alors L = …

❐ **a.** 1 ❐ **b.** 2 ❐ **c.** 3 ❐ **d.** 4

Corrigés

1. **b.** Pour passer d'un chiffre à l'autre, on commence par ajouter 21, puis 22 et 23 ; il faudra donc ajouter 24 au dernier nombre pour obtenir la réponse.
2. **c.** Dans chaque groupe, le chiffre est associé à son carré ; 4 est le carré de 2, 25 et le carré de 5, 49 est le carré de 7 ; le carré de 9 est 81, réponse **c.**
3. **c.** La 1re et la 2e ligne sont composées des mêmes dominos.
4. **a.**
5. **b.** Toutes ces phrases sont des pangrammes ; les pangrammes sont des phrases dans lesquelles nous pouvons retrouver toutes les lettres de l'alphabet. En remplaçant « mangues » par « kiwis », la proposition b devient un pangramme.
6. **c.** Pour résoudre ce type d'exercice, vous pouvez dresser un arbre généalogique. La méthode est de commencer par la fin de l'énoncé c'est-à-dire positionner votre oncle, puis le grand-père de votre oncle et enfin le fils de ce grand-père.

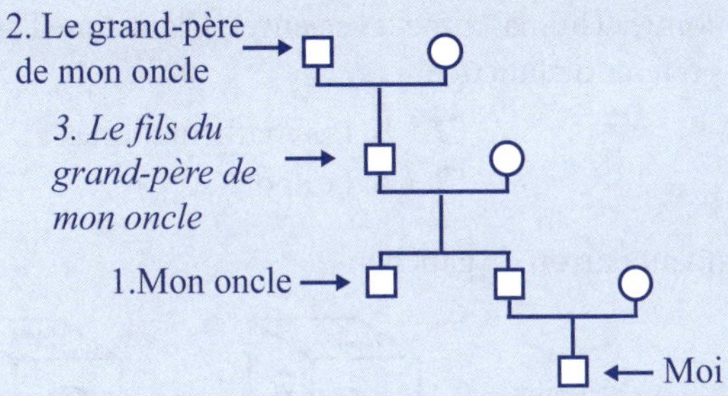

7. **a.** le nombre correspond à la somme du rang alphabétique des première et dernière lettres du mois. Par exemple JanvieR, le rang de J est 10 et le rang de R est 18, en additionnant ces deux rangs nous obtenons 28.
8. **b.** L'âge de chaque personne est un nombre composé de deux chiffres ; le 1er chiffre correspond au nombre de voyelles dans le prénom et le 2e chiffre correspond au nombre de consonnes. Dans Thomas, nous avons 2 voyelles et 4 consonnes, Thomas a donc 24 ans.
9. **b.**

   La 1ère ligne nous donne 8❖ = 16 soit ❖ = 2
   La 2ème ligne devient: 4 + 2□ = 14 soit □ = 5
   La 3ème ligne devient: 2◆ + 2 + 15 = 23 soit ◆= 3
   La dernière ligne devient: 5 + 3x2 + 4x3 = 5 + 6 + 12 = 23

10. **b.** Le chiffre correspond au nombre de segments nécessaires pour écrire la lettre.

8 Concours blanc

00:12

1. Compléter cette suite : 10 - 6 / 8 – 5 / 6 – 5 / 6 – 4 / …

❒ **a.** 5 – 5 ❒ **b.** 4 - 5 ❒ **c.** 7 – 5 ❒ **d.** 6 - 3

2. Si Jeanne aime l'économie, Thomas aime les sciences, Clara aime l'anglais, quelle est la matière préférée de Juliette ?

❒ **a.** L'espagnol ❒ **b.** Les mathématiques
❒ **c.** La physique ❒ **d.** Le sport

3. Quel cube correspond au patron de gauche :

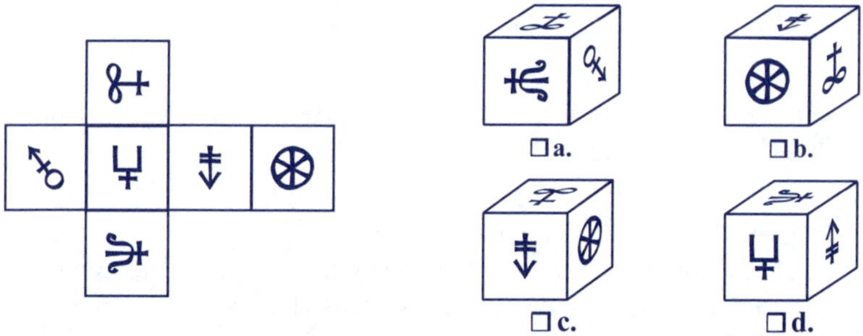

4. Quelle proposition complète la série suivante : 12 – 22 – 23 – 51 -…

❒ **a.** 52 ❒ **b.** 56 ❒ **c.** 68 ❒ **d.** 70

5. Quelle proposition complète la série suivante :

42 (7) – 64 (23) – 82 (15) – …

❒ **a.** 74 (27) ❒ **b.** 80 (101) ❒ **c.** 98 (25) ❒ **d.** 102 (55)

6. Compléter la série suivante :

14 1114 3114 132114 1113122114

❒ **a.** 31541122114 ❒ **b.** 31311222314

❒ **c.** 231411222114 ❒ **d.** 311311222114

7. Compléter la série suivante :

3 –1 4 –5 9 14 –5 19 –24 …

❒ **a.** –45 ❒ **b.** 43 ❒ **c.** –28 ❒ **d.** 32

8. Compléter la série suivante : T Q C S S H …

❒ **a.** N D O ❒ **b.** N T M ❒ **c.** H L R ❒ **d.** T T G

9. Continuer la série suivante : R S N P J M F J …

❒ **a.** BH ❒ **b.** DI ❒ **c.** BG ❒ **d.** JG

Corrigés

1. **a.** La logique se trouve en faisant l'addition de chaque groupe : 10 + 6 = 16, 8 + 5 = 13, 6 + 5 = 11, 6 + 4 = 10, autrement dit : 16 – 13 – 11 – 10. On remarque alors que pour passer d'un nombre à l'autre il faut soustraire 3 puis 2 puis 1 ; Pour trouver la solution, nous devons soustraire 0 au dernier groupe (10) et trouver le couple dont l'addition égale à 10.

2. **a.** La logique se trouve entre la dernière lettre du prénom et la première lettre de la matière : ces 2 lettres sont identiques.

3. **c.** Pour traiter les questions de type « pliage » la méthode principale est de savoir prendre des points de repères entre deux côtés afin de vérifier ce repère dans les solutions proposées. Regardons l'exemple ci-dessous :

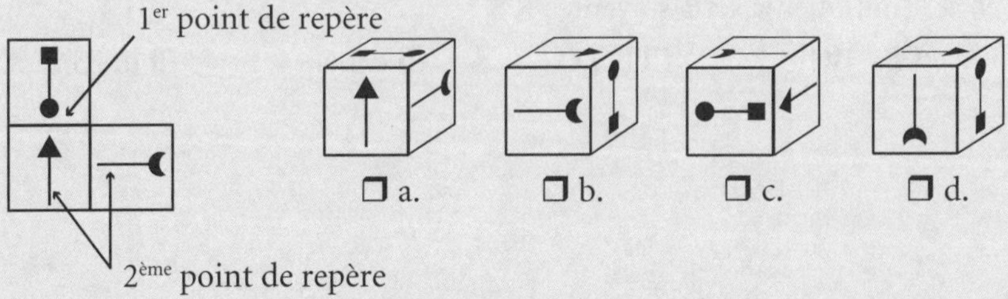

Nous pouvons prendre un 1er point de repère en observant que la flèche pointe vers le rond. Si nous regardons ce point de repère sur les propositions de réponse, nous pouvons éliminer les propositions **a.** et **c.** Avec ce seul repère nous n'avons pas obtenu la réponse, prenons en un deuxième pour départager les propositions **b.** et **d.** Par exemple, la flèche est perpendiculaire au trait qui porte la lune : ce repère nous permet d'éliminer la réponse **b.** La réponse à cet exemple est la proposition **d.**

De plus, nous pouvons traiter l'exemple particulier du pliage d'un dé à 6 faces :

– commencer à imaginer le pliage des côtés les plus simples à identifier, notés (1) sur la figure ci-dessous ;

– puis regarder les demi-ronds (2), ces faces se toucheront ; en effet, la face la plus à droite du plan sera la face de derrière lorsque le dé sera plié.

– la difficulté se trouve avec les 4 derniers côtés qui s'associent comme le montre les flèches (3).

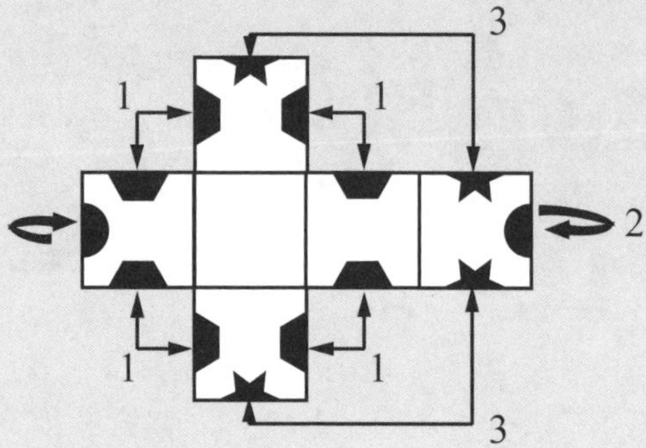

Pour vous aider à visualiser ce pliage, nous avons positionné des demis-formes complémentaires qui viendront s'associer lorsque le dé sera plié.

4. **d.** Dans cet exercice, il faut considérer chaque nombre comme l'association de 2 chiffres et faire l'addition de ces 2 chiffres, la série devient : 1+2 - 2+2 - 2+3 - 5+1 -… autrement dit : 3 - 4 - 5 - 6 -… Nous devons donc trouver un nombre dont la somme de ses chiffres égale 7, c'est la réponse **d.**

5. **a.** le nombre entre parenthèses correspond à la multiplication des chiffres du nombre qui le précède auquel il faut soustraire 1. Par exemple *42* (7) devient *4* × *2* = 8 et 8 – 1 = (*7*).

6. **d.** Chaque nombre correspond à la lecture du nombre précédent ; par exemple, si nous devons décrire le nombre 14, nous dirions qu'il est composé de « un 1 » et de « un quatre » autrement dit de 11 et de 14 donc 1114. Pour décrire le nombre 1114 nous dirions qu'il est composé de « trois 1 » et de « un 4 » soit 3114 etc.

7. **b.** chaque nombre s'obtient en faisant la soustraction des deux nombres qui le précède ; par exemple : 3 –1 4 pour ces 3 premiers chiffres nous obtenons 4 en faisant la soustraction 3 – (–1) ; le signe « –= » devant la parenthèse change le signe à l'intérieur de la parenthèse, l'opération est alors : 3 + 1 = 4.

8. **a.** La série de lettres correspond aux initiales de la série de chiffres : Trois Quatre Cinq Six Sept Huit. Nous devons donc continuer par Neuf, Dix et Onze soit N D O.

9. **c.**

9 Concours blanc

00:12

1. Marie organise un voyage pour lequel elle sera guide. Elle prend les inscriptions de ce voyage organisé pour les salariés d'une grande multinationale. Dans ce type d'organisation, elle sait qu'il y a beaucoup de désistement. Effectivement :

– la 1re semaine, 10 personnes s'inscrivent et 3 se désistent ;
– la 2e semaine, 8 personnes s'inscrivent et 5 se désistent ;
– la 3e semaine, 16 personnes s'inscrivent et 2 se désistent ;
– la 4e semaine, 6 personnes s'inscrivent et 8 se désistent.

À la fin de la 4e semaine, Marie appelle une compagnie de transport et les informe du nombre de places assises qu'il doit y avoir dans le car qu'elle veut louer. Quel est ce nombre ?

❑ **a.** 22 ❑ **b.** 23 ❑ **c.** 24 ❑ **d.** 25

2. Continuer cette suite : 12 40 32 51 43 …

❑ **a.** 44 ❑ **b.** 38 ❑ **c.** 22 ❑ **d.** 29

3. Quel mot continue cette suite logique ?

Maillot Narrer Colza Goût

❑ **a.** Danse ❑ **b.** Face ❑ **c.** Mixe **d.** Don

4. Par quelle proposition peut-on compléter le dernier carré ?

12		16
	12	
9		7

20		1
	9	
7		5

5		32
	…	
14		6

❑ **a.** 14 ❑ **b.** 16 ❑ **c.** 17 ❑ **d.** 18

5. Continuer cette suite :

G 19 V 4 R 8 X 2 E 21 J …

❒ **a.** 14 ❒ **b.** 16 ❒ **c.** 10 ❒ **d.** 12

6. Quelle horloge continue cette suite ?

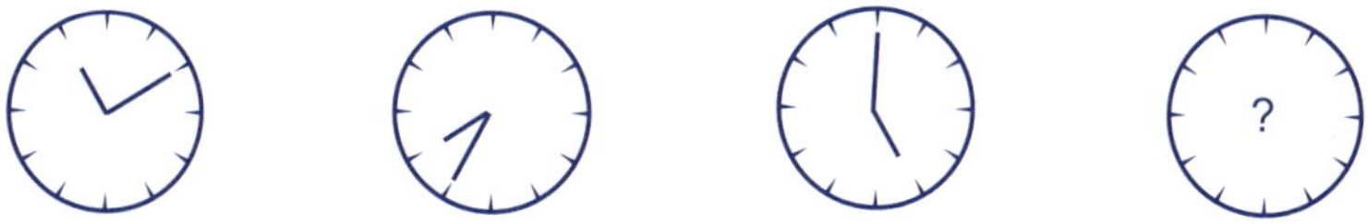

❒**a.**  ❒**b.**  ❒**c.**  ❒**d.** 

7. La figure de gauche étant la figure référence, trouver l'intrus.

❒**a.**

❒**b.**

❒**c.**

❒**d.**

8. Compléter cette série :

E 3 I 5 O 5 U 2 X … Z

❒ **a.** 3 ❒ **b.** 4 ❒ **c.** 6 ❒ **d.** 1

9. Quelle proposition peut continuer la série suivante :

REPIPER SEVES SERRES SELLES

❒ **a.** ROULER ❒ **b.** SOUCIS ❒ **c.** VALLÉE ❒ **d.** RESSASSER

10. Quelle lettre continue cette suite ?

G I L N Q S …

❒ **a.** T ❒ **b.** U ❒ **c.** V ❒ **d.** W

CORRIGÉS

Corrigés

1. **b.** Cet exercice n'est pas très compliqué à résoudre. Toutefois, ce type de problèmes contient un piège. Celui de cet exercice était de ne pas oublier de compter le guide Marie !
2. **a.** La somme des chiffres de chaque nombre augmente régulièrement (exemple : 12 devient 1 + 2 = 3, 40 devient 4 + 0 = 4, etc.).
3. **d.** Le nombre de lettres de chaque mot diminue régulièrement.
4. **c.** Il faut additionner les nombres du haut ; additionner les nombres du bas ; Faire la différence de ces 2 résultats pour obtenir le nombre du milieu.
5. **b.** Chaque lettre est suivie d'un nombre correspondant à son rang dans l'alphabet inversé auquel il faut soustraire 1.
6. **c.** La petite aiguille recule de 3h et la grande avance de 25 minutes.
7. **b.** Toutes les autres figures sont obtenues en faisant glisser la 1re figure dans le plan horizontal du papier. L'intrus nécessite une symétrie.
8. **d.** Pour trouver le chiffre, compter (dans l'alphabet) le nombre de lettres qui séparent deux lettres de la série proposée.
9. **d.** Tous ces mots sont des palindromes (un même mot peut être lu de gauche à droite ou de droite à gauche).
10. **c.** Dans l'ordre alphabétique, il y a un saut de 1 lettre puis 2 lettres, puis 1 lettre puis 2, etc.

Concours blanc 10

00:12

1. Quel nombre continue cette série ?

7 21 49 56 …

❐ **a.** 61 ❐ **b.** 83 ❐ **c.** 84 ❐ **d.** 72

2. Quel domino complète cette série ? :

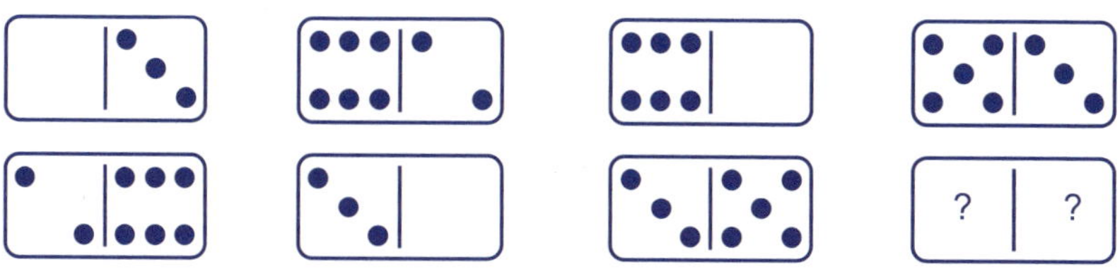

❐ **a.** ❐ **b.** ❐ **c.** ❐ **d.**

3. Continuer cette analogie :

Crayon est à… ce que vêtement est à…

❐ **a.** Rédiger – coudre
❐ **b.** Écrire – habiller
❐ **c.** Encre – robe
❐ **d.** Stylo – pantalon

4. Quelle figure remplace le point d'interrogation ?

?

❐**a.**  ❐**b.**  ❐**c.**  ❐**d.** 

5. Quel nombre complète cette série ?

1	3	7	13
5	7	11	17
3	5	9	15
7	9	13	…

❒ **a.** 13 ❒ **b.** 15 ❒ **c.** 19 ❒ **d.** 21

6. Quel mot peut-on découvrir sachant que :

ROULER a 1 lettre commune bien placée et 1 lettre commune mal placée avec ce mot ;
VITRES a 1 lettre commune bien placée et 1 lettre commune mal placée avec ce mot ;
CORVEE a 1 lettre commune bien placée et 1 lettre commune mal placée avec ce mot ;
VISAGE a 2 lettres communes bien placées avec ce mot.

❒ **a.** CRAYON ❒ **b.** VOLANT ❒ **c.** VIVANT ❒ **d.** COLLER

7. Combien y a-t-il de secondes dans 1 jour 9 h 20 min ?

❒ **a.** 120 000 s ❒ **b.** 12 000 s ❒ **c.** 36 0000 s ❒ **d.** 24 000 s

8. Quel mot continue cette suite logique ?

Croc 3 Victoire 12 Sentiment 9 Progresser 9

❒ **a.** Époque 3 ❒ **b.** Lèvre 6 ❒ **c.** Frappe 12 ❒ **d.** Forces 15

9. Quel mot peut continuer cette suite logique ?

Leitmotiv Bungalow Deux Jersey

❒ **a.** Slalom ❒ **b.** Merguez ❒ **c.** Wagon ❒ **d.** Volley

10. Quelle lettre continue cette suite ?

G K O S …

❒ **a.** T ❒ **b.** V ❒ **c.** W ❒ **d.** Z

Corrigés

1. **c.** Les nombres sont tous des multiples de 7.
2. **d.** Présence d'un axe de symétrie entre les 4 dominos de gauche et d'un autre entre les 4 dominos de droite.
3. **b.** Le crayon sert à écrire tout comme le vêtement sert à habiller.
4. **b.** Prendre les formes 2 par 2 et observer une symétrie d'axe vertical entre chaque binôme.
5. **c.** Raisonnement par ligne : en additionnant 2 aux nombres de la 1re colonne nous obtenons les nombres de la deuxième colonne. En additionnant 4 aux nombres de la 2e colonne nous obtenons les nombres de la 3e colonne. Enfin, en additionnant 6 aux nombres de la 3e colonne nous obtenons les nombres de la 4e colonne. Vous pourrez trouver le même raisonnement avec les colonnes.
6. **b.** Il faut confronter chaque proposition aux indications données.
7. **a.** Nous savons que dans une journée il y a 24 heures. Donc dans une journée et 9 heures nous avons au total 24 + 9 = 33 heures.

   Sachant que dans 1 heure, il y a 60 minutes, dans 33 heures nous aurons 1 980 minutes :

   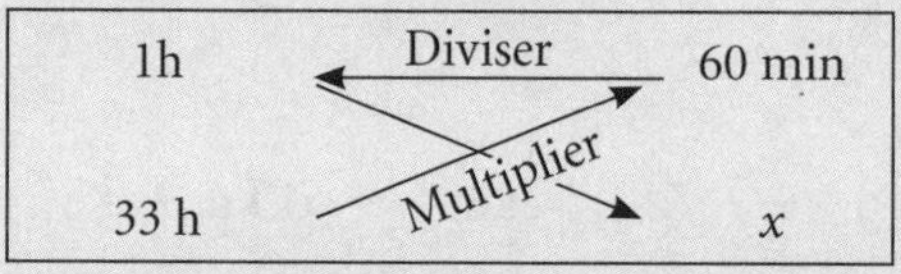

   Produit en croix :

   $x = (33 \times 60) / 1$

   $x = 1980$ min

   Dans 1 jour 9 h 20 min nous aurons donc 1980 + 20 = 2 000 minutes.

   Sachant que 1 min égale 60 secondes, dans 2 000 min nous aurons :

   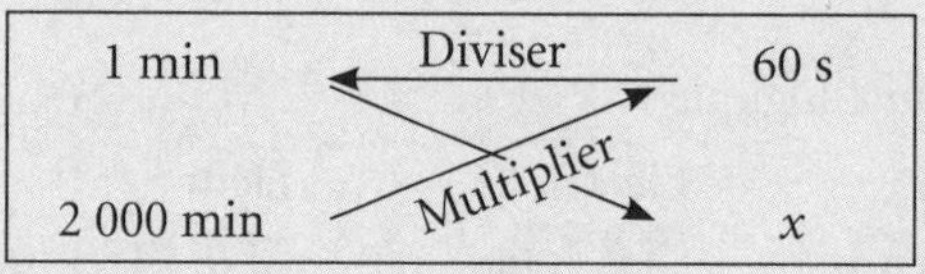

   Produit en croix :

   $x = (2000 \times 60) / 1$

   $x =$ **120 000 s**
8. **b.** Le nombre correspond au nombre de voyelles multiplié par 3.
9. **b.** La dernière lettre de chaque mot suit l'ordre alphabétique.
10. **c.** Suite alphabétique avec saut de 3 lettres.

11 Concours blanc

00:12

1. Quel est le mot qui complète cette série :

tomate tendre religion ongle

❐ **a.** Volley ❐ **b.** Collage ❐ **c.** Lettre ❐ **d.** Vipère

2. Compléter ce tableau :

2	5	7	6
14	2	16	15
8	3	11	10
1	6	…	…

❐ **a.** 3 et 4 ❐ **b.** 4 et 6 ❐ **c.** 5 et 6 ❐ **d.** 7 et 6

3. Soit 2 nombres A et B. L'addition de ces deux nombres égale à 300 et si on ajoute à chacun 48, A devient le double de B. Que vaut B ?

❐ **a.** 48 ❐ **b.** 84 ❐ **c.** 122 ❐ **d.** 216

4. Quel mot continue cette suite logique ?

Cale Dindon Électricité Fleur

❐ **a.** Garage ❐ **b.** Demi ❐ **c.** Jolie ❐ **d.** Machine

5. Quel nombre remplace le point d'interrogation ?

14 20 22 ?

❐ **a.** 6 ❐ **b.** 8 ❐ **c.** 10 ❐ **d.** 12

6. Trouver l'intrus :

❒ **a.** Idée 3 9 ❒ **b.** Meuble 1 3 ❒ **c.** Canapé 3 3 ❒ **d.** Doigt 2 4

7. Quelle figure continue cette série ?

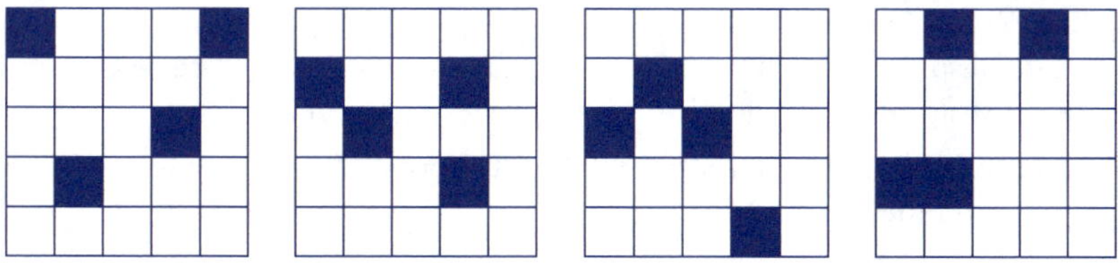

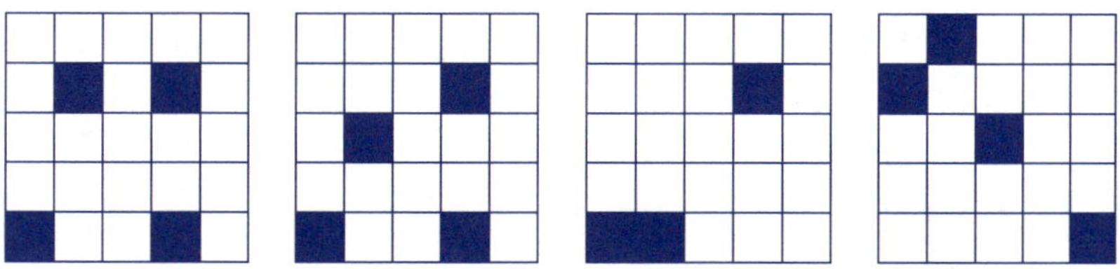

❒ **a.** ❒ **b.** ❒ **c.** ❒ **d.**

8. Quelles lettres complètent cette série ?

UT 18 QS 43 SE 64 HF 89 … 51

❒ **a.** DT ❒ **b.** CN ❒ **c.** ST ❒ **d.** CU

9. José crée un groupe. Il a déjà choisi 18 garçons. Combien doit-il prendre de filles pour avoir un groupe de 75 % de filles ?

❒ **a.** 6 ❒ **b.** 24 ❒ **c.** 54 ❒ **d.** 78

10. Sachant que un ♌ vaut 2 ♊ et que un ♊ vaut 4 ♉, laquelle des 4 propositions a la plus grande valeur ?

♌	♊	♊
♊	♉	♌
♊	♉	♊

❒ **a.**

♉	♉	♉
♊	♊	♊
♌	♌	♉

❒ **b.**

♌	♉	♌
♊	♌	♊
♉	♉	♉

❒ **c.**

♌	♊	♉
♉	♊	♉
♊	♉	♊

❒ **d.**

Corrigés

1. **c.** Les 2 premières lettres de chaque mot correspondent aux deux dernières du mot précédent.
2. **d.** Raisonnement en ligne : le 1er nombre additionné au 2e égale au 3e ; puis en soustrayant 1 au 3e nombre, on trouve le 4e nombre.
3. **b.** L'énoncé doit être transcrit sous forme d'un système d'équations à 2 inconnues :

$$\begin{cases} A + B = 300 & (1) \\ A + 48 = 2x(B + 48) & (2) \end{cases}$$

Exprimons A en fonction de B dans l'équation (2) :

$A + 48 = 2B + 96$

$A = 2B + 96 - 48$

$A = 2B + 48$

Reportons alors cette expression de A dans (1) :

$\mathbf{A} + B = 300$

$\mathbf{(2B + 48)} + B = 300$

$3B = 300 - 48$

$3B = 252$

$B = \dfrac{252}{3}$

$B = 84$

4. **a.** La 1re lettre de chaque mot suit l'ordre alphabétique.
5. **c.** $\triangle = 4$ et $\triangledown = 6$. Deux méthodes sont possibles : poser arbitrairement une valeur à un triangle et tester cette valeur ou poser une équation à deux inconnues.
6. **b.** le 1er chiffre correspond au nombre de voyelles, le 2e au rang alphabétique de la 1re lettre du mot.
7. **c.** Voici le déplacement des cases par rapport à la 1re figure :

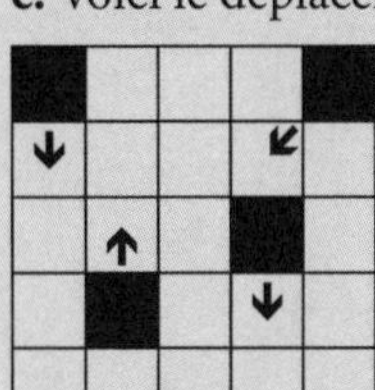

8. **b.** Les nombres sont à décomposer en deux chiffres, 18 devient 1 et 8. Ces chiffres sont précédés de 2 lettres qui correspondent à la 1re lettre dans l'écriture du 1er chiffre et à la dernière lettre dans l'écriture du 2e chiffre.

9. **c.** Nous pouvons dire que ces garçons représentent 25 % du groupe puisque les filles doivent représenter 75 % c'est-à-dire :

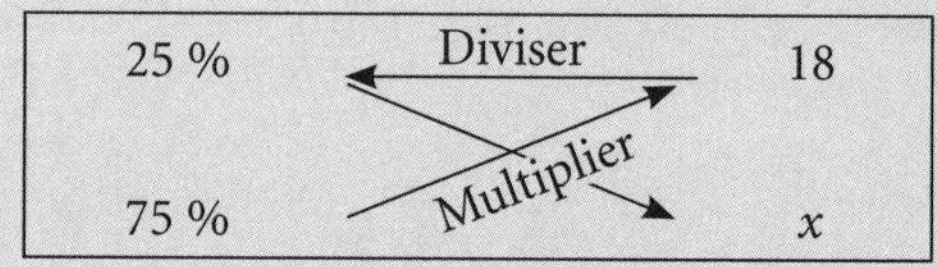

Produit en croix :

$x = (75 \times 18) / 25$

$x =$ **54 filles.**

10. **a.** Pour résoudre ce type d'exercice il est possible (mais pas nécessaire) de donner une valeur arbitraire aux symboles sachant que ces valeurs doivent vérifier l'énoncé. Ainsi dans cet exercice nous pouvons donner les valeurs suivantes : ♌ = 8 ; ♊ = 4 et ♉ = 1.

12 Concours blanc

00:12

1. Quelle proposition continue cette suite ?

9 8 8   7 9 8   5 9 9   6 9 7   9 4 8

❒ **a.** 4 9 7   ❒ **b.** 9 9 5   ❒ **c.** 7 6 9   ❒ **d.** 4 9 6

2. Quelle proposition continue cette série ?

2   9   24   13   8   41   16   21   …

❒ **a.** 56   ❒ **b.** 13   ❒ **c.** 71   ❒ **d.** 25

3. Quelles lettres continuent cette suite ?

C   S   E   P   G   M   I   J   K   G   M   D   …   …

❒ **a.** O G   ❒ **b.** O A   ❒ **c.** P M   ❒ **d.** C F

4. Trouver le nombre manquant :

12	8	30
21	…	10
17	23	10

❒ **a.** 10   ❒ **b.** 20   ❒ **c.** 7   ❒ **d.** 19

5. Trouver l'intrus :

❒ **a.** Clémentine   ❒ **b.** Courgette   ❒ **c.** Orange   ❒ **d.** Concombre

6. Continuer cette série :

S   17   K   9   N   12   E   3   V   20   X   …

❒ **a.** 14   ❒ **b.** 20   ❒ **c.** 22   ❒ **d.** 3

7. Mme Viard, professeur de physique, regarde les moyennes de 4 élèves qu'elle a eut en 1ᵉ et 2ᵉ année de médecine. En 1ᵉ année, Blandine avait 12/20 soit 2 points de moins que Caroline qui elle avait 4 points de plus que Damien. En 2ᵉ année, Blandine avait 15/20 soit 7 points de plus que Caroline qui elle avait 9 points de moins que Damien. En 2ᵉ année, Damien a eu 10 points de plus qu'Alain en 1ʳᵉ année. Entre la 1ʳᵉ et la 2ᵉ année, Alain a augmenté sa moyenne de 4 points. Quelle était la moyenne d'Alain en 2ᵉ année ?

❐ **a.** 6 ❐ **b.** 8 ❐ **c.** 11 ❐ **d.** 15

8. Quelle figure continue cette série ?

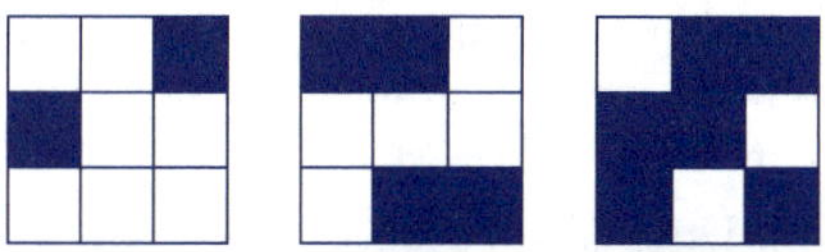

❐ **a.** ❐ **b.** ❐ **c.** ❐ **d.**

9. Quel mot peut compléter cette série logique ?

Succès 2 Script 4 Concept 3 Opérateurs 0

❐ **a.** Trente 3 ❐ **b.** Actions 1 ❐ **c.** Tonnerre 4 ❐ **d.** Ponton 0

10. Voici la provenance des invités du mariage de Marie : 20 personnes viennent de Lorient, 14 de Lyon, 18 de Montpellier ; combien de personnes viendront de Paris ?

❐ **a.** 19 ❐ **b.** 20 ❐ **c.** 15 ❐ **d.** 17

Corrigés

1. **a.** Faire la somme des 3 chiffres pour trouver une suite : 25, 24, 23, 22, 21. Il faut donc trouver 20 (réponse a : 4 + 9 + 7 = 20).
2. **a.** Alternance d'un nombre pair avec un nombre impair.
3. **b.** 1re logique (encadrée) : suite alphabétique avec saut de 1 lettre ; 2e logique (surlignée) : suite dans l'alphabet inversé avec saut de 2 lettres.

C	S	E	P	G	M	I	J	K	G	M	D	O	A

4. **d.** La somme de chaque ligne et de chaque colonne égale 50. Ce type de carré est appelé « carré magique » c'est-à-dire un carré dont la somme des lignes et des colonnes est toujours égale au même nombre.
5. **c.** Tous ces mots commencent par la lettre C sauf orange.
6. **c.** Chaque lettre est suivie d'un nombre correspondant à son rang dans l'alphabet auquel il faut soustraire 2.
7. **c.** Pour information, en 1re année, Alain avait 7/20, Blandine 12/20, Caroline, 14/20 et Damien 10/20. En 2e année, Alain avait 11/20, Blandine 15/20, Caroline 8/20 et Damien 17/20.
8. **c.** La 1re grille a 2 cases noires, la 2e grille 4 et la 3e en a 6. Nous cherchons alors une grille avec 8 cases noires.
9. **b.** Le chiffre associé à chaque mot correspond au nombre de consonnes moins le nombre de voyelles.
10. **a.** Le nombre correspond au rang alphabétique de la dernière lettre de la ville.

Concours blanc 13

00:12

1. Continuer cette suite : 11 24 61 72 …

❑ **a.** 81 ❑ **b.** 83 ❑ **c.** 85 ❑ **d.** 93

2. Compléter cette suite :

T 8 S 3 F 9 X 6 … 7

❑ **a.** T ❑ **b.** S ❑ **c.** F ❑ **d.** X

3. Quel mot peut faire partie de cette suite logique ?

Daniel 1 Zoé 15 Estéban 5 Juliette 21

❑ **a.** Valérie 12 ❑ **b.** Ilan 9 ❑ **c.** Bastien 5 ❑ **d.** Lilian 6

4. Trouver l'intrus :

❑ **a.** Il a menti en s'en allant
❑ **b.** Sète sonnes en nos étés
❑ **c.** Engage le jeu, que je le gagne
❑ **d.** À mesure, Madame ruse m'a

5. Tous les vêtements sont en coton. Certains pantalons sont verts. Aucune robe n'est pas rouge. D'après ces affirmations, quelle proposition est juste :

❑ **a.** Marie est habillée en vert, elle porte donc un pantalon.
❑ **b.** Pascal porte un pantalon noir, il porte donc du coton.
❑ **c.** Caroline porte un vêtement rouge, elle porte donc une robe.
❑ **d.** Seuls les pantalons rouges peuvent être en coton.

6. Combien de mot de 3 ou 4 lettres peut-on former avec les lettres ACNR ?

❑ **a.** 1 ❑ **b.** 2 ❑ **c.** 3 ❑ **d.** 4

7. Trois maraichers ramassent leur récolte de melons en 7 jours. Combien faut-il de maraichers supplémentaires pour faire ce travail en une journée ?

❒ **a.** 7/3 ❒ **b.** 18 ❒ **c.** 21 ❒ **d.** 28

8. Quel est le mot qui continue cette série : Île – miel – élime ?

❒ **a.** Meuler ❒ **b.** Limeur ❒ **c.** Urémie ❒ **d.** Empile

9. Continuer cette analogie : Meute est à… ce que… est à vaches.

❒ **a.** Horde – bétail ❒ **b.** Loups – animaux
❒ **c.** Errant – laitière ❒ **d.** Loups – troupeau

10. Trouver la carte manquante :

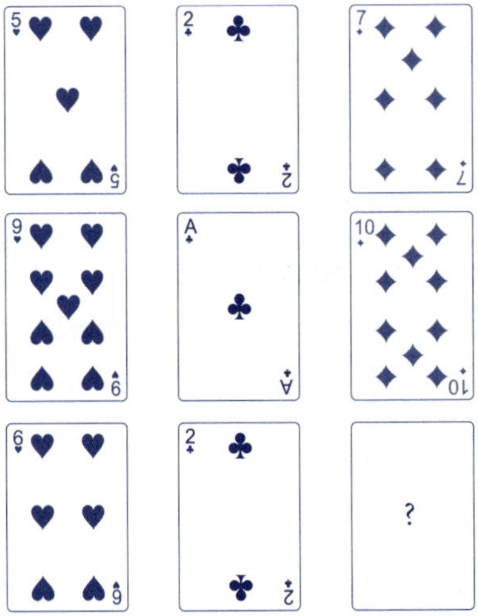

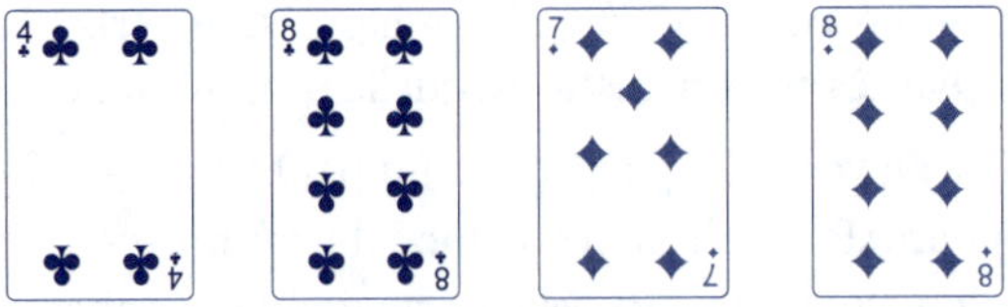

❒**a.** ❒**b.** ❒**c.** ❒**d.**

Corrigés

1. **d.** La dizaine de chaque nombre correspond à l'addition des chiffres du nombre qui le précède. Ainsi en additionnant les 1 du nombre 11, on obtient 2, c'est-à-dire la dizaine du nombre 24.
2. **a.** Chaque chiffre est précédé d'une lettre correspondant à la dernière lettre dans l'écriture de ce chiffre.
3. **b.** Le nombre correspond au rang de la 1re voyelle du prénom.
4. **a.** Ces phrases sont toutes des palindromes c'est-à-dire qu'elles se lisent de gauche à droite ou de droite à gauche sauf la proposition **a.**
5. **b.** La proposition A est fausse puisque seuls certains pantalons sont verts. La proposition B est juste puisqu'un pantalon est un vêtement et que tous les vêtements sont en coton. La proposition C est fausse car « toutes les robes sont rouges » ne signifie pas que tous les vêtements rouges soient des robes. La proposition D est fausse car *tous* les vêtements sont en coton.
6. **c.** Les mots sont : cran, arc et car.
7. **b.** Pour faire ce travail en 7 fois moins de temps, il faudra 7 fois plus de maraichers, donc $7 \times 3 = 21$ maraichers. Il y en a déjà 3, il en faudra donc 18 de plus.
8. **d.** Dans la série proposée, pour passer d'un mot à l'autre il faut ajouter une lettre au mot précédent.
9. **d.** Les loups forment une meute, les vaches un troupeau.
10. **d.** Sur chaque colonne les couleurs sont identiques. Concernant les nombres, prendre les cartes d'une même ligne, l'addition des 1re et 2e cartes donne la 3e carte.

14 Concours blanc

00:15

1. Quels nombres continuent cette suite ?

3 – 9 14 – 26 31 – 55 …

❒ **a.** 60 – 96 ❒ **b.** 56 – 72 ❒ **c.** 60 – 57 ❒ **d.** 60 – 108

2. Voici 4 éleveurs : Sylvain a 266 bêtes, Christophe 15 bêtes, Rémi en a 162 ; Combien David a-t-il de bêtes ?

❒ **a.** 152 ❒ **b.** 16 ❒ **c.** 25 ❒ **d.** 117

3. Quel mot peut faire partie de cette série logique ?

Sirène 91 Poste 61 Malin 31 Union 12

❒ **a.** Violon 22 ❒ **b.** Perce 25 ❒ **c.** Couleur 12 ❒ **d.** Vase 45

4. Si Anatole vit à Florence, Adam à Naples, Michael à Madrid, où habite Louis ?

❒ **a.** Turin ❒ **b.** Barcelone ❒ **c.** Paris ❒ **d.** Oslo

5. Quelle figure pourrait continuer cette suite ?

?

❒ **a.**  ❒ **b.** 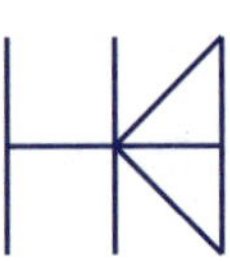 ❒ **c.** 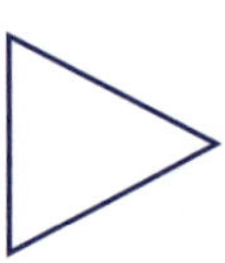 ❒ **d.** 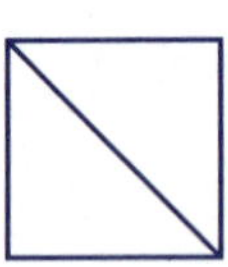

6. Trouver l'intrus :

❒ **a.** Moins 35 ❒ **b.** Client 46 ❒ **c.** Panne 35 ❒ **d.** Vous 42

7. Compléter cette analogie : 9267262022 est à RATAGE ce que 212618922 est à ?

❒ **a.** Bleues ❒ **b.** Babines ❒ **c.** Farine ❒ **d.** Faire

8. Trouver l'intrus parmi ces 4 horloges.

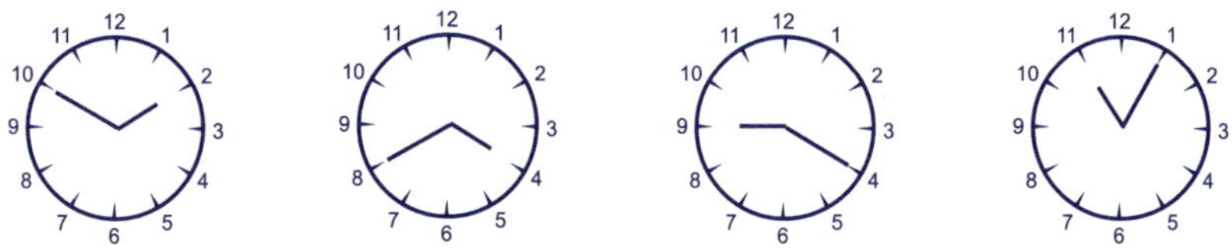

❒ **a.** ❒ **b.** ❒ **c.** ❒ **d.**

9. Quelle figure complète la série ?

A				
	D			
			B	
C				
E				

			B	E
			D	
		A		
	C			

D				
		C	B	
E				A

				E
		D		
		A	B	
			C	

❒ **a.**

A			B	E
		D		
			C	

❒ **b.**

				E
	A	D	B	
			C	

❒ **c.**

				E
	A	D		
			B	
			C	

❒ **d.**

10. Compléter cette analogie : Cour est à… ce que… est à fleurs.

❒ **a.** Récréation – photosynthèse ❒ **b.** Écolier – tige
❒ **c.** École – pot ❒ **d.** École – forêt

Corrigés

1. **d.** 2 logiques sont à déterminer ; ces logiques se font un chiffre sur deux :

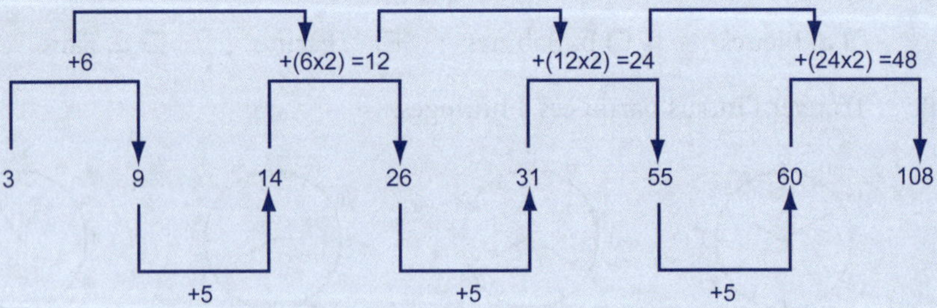

2. **b.** Le nombre correspond à la multiplication du rang alphabétique des 1re et dernière lettres du prénom.
3. **a.** Le nombre correspond au rang alphabétique de la 1re lettre mais les chiffres de ce nombre ont été intervertis (19 devient 91).
4. **a.** La logique se trouve entre la dernière lettre du prénom et la 1ère lettre de la ville. Ces 2 lettres se suivent dans l'alphabet.
5. **a.** Chaque figure présente en son centre une symétrie d'axe vertical. Autrement dit, chaque forme peut être coupée par un axe vertical en deux parties symétriques.
6. **d.** Le 1er chiffre correspond au nombre de consonnes, le 2e au nombre de lettres.
7. **d.** Le nombre est à décomposer pour trouver des nombres qui correspondent au rang dans l'alphabet inversé des lettres du mot. 212618922 se décompose en 21–26–18–9–22 (F–A–I–R–E).
8. **c.** En additionnant les chiffres indiqués par la petite et la grande aiguille de chaque horloge le résultat égale 12 sauf pour l'horloge **c.** Autre logique : il existe un axe de symétrie vertical sur chaque horloge.
9. **c.** Observer le déplacement d'une lettre d'une grille à l'autre.
10. **c.** Référence aux expressions : « cour d'école » et « pot de fleurs ».

Concours blanc 15

00:15

1. Il y a 5 ans, Sophie achetait 50 parfums pour sa parfumerie au prix de 2 000 €. La vente de ces 50 parfums lui rapportait 3 600 €, soit un bénéfice de 1 600 €. Aujourd'hui pour 2 000 € d'achat, ses ventes ne sont plus que de 3 000 €. Donner, en pourcentage l'augmentation du prix d'achat des parfums.

❒ **a.** 10 % ❒ **b.** 20 % ❒ **c.** 30 % ❒ **d.** 40 %

2. Trouver l'intrus :

❒ **a.** Bar 7 ❒ **b.** Groupe 15 ❒ **c.** Lunette 17 ❒ **d.** Oscar 9

3. Quel est le nombre manquant ?

15 — 3	24 — 10	12 — 21	26 — 9
36	42	27	…

❒ **a.** 22 ❒ **b.** 35 ❒ **c.** 42 ❒ **d.** 51

4. Continuer cette série :

D 20 O 9 S 5 J 14 T 4 I …

❒ **a.** 12 ❒ **b.** 8 ❒ **c.** 16 ❒ **d.** 15

5. Trouver l'intrus :

❒ **a.** ELGPA ❒ **b.** LRMEE ❒ **c.** AEMUONI ❒ **d.** NIPEGO

6. Trouver l'intrus :

❒ **a.** Voix 42 ❒ **b.** Photos 64 ❒ **c.** Accueil 73 ❒ **d.** Ventre 60

7. Quelle proposition peut faire partie de cette série ?

(11–45) (3–17) (5–99) (47–19)

❒ **a.** (61–43) ❒ **b.** (45–12) ❒ **c.** (21–16) ❒ **d.** (18–52)

8. Quelles lettres continuent cette suite ?

G J Q D O S L M Y …

❒ **a.** I Q Z ❒ **b.** H J P ❒ **c.** K K W ❒ **d.** C V U

9. Laquelle de ces formes a la plus grande surface noircie ?

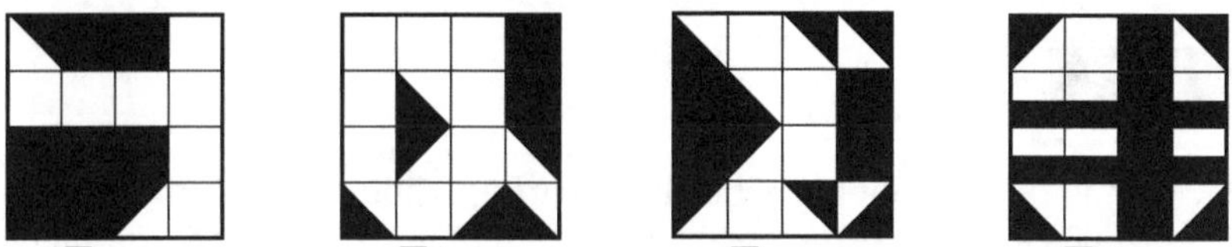

❒ **a.** ❒ **b.** ❒ **c.** ❒ **d.**

10. Quelle forme remplace le point d'interrogation ?

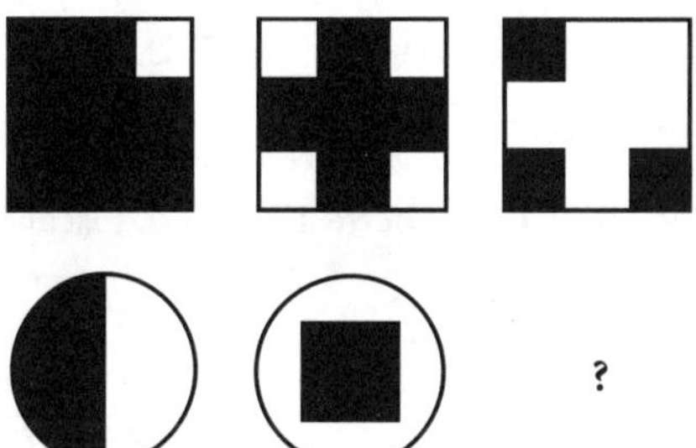

❒ **a.** ❒ **b.** ❒ **c.** ❒ **d.**

Corrigés

1. **b.** Pour résoudre cet exercice, il faut trouver le prix qu'elle paierait aujourd'hui pour que ses ventes lui rapportent comme il y a 5 ans c'est-à-dire 3 600 €. Sachant qu'aujourd'hui pour 2 000 € d'achat, ses ventes lui rapportent 3 000 €, alors pour que ses ventes lui rapportent 3 600 €, elle devrait acheter pour x € de parfums :

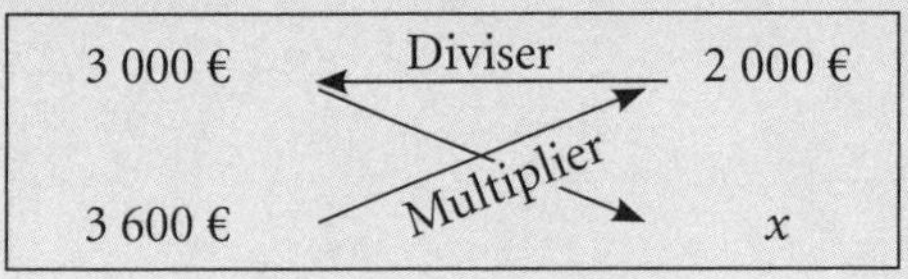

Produit en croix :

$x = (3\ 600 \times 2\ 000) / 3\ 000$

$x = \mathbf{2\ 400\ €}$

Le prix d'achat a donc augmenté de 400 € par rapport au prix d'il y a 5 ans soit un pourcentage de :

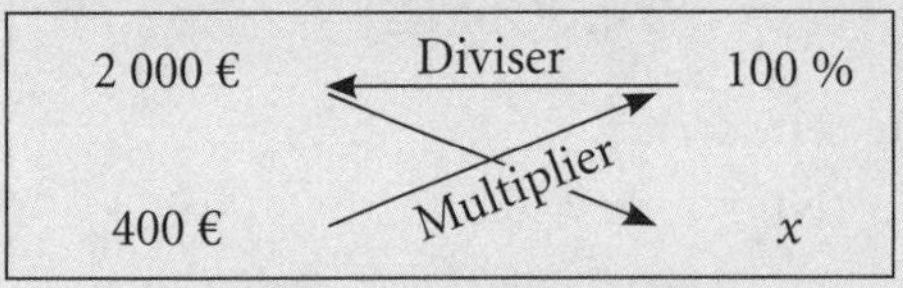

Produit en croix :

$x = (400 \times 100) / 2\ 000$

$x = \mathbf{20\ \%}$

2. **d.** Le nombre correspond au nombre de lettres multiplié par 2 auquel il faut ajouter le nombre de voyelles.

3. **d.** Faire la différence des nombres du haut du triangle. Multiplier le résultat par 3 pour obtenir le nombre du bas.

4. **d.** Chaque lettre est suivie d'un nombre qui correspond à son rang dans l'alphabet inversé auquel il faut soustraire 3.

5. **a.** Anagrammes des mots : plage – merle – moineau – pigeon.

6. **d.** Le 1er chiffre correspond au nombre de lettres, le 2e au nombre de consonnes.

7. **a.** Tous les nombres proposés sont des nombres impairs.

8. **a.** Associer les lettres à leur rang dans l'alphabet. Dans chaque trinôme, additionner les rangs des 1re et 2e lettres pour trouver le rang de la 3e lettre.

9. **d.** Conseil : compter la plus petite unité soit un demi-carré.

10. **d.** Sur chaque ligne la 3e figure est la superposition des deux premières avec le code suivant : blanc sur blanc = blanc; noir sur noir = blanc et blanc sur noir = noir.

16 Concours blanc

00:15

1. Trouver l'intrus :

❐ **a.** VITESERTE ❐ **b.** VOSAN
❐ **c.** CHOCLE ❐ **d.** SOBRES

2. Quelle proposition complète cette série ?

(LK) (MI) (NG) (...) (PC)

❐ **a.** (BG) ❐ **b.** (OE) ❐ **c.** (OD) ❐ **d.** (SF)

3. Quelle proposition peut faire partie de cette série ?

Vélo 4 Souris 9 Clavier 16 Français 25

❐ **a.** Bulle 9 ❐ **b.** Copine 13 ❐ **c.** Jour 7 ❐ **d.** Sœur 6

4. Compléter le tableau suivant :

15	20	18
29	27	23
...	26	21

❐ **a.** 24 ❐ **b.** 21 ❐ **c.** 15 ❐ **d.** 25

5. Quel nombre complète le tableau ?

22	25	3	11	...
12	9	31	23	15

❐ **a.** 10 ❐ **b.** 14 ❐ **c.** 19 ❐ **d.** 25

6. Trouver l'intrus :

❒ **a.** Palet M3 ❒ **b.** Demie N2 ❒ **c.** Tango P3 ❒ **d.** Rogne H3

7. Quel mot continue cette suite logique ?

Aspic Laid Merle Craintif

❒ **a.** Fume ❒ **b.** Mate ❒ **c.** Mou ❒ **d.** Tag

8. Quelle figure complète la série ?

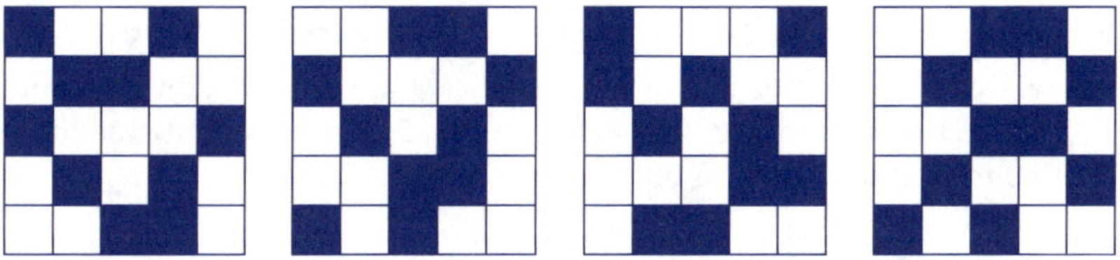

❒ **a.** ❒ **b.** ❒ **c.** ❒ **d.**

9. Trouver le domino manquant :

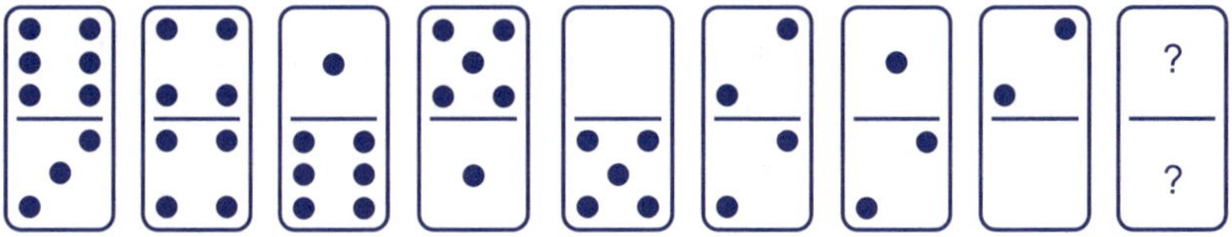

❒ **a.** 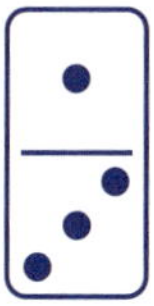 ❒ **b.**  ❒ **c.**  ❒ **d.** 

10. Tous les mois 3 frères se partagent inégalement le temps de travail dans leur ferme. Ce mois, Benjamin travaillera 2 fois plus que Cyril qui lui travaillera 3 fois moins que Fabrice. Combien de jours travaillera Cyril sachant qu'un mois équivaut à 30 jours ?

❒ **a.** 5 ❒ **b.** 10 ❒ **c.** 12 ❒ **d.** 15

Corrigés

1. **c.** Anagrammes des mots : serviette – savon – cloche – brosse.
2. **b.** Prendre les 1res lettres de chaque binôme : L,M,N,O,P. Prendre les 2es lettres de chaque binôme : C, E, G, I, K soit une suite dans l'alphabet inversé avec saut de une lettre ; ou remplacer chaque lettre par son rang alphabétique, additionner les rangs de chaque binôme ; cela forme la suite 23, 22, 21, 20 et 19.
3. **a.** Le nombre correspond au nombre de consonnes élevé au carré.
4. **a.** Cette logique prend la forme d'un escargot. En partant du 15, il faut additionner 5 pour trouver 20 puis soustraire 2 pour trouver 18, additionner 5 pour trouver 23, etc. Les opérations sont (+ 5) et (– 2).
5. **c.** L'addition des nombres de chaque colonne est toujours égale à 34.
6. **c.** La lettre au centre du mot (3e lettre) et la lettre se suivent dans l'alphabet. Le chiffre correspond au nombre de consonnes dans le mot.
7. **d.** La dernière lettre de chaque mot suit l'ordre alphabétique.
8. **a.** Les figures comportent toutes deux cases noires par ligne.
9. **b.** Additionner les points sur chaque domino. On obtient une suite logique décroissante : 9–8–7–6–5–4–3–2 ; la valeur du dernier domino doit donc être égale à 1.
10. **a.** Nous devons transcrire l'énoncé sous forme d'un système d'équations à 3 inconnues :

$$\begin{cases} B = 2C & (1) \\ F = 3C & (2) \\ B + F + C = 30 & (3) \end{cases}$$

Pour résoudre ce système nous devons réduire l'équation (3) à une seule inconnue. Pour cela nous voyons que dans les équations (1) et (2), les inconnues B et F sont toutes deux exprimées en fonction de C. Nous allons donc remplacer dans (3) B par 2C (d'après (1)) et F par 3C (d'après (2)) :

$B + F + C = 30$ devient : $2C + 3C + C = 30$; $6C = 30$; $C = 30 / 6$

$C = 5$. Cyril travaillera donc 5 jours.

Concours blanc 17

00:15

1. Quelle lettre complète cette série ?

D	G	D	C
L	N	X	U
C	B	F	…

❏ **a.** G ❏ **b.** E ❏ **c.** I ❏ **d.** J

2. Quel mot continue cette suite logique ?

Abats Biberon Cache Dindon

❏ **a.** Muge ❏ **b.** Notice ❏ **c.** Germe ❏ **d.** Divan

3. Quelle proposition complète le tableau ?

27	17	43	14	23
32	41	72	34	71

21	16	36	18	43
…	…	…	…	…

❏ **a.** 34–81–12–61–63 ❏ **b.** 6–78–23–41–52
❏ **c.** 19–12–12–33–45 ❏ **d.** 3–21–14–25–17

4. Quelle lettre continue cette suite ?

S M H J S …

❏ **a.** M ❏ **b.** P ❏ **c.** C ❏ **d.** I

5. Quelle proposition complète cette série ?

Résultat 13 Décider 11 Soutenir 12 Calmer 10

❏ **a.** Vieux 7 ❏ **b.** Collage 28 ❏ **c.** Amuser 10 ❏ **d.** Urgence 8

6. Trouver l'intrus :

❒ **a.** ECUOUAT ❒ **b.** TASIETSE ❒ **c.** TOCEUET ❒ **d.** ERVRE

7. Quel chiffre remplace le point d'interrogation ?

2	1	4	8
3	5	10	6
5	15	9	…

❒ **a.** 5 ❒ **b.** 1 ❒ **c.** 3 ❒ **d.** 2

8. Trouver l'intrus :

❒ **a.** Non à ce canon
❒ **b.** Vérité n'a de vanité
❒ **c.** À Cuba Anna a bu ça
❒ **d.** Rat, ce nectar !

9. Quelle figure continue cette série ?

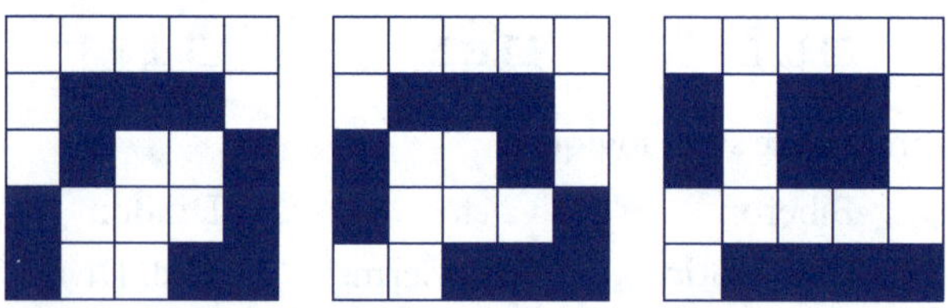

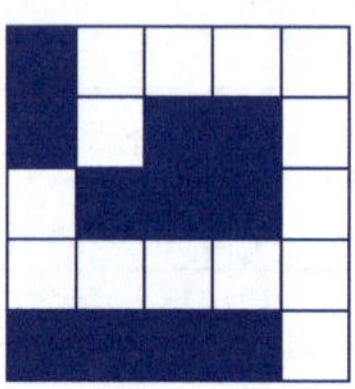
❒ **a.**

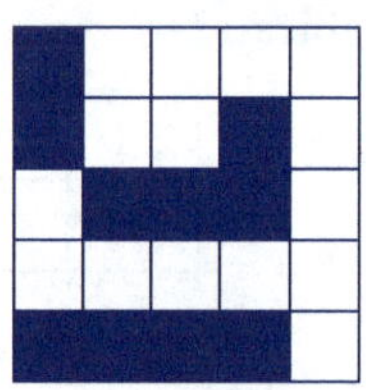
❒ **b.**

❒ **c.**

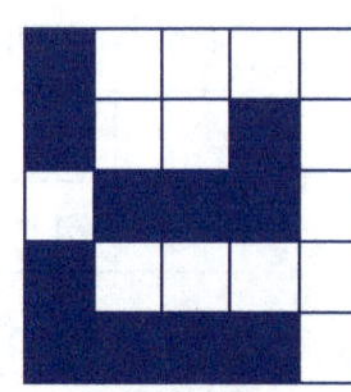
❒ **d.**

10. La figure de gauche étant la figure référence, trouver l'intrus.

❒ **a.** ❒ **b.** ❒ **c.** ❒ **d.**

Corrigés

1. **a.** Associer chaque lettre à leur rang dans l'alphabet ; sur une même colonne, le produit des nombres de la 1re et 3e ligne égal le nombre de la 2e ligne.
2. **c.** Le 1er mot présente deux fois la lettre a, le 2e mot deux fois la lettre b etc.
3. **a.** Les nombres de la ligne du haut se retrouvent dans la ligne du bas mais leurs chiffres ont été inversés. Par exemple : 27 devient 72.
4. **a.** Les lettres sont les 1res lettres des mots suivants : Seconde, Minute, Heure, Jour, Semaine et Mois.
5. **a.** Le nombre correspond au nombre de consonnes multiplié par 2 auquel il faut ajouter le nombre de voyelles dans le mot ou au nombre de lettres additionné au nombre de consonnes.
6. **c.** Anagrammes des mots : couteau – assiette – couette – verre.
7. **c.** Le raisonnement se fait par ligne. Multiplier les chiffres de la 1re et de la 3e colonne puis diviser le résultat par le chiffre de la 2e colonne. Le résultat obtenu correspond au chiffre de la 4e colonne.
8. **b.** Toutes ces phrases sont des palindromes c'est-à-dire qu'elles peuvent se lire de gauche à droite ou de droite à gauche sauf la proposition **b.**
9. **b.** Les masses noires se déplacent d'une case de la façon suivante :

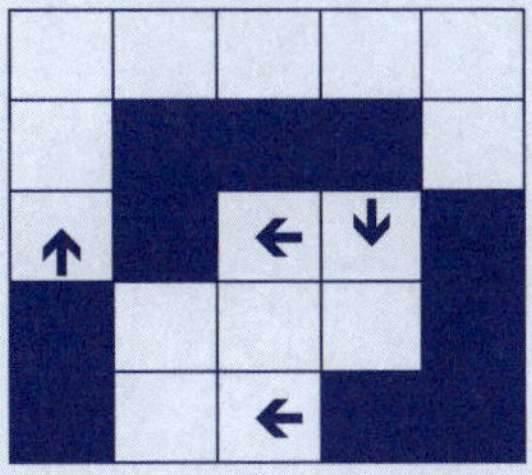

Les cases du centre tournent « en rond ».

10. **c.** Toutes les autres figures sont obtenues en faisant glisser la 1re figure dans le plan horizontal du papier. L'intrus nécessite une symétrie. Conseil : prendre des repères sur la figure de référence ; par exemple ici, dans le sens des aiguilles d'une montre, la plus petite courbe est juste après la plus grande courbe.

18 Concours blanc

00:15

1. Sachant que chaque symbole représente un chiffre différent (et différent de zéro et neuf), trouver la valeur de ◇ ?

☒ + ☒ + ☒ + ○ = □□
☒ + △ = ○
□□ + ☒ = □△
☒◇ + ☒○ = ○☒

❒ **a.** 5 ❒ **b.** 7 ❒ **c.** 8 ❒ **d.** 9

2. Quel chiffre remplace le point d'interrogation ?

4 6 2 ?

❒ **a.** 5 ❒ **b.** 6 ❒ **c.** 7 ❒ **d.** 8

3. Quel nombre continue cette suite ?

2 5 10 17 26 …

❒ **a.** 37 ❒ **b.** 50 ❒ **c.** 45 ❒ **d.** 29

4. Quel mot continue cette suite logique ?

Asperge Étourneau Iris Ouest

❒ **a.** Drame ❒ **b.** Jurer ❒ **c.** Nabot ❒ **d.** User

5. Quel mot continue cette suite logique ?

Gue Antes Valence Dextre

❒ **a.** Cote ❒ **b.** Ance ❒ **c.** Sillon ❒ **d.** Vale

6. Tous les autodidactes sont intelligents. Il n'existe pas de femmes incompétentes. Certaines personnes curieuses sont intelligentes. D'après ces affirmations, quelle proposition est juste :

❑ **a.** Julien est intelligent et curieux, il est donc autodidacte.
❑ **b.** Béatrice est curieuse, elle est donc compétente et autodidacte.
❑ **c.** Seules les femmes curieuses sont intelligentes.
❑ **d.** Julie est autodidacte, elle est donc intelligente et compétente.

7. Quel mot complète cette suite logique ?

Car Cet … Lot Bus

❑ **a.** Vue ❑ **b.** Tas ❑ **c.** Pie ❑ **d.** Son

8. D'après la suite ci–après, comment s'appelle le 4e personnage ?

Michel Nacher ; Sylvie Tabet ; Christelle Dupont ; …

❑ **a.** Jérémy Dubois ❑ **b.** Damien Ebrard
❑ **c.** Roselyne Vallo ❑ **d.** Abel Saingier

9. Quelle lettre continue cette suite ?

A B C E H M …

❑ **a.** Z ❑ **b.** U ❑ **c.** N ❑ **d.** W

10. Quelle forme remplace le point d'interrogation ?

?

❑ **a.**  ❑ **b.** 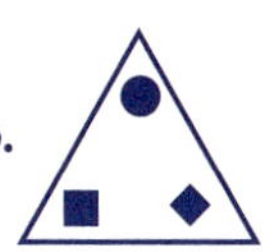 ❑ **c.** 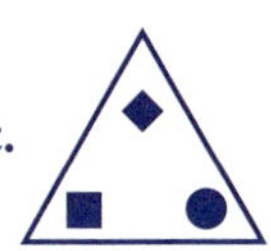 ❑ **d.** 

CORRIGÉS

Corrigés

1. **b.** Partons de la 1re équation : le résultat est un nombre composé de deux fois le même chiffre comme 11, 22 ou 33… Or l'énoncé précise que le symbole représente un chiffre (non un nombre). Autrement dit la plus grande valeur que peut prendre un symbole est 8 (9 étant exclu par l'énoncé) donc que la 1re équation ne pourra atteindre 33. Il faut alors tester la valeur de ☒ entre 1 et 8 avec la 1re équation pour trouver un total de 11 ou 22. En vérifiant les valeurs avec la 2e équation, la solution se dessine rapidement.

   Pour information : □ = 1 ; ☒ = 2 ; ○ = 5 ; △ = 3.
2. **d.** Le chiffre correspond au nombre de formes à l'intérieur du carré.
3. **a.** Il s'agit des chiffres 1, 2, 3, 4, 5 et donc 6 élevés au carré auxquels il faut ajouter 1.
4. **d.** La 1re lettre de chaque mot suit l'ordre alphabétique des voyelles.
5. **b.** Tous les mots admettent le préfixe AMBI–.
6. **d.** La proposition **a.** est fausse car « tous les autodidactes sont intelligents » ne signifie pas que tous les intelligents soient autodidactes.
7. **c.** Les 2es lettres de chaque mot sont des voyelles qui suivent l'ordre alphabétique.
8. **b.** Regarder la 1re lettre du prénom et du nom : elles se suivent dans l'ordre alphabétique.
9. **b.** Associer chaque lettre à son rang dans l'alphabet ; la série devient : 1 – 2 – 3 – 5 – 8 – 13 et 21 ; un nombre est l'addition des 2 nombres qui le précèdent dans la suite.
10. **c.** Cette réponse nous permet d'avoir la totalité des combinaisons possibles de placements des 3 formes dans le triangle.

Concours blanc 19

00:15

1. Quelles lettres continuent cette suite ?

A H I B J L C M P D … …

❒ **a.** SR ❒ **b.** QT ❒ **c.** PU ❒ **d.** QU

2. Quelle proposition complète cette série ?

N 68 P 88 A 10 I 54 G 34 O 78 … 33

❒ **a.** T ❒ **b.** F ❒ **c.** G ❒ **d.** C

3. Trouver le nombre manquant :

27	30	70
18	…	20
3	5	7

❒ **a.** 10 ❒ **b.** 12 ❒ **c.** 17 ❒ **d.** 24

4. Quelle proposition suit la même logique que la série suivante ?

M J C R K G V N H …

❒ **a.** F T C ❒ **b.** U Q D ❒ **c.** K R F ❒ **d.** S K I

5. Trouver la bonne proposition :

63 18 45 20 76 42 …

❒ **a.** 31 14 ❒ **b.** 29 18 ❒ **c.** 54 21 ❒ **d.** 18 65

6. Compléter cette suite :

VE 24 SX 66 CE 112 QF 89 … 78

❒ **a.** XW ❒ **b.** SF ❒ **c.** ST ❒ **d.** CT

7. Quel mot continue cette suite logique ?

Vitrine 57 Sac 33 Rêver 185 Vélo 154

❒ **a.** Lot 513 ❒ **b.** Rien 144 ❒ **c.** Ville 125 ❒ **d.** Facile 12

8. Sachant que :

☎ = ✉ − ✈
✏ = ☎ − ✆

Que vaut :
✆ + ✈ + ✏ = …

❒ **a.** ✏ ❒ **b.** ☎ ❒ **c.** ✉ ❒ **d.** ✈

9. Quelle forme remplace le point d'interrogation ?

T A M ?

❒ **a.**  ❒ **b.** P ❒ **c.** V ❒ **d.** E

10. Quel nombre remplace le point d'interrogation ?

2 6 12 48 ?

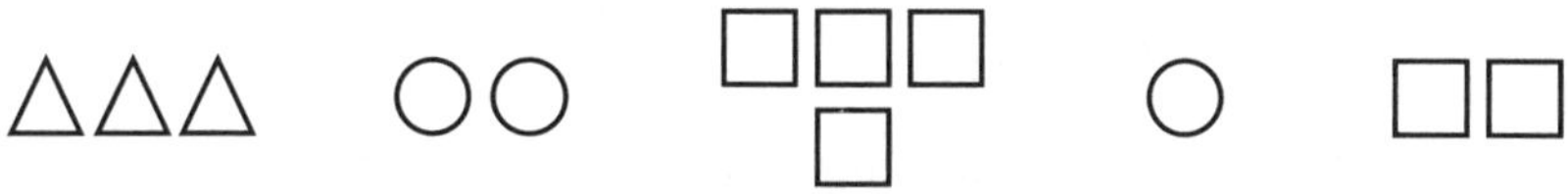

❒ **a.** 36 ❒ **b.** 48 ❒ **c.** 62 ❒ **d.** 72

Corrigés

1. **d.** 1re logique (encadrée) : progression dans l'alphabet. 2e logique (surlignée) : dans le 1er binôme les lettres se suivent, dans les binômes suivants il y a saut de 1, 2 et 3 lettres.

A	H	I	B	J	L	C	M	P	D	Q	U

2. **b.** Chaque lettre est suivie d'un nombre dont il faut additionner les chiffres pour trouver le rang dans l'alphabet de cette lettre.

3. **b.** Raisonnement par colonne : le nombre du milieu est le résultat de la division du nombre du haut par le nombre du bas, multiplié par 2.

4. **b.** Associer les lettres à leur rang dans l'alphabet. Dans chaque trinôme, soustraire le rang des 1re et 3e lettres pour trouver le rang de la lettre du milieu.

5. **b.** Le 2e nombre de chaque binôme est la multiplication des chiffres du 1er nombre de chaque binôme. (exemple : 63 18 devient $6 \times 3 = 18$).

6. **c.** Chaque nombre est précédé de 2 lettres correspondant aux 1ère et dernière lettres dans l'écriture de ce nombre.

7. **b.** Le 1er chiffre correspond au rang alphabétique de la dernière lettre du mot ; le 2e chiffre correspond au nombre de lettres dans le mot.

8. **c.** Il est possible de remplacer dans la dernière équation

– le ✏ par ☎ – ✆ (d'après la 2e équation)

– le ✈ par ✉ – ☎ (d'après la 1re équation).

La dernière équation devient alors :

✆ + (✉ – ☎) + (☎ – ✆) =

✆ + ✉ – ☎ + ☎ – ✆ = ✉

9. **a.** Le nombre de traits composant chaque figure progresse régulièrement.

10. **b.** Les nombres se trouvent grâce au nombre et aux formes qui le précèdent dans la suite : multiplier le nombre par le nombre de formes en dessous.

20 Concours blanc

00:15

1. 4 amis d'enfance habitent dans 4 villes différentes. Ils se rejoignent aujourd'hui pour passer des vacances ensemble. Vous devez déterminer à quelle heure est arrivé Bastien sachant que : Anaïs est partie 2 h après Bastien qui est parti 2 h après Dora. Dora est arrivée 7 h avant Colin et 30 min avant Bastien. Anaïs est partie à 13 h et a roulé 5 h soit 2 h de plus que Colin. Anaïs est arrivée 1 h après le départ de Colin.

❒ **a.** 12 h ❒ **b.** 13 h 30 ❒ **c.** 15 h ❒ **d.** 17 h

2. Trouver le nombre manquant :

12	8	…
2	7	35
15	17	34

❒ **a.** 33 ❒ **b.** 31 ❒ **c.** 27 ❒ **d.** 32

3. Quelle proposition peut faire partie de cette série logique ?

Penser 10 Musicien 16 Chance 10 Connexion 17

❒ **a.** Glaces 6 ❒ **b.** Portes 9 ❒ **c.** Boucle 7 ❒ **d.** Voilà 11

4. Continuer cette suite :

5 8 17 44 …

❒ **a.** 85 ❒ **b.** 92 ❒ **c.** 103 ❒ **d.** 125

5. Quel mot continue cette suite logique ?

Eau Oie Oui Yéyé

❒ **a.** Non ❒ **b.** Ouïe ❒ **c.** Nœud ❒ **d.** Pas

6. Trouver le domino manquant :

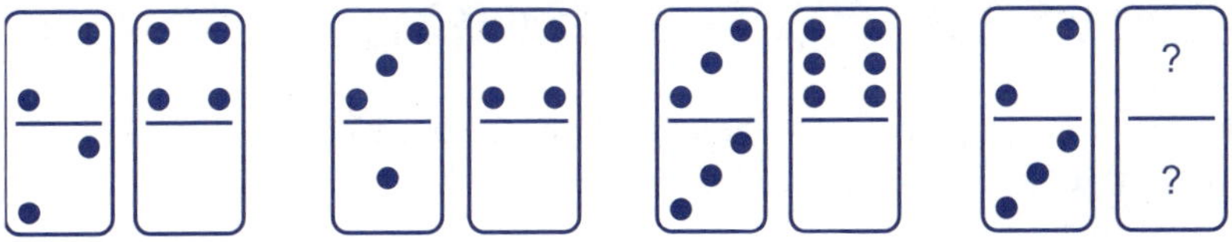

❐ **a.**  ❐ **b.**  ❐ **c.**  ❐ **d.** 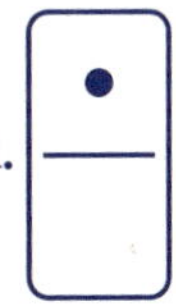

7. Continuer cette analogie :

ABORNE est à ENROBA ce que ÉRODER est à ?

❐ **a.** REDONNER. ❐ **b.** RODER

❐ **c.** DÉROBER ❐ **d.** REDORE

8. Quelles lettres continuent cette suite ?

Va Ca Da Ro …

❐ **a.** Os ❐ **b.** Di ❐ **c.** As ❐ **d.** Vu

9. Quelles lettres continuent cette suite ?

C E G I L N …

❐ **a.** RT ❐ **b.** SV ❐ **c.** UT ❐ **d.** RS

10. Combien de cubes ont exactement deux faces communes avec un autre cube ?

❐ **a.** 4 ❐ **b.** 5 ❐ **c.** 6 ❐ **d.** 7

CORRIGÉS

Corrigés

1. **b.** Dora est partie à 9 h, Bastien à 11 h, Anaïs à 13 h et Colin à 17 h. Dora est arrivée à 13 h, Bastien à 13 h 30, Anaïs à 18 h et Colin à 20 h.
2. **d.** Raisonnement par ligne : faire la différence des nombres de la 1re et 2e colonne. Multiplier le résultat obtenu par le nombre de la 2e colonne pour trouver le nombre de la 3e colonne.
3. **d.** Le nombre correspond au nombre de voyelles multiplié par 2 auquel il faut ajouter le nombre de lettres ou au nombre de voyelles multiplié par 3 auquel il faut ajouter le nombre de consonnes.
4. **d.** Faire la différence entre 2 nombres consécutifs. Vous trouverez : 3 puis 3^2 puis 3^3. Il faudra donc ajouter 3^4 soit 81 à 44 pour obtenir la réponse.
5. **b.** Les mots n'ont que des voyelles.
6. **a.** Les dominos se présentent en binômes. Faire l'addition des points du 1er domino de chaque binôme. Cette somme est égale à la partie haute du 2e domino de chaque binôme.
7. **d.** Ces mots sont des anagrammes.
8. **c.** Les lettres sont les 1res lettres des mots suivants : Valet, Cavalier, Dame, Roi et As.
9. **a.** Dans chaque binôme, il y a un saut d'une lettre. Entre deux binômes, il y a un saut de 1 lettre puis 2, et 3 lettres.
10. **b.**

76342 - (I) - OSB 80° - 280 - BPA - MPN
Imprimerie CHIRAT - 42540 Saint-Just-la-Pendue

Dépot légal : juin 2017 - N° 201705.0052

Imprimé en France